JN128496

〈シリーズ監修〉二村 健

ベーシック司書講座・図書館の基礎と展望 3

情報資源組織論

第２版

榎本裕希子
石井大輔〈著〉
名城邦孝

学文社

〈ベーシック司書講座・図書館の基礎と展望〉 緒　言

本シリーズは，新しい司書課程に照準を合わせて編纂した。周知のように，平成20年6月11日，図書館法が改正，ただちに施行された。そのなかで，第5条だけが平成22年4月1日の施行となった。当然，22年から新しい司書課程を出発させせなければならないと考え，諸準備に没頭した。しかし，実際に蓋を開けてみると，さらに2年先送りされ，全国的な実施は平成24年からとされたのである。私の所属する大学では，すでにさまざまな準備に着手していたので，旧法の下で，新しいカリキュラムを実施することを選んだ。つまり，全国より2年先駆けて司書課程を改訂したのである。

もちろん，そのためのテキストはどこにもなく，最初の授業は板書とプリントでおこなった。このシリーズの各巻には，実際に授業をおこなった試行錯誤が反映されている。授業の羅針盤は，図書館界に入った多くの卒業生の存在である。この実績が私たちの支えである。

この間，これからの図書館の在り方検討協力者会議では，議論の末，司書課程の位置づけが変わった。これまでの司書課程は，現職の図書館員に資格を与えることを目的に，司書講習で講述される内容と相当な科目を開設している大学で，司書資格を与えることができるとされていた。新しい司書課程の位置づけは，図書館員としての長い職業人生（キャリア・パス）の入り口を形成するというものである。大学生は社会人未満である。社会人である現職図書館員との違いをどこにおくか，これが新しい司書課程の核心である。

その違いをシリーズ名に表したつもりである。これからの司書課程では，キャリア・パスの入り口を形成するための基礎・基本の講述が重要である。何よりも図書館の意義を理解し，図書館を好きになってもらわなければならない。その後に，図書館員としての長い職業人生が待っている。そして，それに向けての展望がなければならない。以下に本シリーズの特徴を記す。

- **内容の厳選**：これまでの司書課程の教科書は，現職者向けという性格上仕方がなかったが，とにかく内容が高度であり，詰め込みすぎた観がある。それを，3月まで高校生であった新入生にもわかりやすい内容にまとめることをめざした。そのため，できるかぎり，内容を厳選する必要があった。どれも大事に思えたなかで，何を削ぎ落とすかで非常に悩んだ。新しい研究成果を取り込むのは当然としても，これに振り回されて総花的になることは避けたかった。普遍性のあるものは，古いものでも残すことにし，温故知新を大事に考えた。
- **1回の授業＝1章**：最近の大学では授業を15回きちんとおこなうことが徹底されている。そこで，本シリーズも15章立てにし，1回の授業で取り上げる内容を1章に記すことにした。実際の授業は，受講者の反応をみては重要なポイントを繰り返して説明したり，ときには冗談を言ったりしながら進む。90分間で講述できることは思った以上に少ない。参考になったのが，放送大学のビデオ教材を制作したことである。本シリーズでは，放送大学の教科書よりは，さらに文字数を少なめに設定した。その分，担当教員の工夫次第で，確認小テストをしたり，ビデオや写真などを利用して授業が進められるよう，余裕をもたせた。

- **将来を見据えた展望**：多くの大学では，15 回目の授業を試験に当てることがおこなわれている。そこで，各巻の最後の章は，その分野の展望を記すことにした。展望とは，今後どうなっていくかの見通しである。あるいは，未来予測に属することが含まれ，予測ははずれることもあるかもしれないが，できるだけ新しい話題を盛り込んだつもりである。シリーズ名の意図をはっきりさせるためでもある。
- **わかりやすい図表**：直感的にわかるように，図表を豊富にいれることを各執筆者にお願いした。図表も大きく見やすく掲載できるように，判型も通常の教科書に多い A5 判ではなく B5 判を採用した。
- **豊富な資料**：実際の授業では，教科書のほかに，教員がプリントを配布したり，パワーポイントのスライドで補足したりと，さまざまである。教科書といいながら，『図書館法』の全文すら資料として掲載していないものがあるのは，どこか違うと思っていた。そこで，できるだけ，教員がプリントを作らなくてもすむように，資料集を充実させることに努めた。
- **参考文献**：これからの司書課程は，図書館員としてのキャリア・パスの入り口を形成するものである。平成 20 年の図書館法改正で明記されたが，図書館員になっても，研修会に参加するなど，各自の務めとして研鑽を積む必要がある。内容を精選した分を，参考文献を読んでいただくことによって，補えるように配慮した。参考文献は入手可能という点を第一に考えた。
- **自宅学習のための設問**：90 分の授業に 30 分の自宅学習，併せて 2 時間が 1 コマの学習である。そのため，各章ごとに設問を 2 問程度用意した。このことにより，通信教育の学生にも利用していただけると思う。

本シリーズは，文部科学省令に規定された全ての科目を網羅するものではない。不足の部分は，他の専門家の学識に委ねたい。不完全ながらも，本シリーズが日の目を見ることができ，シリーズ各巻の執筆者に深甚なる謝意を表する。このシリーズがわが国の司書養成に役立つことを願うのみである。

平成 23 年 6 月 6 日

二村　健

第３巻　『情報資源組織論　第２版』　巻頭言

本書は，さまざまな情報資源を効率よく，そして快適に検索するための環境を整えるために図書館でおこなわれている情報資源の組織化作業について学ぶためのテキストである。

「図書館は成長する有機体である」ということばのとおり，2012（平成24）年に『情報資源組織論』の初版が刊行されて以来，情報資源組織の世界は日々めまぐるしく変化している。最近の日本における大きな変化としては，2015（平成27）年『日本十進分類法新訂10版』（NDC）の刊行と，2018（平成29）年『日本目録規則2018年版』（NCR2018年版）の刊行があげられる。これらのツールは扱われている規則の数が非常に多い。また，NCR2018年版は，従来のNCRとはまったく異なる新しい目録規則へと変貌を遂げている。これらのツールを正確に理解し活用できるようになることは，この科目の目的のひとつであるが，それを高いハードルのように感じる学生も少なくないかもしれない。本書は，これらのツールの難解さを少しでもやわらげ理解しやすい内容となるよう配慮，執筆しており，このハードルを少しでも下げられるよう努めている。学生のみなさんは，すべては「利用者が必要なときに，必要とする情報資源を，確実に入手できる検索環境を整える」ために必要な規則であるということを忘れずに，学んでいただければと思う。

第２版の執筆にあたり，初版に続き担当させてくださったシリーズ監修の二村健先生，NCR2018年版が第４章，第５章の２つの章にわたることで生じる改稿を快く引き受けてくださった石井大輔先生，名城邦孝先生，ならびに，有益なアドバイスをくださるとともに編集作業にご尽力いただいた学文社の二村和樹さんにこの場をお借りして深く感謝申し上げる次第である。

2019年２月

執筆者を代表して　　**榎本裕希子**

目　次

1 情報資源組織化の意義と理論

図書館は多種多様な資料を所蔵している。たとえば，小規模な図書館でも１万冊前後の図書を，規模が大きくなれば当然それ以上を所蔵している。もしも，これらの図書が何も手を加えられずに館内におかれていたとしたらどうだろう。夏目漱石の『坊っちゃん』はどこにあるのか，それともこの図書館にはないのか。１冊の本を探すだけでもかなりの時間と労力がかかってしまう。こうした問題を解消するために図書館でおこなわれているのが「情報資源組織化」である。本章では，その目的や意義，概要について説明する。

第１節　情報資源組織化の意義

表 1-1「架」を使った言葉

書架：図書館でいう書棚または本棚のこと
開架：誰でも図書を手に取ることができる
閉架：特定の人しか図書に接することができない
配架：書架上に図書を並べること。排架ともいう
接架：図書を手に取るため書架にいくこと

a．情報資源と組織化の目的および意義

従来の図書館では，「形あるもの」（＝物理的形態をもつもの）を収集対象としていた（これを図書館資料という）が，現在は「形のないもの」（＝物理的形態をもたないもの）へと範囲を広げ（図1-1），呼び方も「図書館資料」から「図書館情報資源」（以下，「情報資源」と表記）へ改められた[1)]。資料とは，一般に，モノに情報を固着化させたものである。

一方，「組織化」とは，「物事が一定の秩序をもち，有機的な働きをするよう統一化すること」（『国語大辞典』小学館）をいい，「組織立てること」または「組織をつくること」をさす。これを図書館という文脈におくと，にわかに専門用語的な意味合いが出てくる（こういう言葉が図書館には結構ある）。本科目を学ぶときに第一に心得ておきたいことである。ここでは簡単に，「後で取り出しやすいように蓄積すること」としておく。

b．図書館サービスとしての組織化

図書館サービスは情報資源を介して提供されるのが一般である。この点から，必要な情報資源

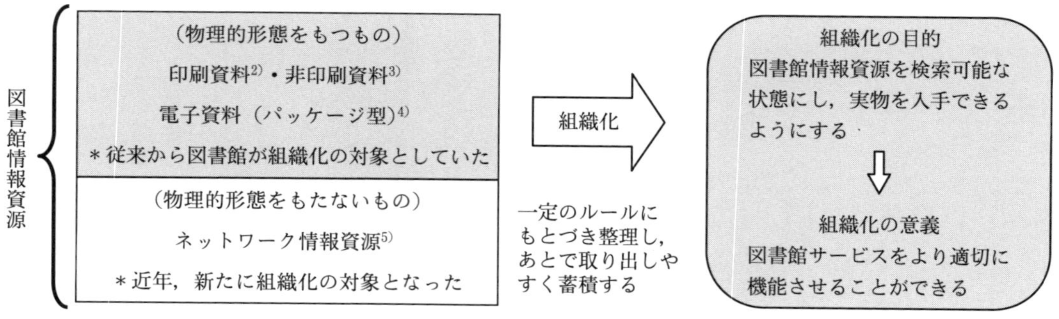

図書館情報資源

（物理的形態をもつもの）
印刷資料[2)]・非印刷資料[3)]
電子資料（パッケージ型）[4)]
＊従来から図書館が組織化の対象としていた

（物理的形態をもたないもの）
ネットワーク情報資源[5)]
＊近年，新たに組織化の対象となった

一定のルールにもとづき整理し，あとで取り出しやすく蓄積する

組織化の目的
図書館情報資源を検索可能な状態にし，実物を入手できるようにする

組織化の意義
図書館サービスをより適切に機能させることができる

図 1-1　図書館情報資源と組織化の目的および意義

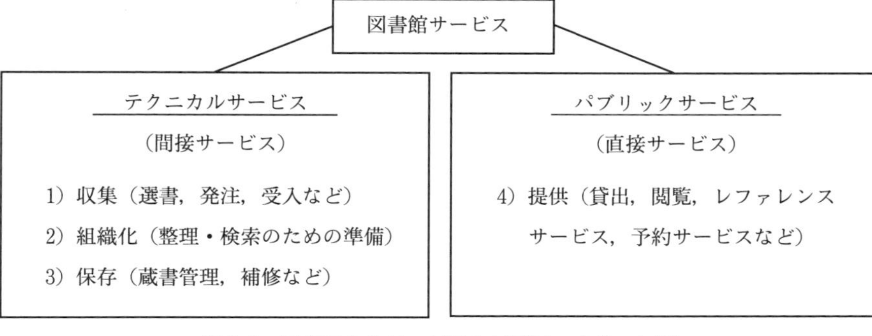

図 1-2　テクニカルサービスとパブリックサービス

を確実に入手できるよう図書館の検索環境を整備する「組織化」業務は，図書館サービスの１つとしてとらえることができる。このような技術的な業務（サービス）のことをテクニカルサービス（techinical service，または，間接サービス）と呼ぶ（図 1-2）。一方，利用者に直接提供されるサービスをパブリックサービス（public service，または，直接サービス，または，利用者サービス）と呼び，狭義に図書館サービスという場合はこちらをさしている[6)]。

第２節　情報資源へのアクセス

情報資源へのアクセスは，どのようなアクセスポイント（検索の手がかりとなる情報）を使用するかによって，「特定資料検索」と「主題検索」に分けられる。

a．特定資料検索

- アクセスポイント…タイトル，著者名，出版者（社），出版年など
- 求める特定資料がその図書館に所蔵されているかを確認することが検索の目的

　例）「『夏目漱石の『坊っちゃん』を探しているのだが‥‥。」

　　＝特定資料（求めている資料が特定されている）

　　この場合「夏目漱石」や「坊っちゃん」をアクセスポイントとして使用する。

b．主題検索

- アクセスポイント…主題（資料の中心的内容のこと）
- 主題（＝内容）から検索し，その検索結果のなかから一番自分の情報ニーズにあう資料を選択することが検索の目的

　例）「オリンピックを扱っている資料を探しているのだが‥‥。」

　　＝求める資料が特定されていない（一般に，利用者はタイトル・著者名がわからず，「オリンピックを扱っている資料」が発行されているのかも把握していない状態）

　　この場合「オリンピック」をアクセスポイントとして使用する。

図書館では，主題を語（名辞）や記号（分類記号）によって表す（第６章で詳述）。

第3節　図書館における情報資源組織化

図書館では，主題検索のための組織化の手法として「書架分類」や「書誌分類」（後述）を，さらに特定資料検索と主題検索の両方に対応できるように「目録」（catalog）を編成し，利用者に供している。また，主題検索のために目録を準備する作業を主題目録作業，特定資料検索のために準備する作業を記述目録作業ということがある。「架」を使った言葉は表1-1参照。

a．書架分類と書誌分類（表1-2）

「書架分類」とは，情報資源そのもの（＝物として存在する情報資源）を主題グループごとに分類し配架[7]することによって，利用者が主題検索できるようにするものである。書架分類は「利用者が直接書架に近づき，資料を手に取って選択・判断できる」[8]開架式[9]と併せて用いられる。

書架分類に対し，情報資源そのものではなく，情報資源の主題を分析しその書誌的記録（「記述」に「所在記号」「標目指示」などを加えたもの，後述）を中心におこなう分類を「書誌分類」と呼ぶ。

近代以前の図書館では書誌分類中心であったが，利用者や情報資源の増加に伴い，現在では館種を問わず多くの図書館において書架分類が中心に用いられている。

b．書架分類と書誌分類の意義

書架分類は同じ主題の情報資源が書架上にまとまっており，利用者は探している主題の書架に行き，書架上に並ぶ情報資源を自分の目で見て確認することにより主題検索ができる。このことにより，今まで知らなかった知識のつながりを発見することもある。言い換えれば，知識の内包[10]をより明確にすることができる。

また，近接した主題が隣接した書架に配架されることになるので，自分の知識の裾野を広げることもできる。言い換えれば，知識の外延を広げることにも役に立つ。何といっても，これから成長しようとする児童生徒らや，大学の新入生らにとって，開架された書架分類は，知識を吸収するのに最も適した教材なのである。

書架分類の仕組みは単純であるため年齢を問わずに利用でき，ブラウジング[11]効果が得られ

表1-2　書架分類と書誌分類の比較

	書　架　分　類	書　誌　分　類
分類対象	物理的な情報資源そのもの	書誌的記録
扱える主題数	主題を1つに決めて取り扱う ＊1つの物理的な情報資源を配列することを前提としているため	情報資源に含まれるすべての主題を反映させることができる ＊配列を前提としていないため
配列方法	情報資源の物理単位を基礎とした，主題の体系順配列	いかなる配列も可能（たとえば，購入・受入順でも，形態別でも）
書架スペース	主題ごとに新たな情報資源を受入・配架するためのスペース確保を要する （＝移動式配架法）	スペース確保の必要がなく，経済的，合理的に書架を使用できる （＝固定式配架法）
接架の形式[12]	開架式	閉架式

るという利点がある一方，物としての情報資源を配架することから生じる問題点も多い（表1-3）。

表1-3 書架分類の問題点

1）特定資料検索にはあまり役立たない
2）１つの主題にもとづき配架される
⇒複数の主題をもつ情報資源でも１つの主題しか活かされない
3）同一主題の情報資源でも，一か所にまとめて配架されているとは限らない
例）開架スペースと閉架書庫，一般資料と参考資料など
4）すべての情報資源がいつも書架上にあるとは限らない
⇒貸出中，閲覧中などで，検索時に目に触れない可能性がある

一方，書誌分類は，書名や著者名など，対象がはっきりしている情報資源を素早く入手するときに威力を発揮する。図書館という大きな建物の隅から隅まで眺めなければ本が探し出せないというのでは，いくら図書館好きでもやりきれない。

近年，ICタグを用いた自動書庫の導入も進んでいるが，これは，現代の書誌分類と考えられる。自動書庫内に収蔵する情報資源は，とくに分類せず，乱雑であっても構わない。この点で，整理業務が軽減されるなどのメリットがある。反面，ブラウジングによる知識の外延と内包を豊かにする機会が薄くなることはもちろん，停電があったり，ウィルスが混入したりすることによってシステムダウンしたときに，取り出す方法がまったくなくなる点がデメリットである。

c．図書館の目録

表1-3のような問題点があるため，書架分類だけで主題検索に対応していくのでは不十分である。そこで，図書館では物として存在する情報資源の“身代わり”として「目録」が作成される（表1-4）。難しくいえば，目録とは，「書誌情報」（対象となる情報資源に関する情報で，たとえば，名称，作者，制作時期などのことで，これらは，図書であれば，順に「書名」，「著者名」，「出版年」などと表現される）の集合体である。利用者は目録を使って得られた検索結果（＝書誌情報など）が示されることにより，たとえ（貸出中・閲覧中などで）書架上に該当情報資源がなくとも，情報資源の「存在」を確認することができる。

一方で，検索結果には所在情報が示され，その情報資源がどこにあるのか，たとえば，「2階の北側の壁に沿った書架の左から３連（れん）目，上から４段目にある」といったことが（ベテランの司書なら）わかる。これは，すなわち，現物に対する索引機能ということができる（図1-3）。

表1-4 「目録」の構成要素

⑴ 記 述
利用者が求めている情報資源と同じものか異なるのかを見分けるために必要な情報の集合
⇒タイトル，著者，出版社，出版年など（これを書誌的事項または書誌情報という）
⑵ アクセスポイント
検索の手がかりとなる情報で，具体的には「タイトル」「著者」「主題」などがある。目録ではアクセスポイントを必要な数だけ付与できるので，特定資料検索・主題検索に関係なく検索することができる。なお，書架分類の問題点（表1-3）の1）と2）をカバーできる。
⑶ 所在記号
検索対象資料の図書館内における配架位置を示す記号。利用者が実際の情報資源を入手するまでのプロセスを含めて，情報資源へのアクセスという。そのため，目録には所在記号が不可欠である。

＊「記述」「アクセスポイント」は第３章で詳述。

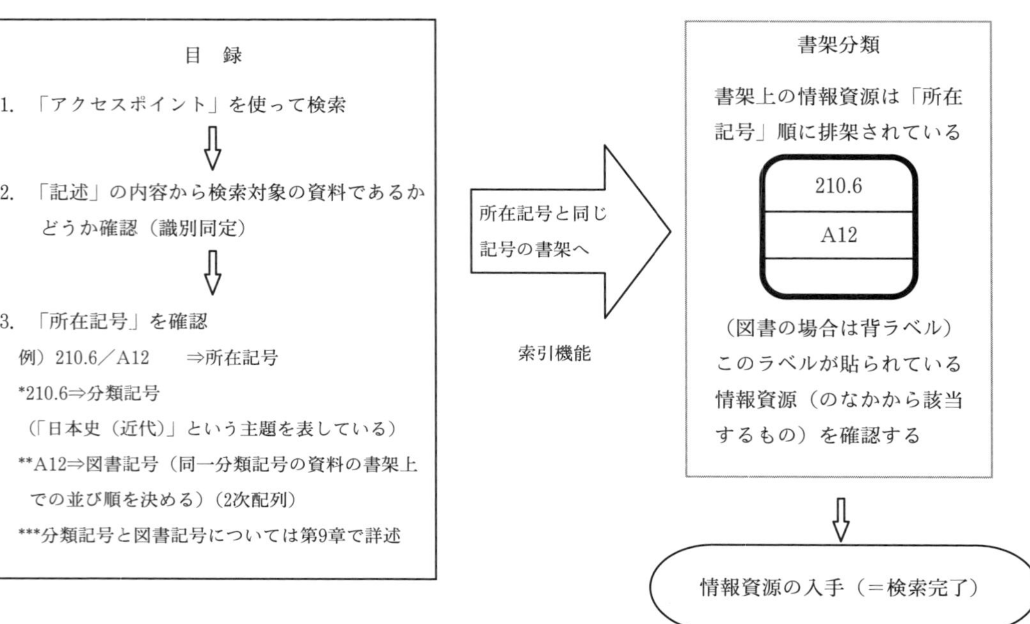

図 1-3　情報資源へアクセス（＝入手）できるまでの流れ

c．目録と書誌

書誌＝本のリスト＝（書誌情報の列挙）
目録＝本のリスト＝（書誌情報＋所在情報）の列挙

図 1-4　書誌と目録のちがい

図書館の周辺では「目録」と「書誌」は一見似た言葉である。一般に目録とは，現物が別の所にあり（図書館の場合は書架上），その現物のままでは扱いにくいなどの理由で，代わりにリスト化して扱うものをいう（たとえば，美術展の出品目録など）。図書館の目録は，簡単にいえば，本のリストである。蔵書のリストが蔵書目録（または所蔵目録）である。では，本のリストはどうやってつくるかといえば，書名，著者名，出版社（者），出版年などを列挙すれば自然にリストができあがる。一方，書誌も本のリストである。では，目録と書誌はどこがちがうかといえば，その本がどこにあるのかといった所在情報まで含んでいるかいないかのちがいである（図 1-4）。たとえば，「夏目漱石の書誌」といえば，夏目漱石が書いたものはもちろん，夏目漱石について書かれた本にどのようなものがあるのかということを知るためのリストで，さしあたって，それがどこに行けば読めるのかといったことは必要としないものである。

設　問

(1)　実際に図書館へ行き，開架フロアの書架にどのような主題が設定されているのか，フロア全体の主題配置がどのようになっているかをそれぞれ調べなさい。

(2)　自分で主題を設定し，直接書架を見て検索する方法と目録で検索する方法とでどのようなちがいがあるかを比較しなさい。

参考文献

1. 日本図書館協会図書館ハンドブック編集委員会編『図書館ハンドブック』(第6版補訂2版) 日本図書館協会，2016年

2. 志保田務・高鷲忠美編著『情報資源組織法　資料組織法・改』第一法規，2012年

注)

1) 二村健『図書館の基礎と展望　第2版』(本シリーズ第1巻) 学文社，2019年，p.19を参照。

2) 印刷資料とは，図書，逐次刊行物（雑誌，新聞など），パンフレット，地図など紙を書写材料とした資料。

3) 非印刷資料とは，点字資料，マイクロ資料，映像資料（ビデオテープ，映画フィルムなど），音声資料（レコード，カセットテープなど）など，記録方法が印刷ではないもの。

4) 電子資料（パッケージ型）とは，DVD-ROM，CD-ROM，フロッピーディスクなど，電子的・磁気的（電磁的）方法により物理的媒体に記録された資料。

5) ネットワーク情報資源とは，オンラインデータベースなど，インターネット上に存在する情報。

6) 膨大な情報資源の存在，利用者のニーズの多様化や細分化，予算の削減傾向等さまざまな要因から伝統的な業務モデルは急速に古くなりつつあるのが現状となっている。従来のようなテクニカルサービスとパブリックサービスという枠組みではとらえきれない新サービス（例：ビジネス支援，パスファインダーの作成など）が展開されている。長田秀一著『情報・知識資源の組織化』サンウェイ出版　2011年，p.70-71。

7)「配架」を「排架」と表記することにこだわる人もいるが，どちらでもよい。「配列」「排列」も同じ。

8) 柴田正美著『資料組織概説』日本図書館協会，2008年，p.219。

9) 開架制，開架書架，または単に開架とも呼ばれる。開架式に対し，一般に公開されていない（利用者が直に接することができない）書架のことを「閉架式」と呼ぶ。これも閉架制，閉架書架，閉架書庫などとも呼ばれる。

10) 外延と内包。内包は，一群の対象に共通の属性，外延はその集合（『現代哲学事典』講談社)。

11) ブラウジングとは，特定の目的をもたず，書架上に並ぶ情報資源の背表紙や表紙をながめたり，実際に手にとって拾い読みをしたりする行為。思わぬ発見や新たな興味・関心をもつきっかけとなるような情報資源との出会いがあることも多い。

12) 利用者が検索目的とする情報資源を手にする方法。

2 書誌コントロールと標準化

図書館における組織化業務は，さまざまな情報資源を効率よく適確に検索できるようにし，最終的に，必要とする人が必要とされる情報資源を入手できるようにすることを目的におこなわれる。言い換えれば，情報資源と利用者とを結びつける業務である。こうした人と情報資源との出会いにかかわる活動を「書誌コントロール」と呼ぶ。本章では書誌コントロールの理解に務める。

第 1 節　書誌コントロールとは

「書誌」[1]とは「文献の存在と書誌データを知らせるもの」(『図書館情報学用語辞典』丸善）であり，どのような情報資源が存在しているかを把握，確認できる文献リストである。この書誌を通じて，何らかの知識や判断の根拠や精神の拠り所やレクリエーションなどを必要としている人が，適切な時期に最も適切な内容の情報資源を入手できるようにすることが書誌コントロール（bibliographic control）の目的である。

ただし，単に文献リストである書誌を作成することを意味するのではない。情報資源の把握，書誌情報の記録，記録方法に関するルールの標準化，そして，書誌情報の流通と情報資源の利用という，一連の形成過程をまとめて書誌コントロールととらえられている（図 2-1)。

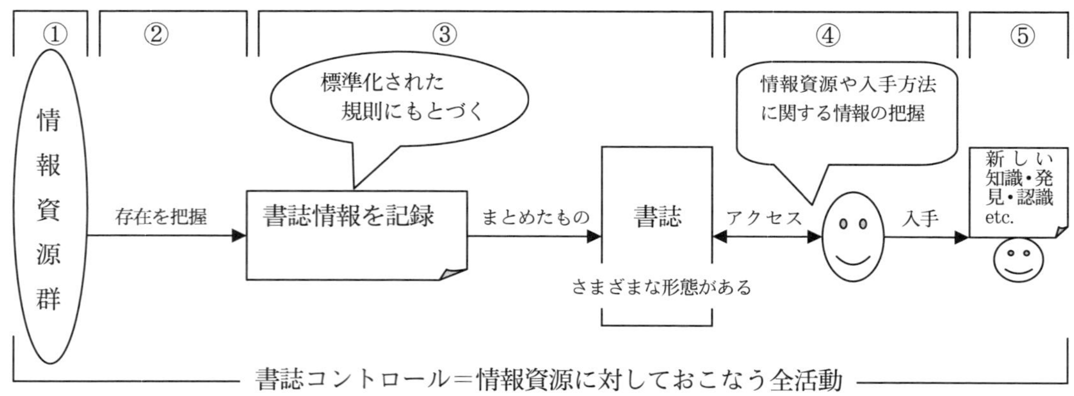

※図中の①～⑤は書誌コントロールの機能を示す：第 2 節参照。

図 2-1　書誌コントロール

第2節 書誌コントロールの機能

書誌コントロールには次のような段階がある[2) 3)]（図2-1を参照）。

① 情報資源の存在の同定

情報資源（物理的な情報資源だけでなくそれに含まれる個々の作品もさす）を同定・識別し，入手可能とする機能。情報資源の存在は出版情報や書誌などの情報から確認する。

② 情報資源の把握

書誌コントロール機関が，コントロール対象とする情報資源を把握する機能。図書館では，蔵書として収集対象とすることと，所蔵の有無にかかわらず作成する書誌を収集対象とすることの両方に相当する。

③ 情報資源のリストの作成

諸標準（書誌情報の記録に関する規則など）に従い，情報資源のリストを作成する機能。図書館では，目録や書誌の作成に相当する。

④ 情報資源への高度なアクセスの提供

情報資源の記述（タイトルや著者名，出版者などを記録すること，または，記録したもの）のみではなく，より高度なアクセスのための手段を付加して提供する機能。図書館では，アクセスポイントの付与や主題分析などに相当する。

⑤ 情報資源の所在の指示や提供

情報資源の入手方法に関する情報，または，情報資源自体を提供する機能。図書館では，所在情報や資料の提供に相当する。

第3節 書誌コントロールの経緯

a．書誌コントロールのレベル

書誌コントロールには，図書館などの個々の機関内でおこなう書誌コントロールと，複数機関が協力し合っておこなう書誌コントロールがある。複数機関による書誌コントロールには，地域レベル，国レベル，国際レベルの3つのレベルがある。

b．書誌コントロールの展開

書誌コントロールの歴史は古代文明の時代に遡ることができるが，1館でのコントロールに止まっていた。近代以降の書誌コントロールは，ゲスナー（Conrad Gesner，1515-1565）や，オトレ（Paul Otlet，1868-1944）とラ・フォンテーヌ（Henri La Fontaine，1854-1943）など，一個人や一組織が単独でおこなったことから始まり，やがて国際レベルでの活動へと移行していった。表2-2から，とくに第2次世界大戦以降に急速にその必要性が高まったことを知ることができる。

第 4 節　書誌コントロールと標準化

a．標準化の意義

現在の書誌コントロール活動は複数機関の協力のもとで進められている。これらの活動を円滑に進めていくためには，共通の土台を定める標準化が不可欠である（図 2-2）。

標準化により，書誌コントロールのもとに作成された書誌情報を複数機関間で共有し，流通させることが可能となる。多様な情報資源が流通する現在，さまざまな媒体に応じた記録方式の標準化の必要性が増加している。

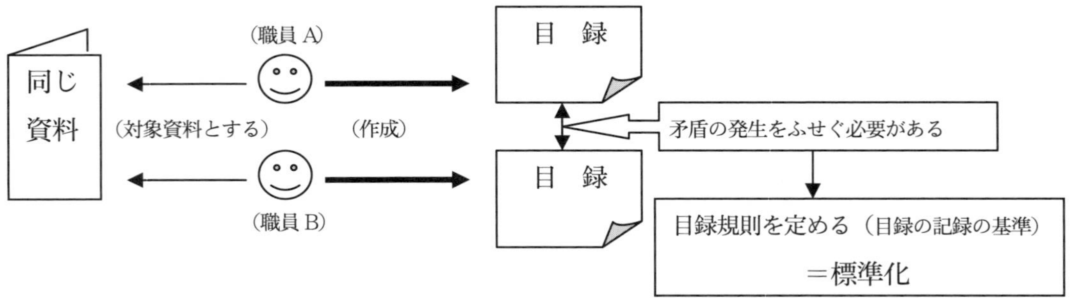

図 2-2　標準化の必要性

b．図書館の書誌コントロールに関するおもな標準

図書館の書誌コントロールの標準として表 2-1 を作成した。また，次ページに，近代以降の国際レベルの活動を中心に書誌コントロールの歴史を簡単に一覧化した（表 2-2）。

表 2-1　書誌コントロールに関するおもな標準

	書誌情報の内容に関する標準	コンピュータ処理にかかる標準
国際標準	•「国際標準書誌記述」（ISBD） （IFLA により制定された記述の作成基準） •ダブリンコアメタデータエレメントセット（Dublin Core Metadata Element Set, DCMES）[4)] （メタデータの記述規則（エレメントセット））（第 13 章で詳述）	• ISO2709（書誌情報の交換フォーマットのレコード構造に関する標準規格） • UNIMARC（Universal MARC Format） （「各国の全国書誌作成機関が作成し，提供する MARC の国際交換が円滑に行えるよう」IFLA が示した MARC の標準フォーマット）
各国国内標準	•目録規則（『日本目録規則（NCR）』） •分類法（『日本十進分類法（NDC）』） •件名標目表（『基本件名標目表（BSH）』） （NCR は第 4・5 章，NDC は第 10 章，BSH は第 8 章で詳述）	•各国の MARC（JAPAN/MARC） *MARC21 は米国にとどまらず，国際的な標準となっている （MARC は第 11 章で詳述）
情報資源に対する一意の識別子		
•国際標準図書番号（International Standard Book Number, ISBN）（図書の国際的な識別番号） •国際標準逐次刊行物番号（International Standard Serial Number, ISSN）（逐次刊行物の国際的な識別番号）		

出典：参考文献 1，pp.288-9 をもとに作成

表 2-2　書誌コントロールの歴史（近代以降の国際レベルの活動を中心に）

年代	書誌コントロール活動		
1545年	ゲスナー，『世界書誌（Bibliotheca Universalis）』を編纂（ヨーロッパ文化圏の文献約 12,000 点の書誌情報を個人で編纂した）		
1895年	オトレとラ・フォンテーヌ，国際書誌協会（Institut International de Bibliographie, IB）を設立。世界書誌目録（Repertoire bibliographique universel, RBU）を作成。同時に RBU の分類のために『国際十進分類法（Universal Decimal Classification, UDC）』を刊行。 （国際的協力体制の欠如や第 1 次世界大戦勃発，資金難などから RBU 作成は途絶えてしまう）		
1940年代末	米国議会図書館（以下，LC）の書誌サービス事業推進に関する報告書の中で「書誌コントロール」という言葉が初めて使用される。 （LC が図書館協力を通じて行う書誌サービス活動全般に対して，書誌コントロールという言葉を使用した）		
1950年	ユネスコ（UNESCO），「書誌サービス改善に関する国際会議」を開催。 →　各国における書誌サービス調整機関の設置，全国書誌の整備，国連関係の国際機関が専門分野の国際的な書誌サービス事業を展開することを合意。		
	（この時期，書誌情報を作成するためのツール類の標準化が進む）		
1961年	国際図書館連盟（International Federation of Library Associations, IFLA）主催による目録原則国際会議（International Conference on Cataloguing Principles, CCP）にて「パリ原則」採択 →　標目の形式と選択について国際的に統一された規則を作る方針を打ち出す （この原則をもとに各国で目録規則の再検討が行われることになった）		（目録の MARC 化への動き）
1969年	国際目録専門家会議（International Meeting of Cataloguing Experts, IMCE）で，記述についても国際標準化に着手することを合意 →　IFLA に作業グループを設置	1968年	LC が MARC II フォーマットを実用化 ↓
1971年代以降	「国際標準書誌記述（International Standard Bibliographic Description, ISBD）」が資料タイプごとに順次制定される ［ISBD は MARC との互換性を念頭に作られた国際目録規則］⇒	1970年代	各国は競って MARC 開発を行う （MARC 化された目録データの国際間交換のためのフォーマットが必要となる） ↓ 国際 MARC プログラムの下で開発が進められる
1973年	IFLA が UBC（Universal Bibliographic Control）を提案議決 （書誌情報の国際的交換，世界的な書誌コントロールの実現を目指す）		
1973年	国際逐次刊行物データシステム（International Serials Data System, ISDS）の設立 →　国際逐次刊行物番号（International Standard Serial Number, ISSN）の前身（ユネスコの UNISIST 計画[5]により設置）	1977年	国際 MARC プログラムが UNIMARC フォーマット（Universal MARC Format）を発表
1974年	IFLA の UBC 事務局の設置（ユネスコなどと協力し，各国全国書誌の整備や改善，ISBD の制定などを推進） ［UBC］		［国際 MARC プログラム］
1987年	IFLA のコアプログラム UBC は，コンピュータ化の進展に合わせ，世界書誌調整と国際 MARC プログラム（Universal Bibliographic Control and International MARC, UBCIM）に改称される ←		2 つのプログラムが統合
2003年	UBCIM 終了 UDT（Universal Dataflow and Telecommunications, 国際データ流通と通信）コアプログラムと ICABS[6]（IFLA-CDNL Alliance for Bibliographic Standard, 書誌情報のための IFLA と国立図書館長会議の同盟）の活動へと引き継がれる		

第5節　日本における書誌コントロール

各国が国内レベルでの書誌コントロールにおいて，国際的な標準規則に従い，自国の出版物の記録である全国書誌[7)]を作成し，相互に交換，共有することにより，国際レベルの書誌コントロールも有効に機能することが可能となる。国内レベルの書誌コントロールは，それぞれの国立図書館が中心となっておこなう。日本では，法定納本制度[8)]を備えた全国書誌作成機関である国立国会図書館が，その責任を果たしている。

a．国立国会図書館の書誌コントロールにかかわる主な活動[9)]

1）法定納本制度による網羅的な国内出版物の収集

2）全国書誌の作成および提供　⇒『日本全国書誌』

3）国内外の他機関と交換しうる標準的なフォーマットで作成した基本的書誌情報の作成と提供　⇒JAPAN/MARC

4）書誌レコードの一意な識別番号の付与　⇒　全国書誌番号（JP 番号ともいう）

5）国内の標準的な書誌情報交換フォーマットの制定　⇒　JAPAN/MARC フォーマット

6）総合目録[10)]の作成および提供　⇒　全国総合目録，点字図書・録音図書全国総合目録など

7）雑誌記事索引の作成および提供

b．『日本全国書誌』

表2-3『日本全国書誌』の変遷

1）冊子体：1948 年から継続出版された　→　2001 年度末で刊行中止
2）JAPAN/MARC：1981 年から UNIMARC フォーマットに準拠し作成される（1988 年より CD-ROM 版として J-BISC が日本図書館協会を通じて頒布）
3）電子化情報：2001 年 4 月から国立国会図書館のホームページ上にて公開

国立国会図書館に納本された情報資源を収録し，定期的に刊行するのが『日本全国書誌』である。『日本全国書誌』には一般資料のほかに，政府刊行物，地方公共団体や大学や学会・協会の出版物，自費出版物など，市販資料・非市販資料を問わず納本された国内出版物を網羅的に収録している。また，収録対象に指定されている媒体は，図書および非図書資料（逐次刊行物，大活字資料，点字資料，電子資料（パッケージ型），地図資料，録音資料，映像資料）となっている。2012（平成 24）年からは，ウェブ上での「ホームページ版」による提供に代わり「全国書誌データ」サービスがおこなわれており，「日本全国書誌」という名称は用いられなくなっている[11)]。

設　問

(1)　国立国会図書館の HP へアクセスし，次のことを調べなさい。

1）同一資料を 3 冊選択し，「NDL-ONLINE」と「NDL-Bib」でそれぞれ検索し，両者の書誌情報のちがいを比較しなさい。

2）『これから出る本』（書店などで入手可）から何冊か検索対象資料を選び出し，「NDL-ONLINE」

とネット書店でそれぞれ検索し，両者の利点や問題点を比較しなさい。

(2) 参考文献3を読み，国際的な書誌コントロールや日本における書誌コントロールの形成過程を調べ900字程度にまとめなさい。

参考文献

1. 日本図書館協会図書館ハンドブック編集委員会編『図書館ハンドブック』(第6版補訂2版)，日本図書協会，2016年
2. 図書館情報学ハンドブック編集委員会編『図書館情報学ハンドブック』(第2版) 丸善，1999年
3. 根本彰『文献世界の構造：書誌コントロール論序説』勁草書房，1998年
4. 国立国会図書館編集『書誌コントロールの課題』日本図書館協会，2002年

注)

1) 第1章で述べたように,「書誌」と「目録」は書誌情報を記録した文献リストという点では同じであるが,「目録」はさらに収録している文献の「所在」も明示している点により,「書誌」と区別される。
2) 参考文献1，p.283。
3) 柴田正美『資料組織概説』日本図書館協会，2008年，p.36。
4) 通称ダブリンコア (Dublin Core) ダブリンコアという言葉がメタデータの記述規則 (エレメントセット) を表す場合と，この記述規則を開発する活動を表す場合がある。前者はDCMES，後者はDCMI (Dublin Core Metadata Initiative) を意味する。日本図書館協会目録委員会編集『電子資料の組織化：日本目録規則 (NCR) 1987年版改訂版第9章改訂とメタデータ』日本図書館協会，2000年，p.49。
5) ユネスコは，IFLAの書誌コントロール活動に協力する一方で，自らもUNISIST (United Nations Information System in Science and Technology, 科学技術情報に関する国際的書誌コントロール活動) 計画やNATIS (National Information System, 各国の情報整備を推進する全国情報システム) 計画というプログラムを実施した。両計画は1976年にGIP (General Information Programme) に統合された。
6) ICABSでは次の3つの目標が定められている。①書誌コントロールに関する標準等の維持管理。ISBD，FRBR，UNIMARC，MARC21，Z39.50等を対象とし，その発展に努めること②書誌コントロールのための戦略の策定と国際的な協定の奨励。バーチャル国際典拠ファイルやメタデータの開発・普及，識別子の動向把握③電子情報資源の長期保存問題に対する理解の向上，方法，普及促進。 長田秀一著『知識組織化論：利用者志向のアプローチ』サンウェイ出版，2007年，p.33。
7)「全国書誌」とは,「ある一国で刊行されたすべての出版物を網羅的，包括的に収録した書誌。広義には，その国に関する全著作，他国に在住しているその国の国民による著作，その国の言語で書かれた他国での著作を含むこともある」とされている (『図書館情報学用語辞典』丸善)。
8)「納本制度」とは,「出版者に対して，法律により国立図書館へ出版物などの納入を義務付ける制度」(『図書館情報学用語辞典』丸善) で，日本は「国立国会図書館法」が納本の根拠となる法令であり，国立国会図書館が納本図書館として指定されている。
9) 参考文献1，pp.289-290から抜粋。
10)「総合目録」とは,「複数の図書館あるいはコレクションに所蔵されている資料の書誌データを，1つの体系のもとに編成，排列し，所在を示した目録」(『図書館情報学用語辞典』丸善) のこと。
11) 田窪直規編著『情報資源組織論』(改訂) 樹村房，2016年，p.173。全国書誌データの特長などについては「全国書誌データの特長と利用方法」www.ndl.go.jp/jp/data/data_service/jnb/index.html ('18.11.28現在参照可) を参照。

3 書誌記述法

目録は英語で catalog という。インターネットや通販の商品カタログは，扱っている商品をリスト化し，どのような品物であるかが確認できる情報が示される。商品という“物”の名称や内容に関する情報が得られるという点では，図書館の目録も同じである。しかし，商品カタログのように，単純に“物”である“図書”をリスト化したものが，すなわち図書館の目録かというと，そうではない。図書館における目録は，さまざまなアクセスポイント（検索の手がかり）からの検索が可能となるよう，個々の情報資源に関する特徴（タイトル，著者，出版年など）を把握し，その把握した特徴を一定のルールにしたがって記録し整理したものである。本章では，目録がその機能を果たすうえで欠かせない「書誌的記録」や「目録規則」について説明する。

第１節　目録政策

「政策」とは政治がらみの事柄のように聞こえるが，英語の policy にあたり，「方策」とか「方針」という意味である。具体的にいえば，その図書館で，どのような種類の目録を用意するか，その目録をどういうふうに編成するかといったことをあらかじめ取り決めておくことである。いいかえれば，目録のつくり方に統一性をもたせるための方策や方針のことである。その方針は，個々の図書館で独自に採用・決定してよいものだが，全国的に標準の方法，また，国際的に容認されている方法をとるのか望ましいことはいうまでもない。当然，大図書館と小図書館，公共図書館と大学図書館とが，同じ目録政策を採用することはない。また，都道府県レベル，国レベルで共通の目録政策をもつことも論理的にはありえるので，目録政策は，書誌コントロールという大枠に入るものであることが理解されよう。

第２節　目録の種類

図書館の入口やカウンター付近に，パソコンが設置されているのを目にする。図書館に行くと，まずこの端末機を使い，キーワードを入力して図書館の蔵書を検索するという人も多いだろう。この端末で検索しているものは OPAC（online public access catalog, オンライン利用者目録）と呼ばれるコンピュータ目録であり，現在，図書館の目録で主流となったものである。OPAC の登場以前に図書館で主流であった目録は，「カード目録」と呼ばれる紙のカード形態の目録であった。さらに遡ると，目録は「冊子目録」という冊子体の形態から出発している。

図書館の目録の形態はこのように変遷してきたが，そこに記録されている情報は基本的に同じものである。この情報のことを「書誌的記録」と呼ぶ。

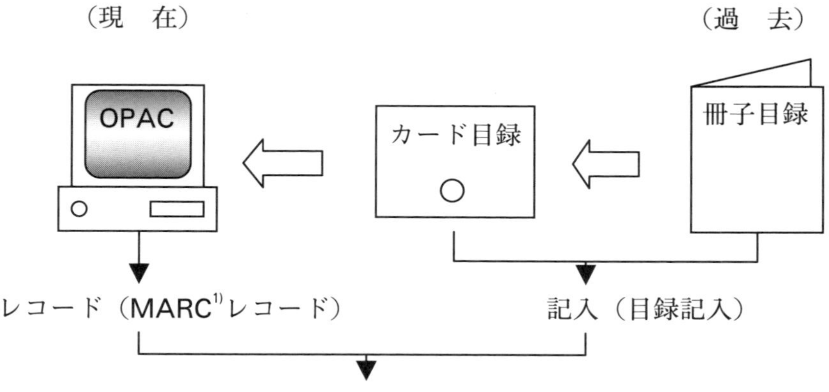

図 3-1　目録の種類（形態別）と書誌的記録（名称のちがい）

第 3 節　記入とその構成要素

書誌的記録は媒体のちがいによって名称が異なること（図 3-1）を確認したが，ここでは，基本的に使用する用語を「記入」で統一しておくこととする。現在の目録に関するルールの基本部分は，カード目録（図 3-2）が中心であった時代に形成されているというのが，その理由である。

「記入[1]」は，「記述[2]」「標目」「所在記号」などから構成されている。

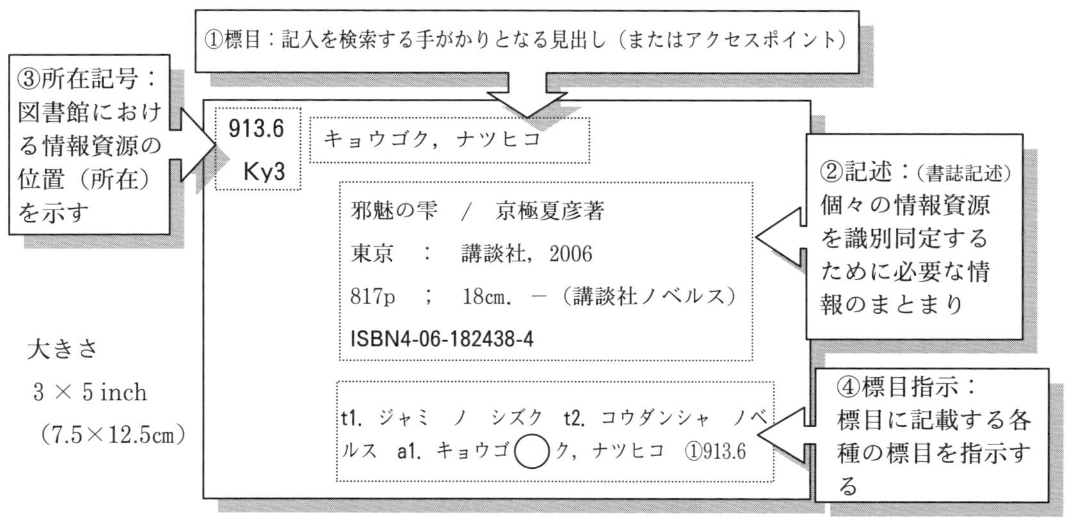

図 3-2　カード目録の例（記入の構成要素）

第４節　記述目録法と目録規則

a．記述目録法と主題目録法

図書館の目録に関するルールの総体を「目録法」といい，「記述目録法」と「主題目録法」に分けることができる（図3-3）。本章では，主として記述目録法を扱う（主題目録法のうち，件名法は第８章，分類法は第９章で学ぶ）。

目録法
- 記述目録法：記述の作成，標目の選定と形式の決定など
  *標目は，記述から得られる情報＝タイトル，著者の標目に限られる
  使用する目録作成ツール　→　目録規則
- 主題目録法：情報資源を主題分析し，その結果（＝主題）にもとづく件名標目，または，分類記号の付与など
  使用する目録作成ツール　→　件名標目表，分類表

図3-3　記述目録法と主題目録法

b．目録規則とその意義

「目録規則」は，情報資源の特徴を記録した「記述」の作成に関する規則と，「記入」を検索する手がかりとなる「標目」の選定と形式に関する規則などからなる。また，目録規則は国レベルや言語圏レベルで標準的なものが作成されており，各図書館はこれらの標準的な目録規則にもとづいて目録を整備している。

①標準的な目録規則の意義

1）図書館間の目録（書誌）情報の交換や共有を可能にする

2）全国書誌作成機関などから提供される書誌情報の個々の図書館における利用を容易にする（＝コピーカタロギング）（第11章で詳述）

②標準的な目録規則

国レベル（日本）	『日本目録規則』（Nippon Cataloging Rules, NCR）
言語圏レベル（英語圏）	『英米目録規則第２版』（Anglo-American Cataloging Rules 2nd ed）[3] → 2010年に後継となる「RDA」（Resource Description and Access）を刊行
国際レベル	『国際標準書誌記述（ISBD）』→ 2011年に「ISBD統合版」[4] を刊行
	『パリ原則』→　2009年に「国際目録原則覚書」（Statement of International Cataloguing Principles）を発表

第５節　「記述」の標準化：『国際標準書誌記述統合版』（ISBD統合版）

「記述」の役割は，情報資源の識別同定である。そのため，「記述」にはタイトルや著者名，出版社（者）[5] など，どういった情報資源であるかを確認できる情報がまとめて記録されている。「記述」にどのような事柄を記録するのか，その際どのように記録するのかなどについてルールをま

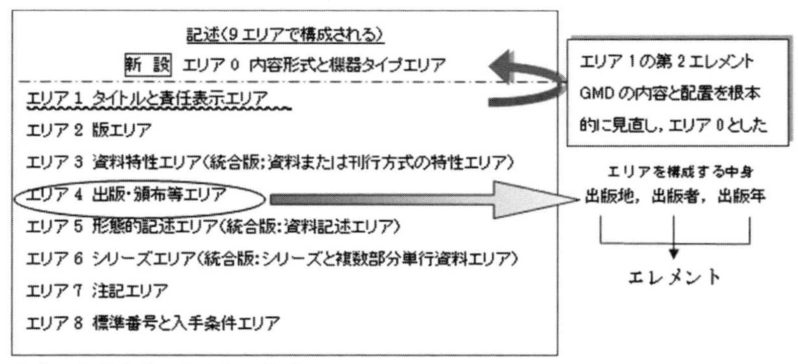

出典：参考文献3をもとに作成

図3-4　エリアとエレメント

とめたものが目録規則である。現在，各国の目録規則は国際標準である『国際標準書誌記述統合版』（以下，ISBD統合版）に準拠した編成が進められている。本節では，ISBD統合版で定められている「記述」の標準化にかかわる代表的な規定を取り上げる。

a．「記述」の範囲

これまでは，「記述」に記録すべき情報として8種類の「エリア」（area）を設定していたが，ISBD統合版では，さらに，「エリア0　内容形式と機器タイプエリア」を新設した（図3-4）。そして，各エリアを構成するものとして「エレメント」（element）[6]を設定し，細かく規定している。すなわち，「記述」の内容をエリアとエレメントで定め，さらに，これらの記録順序も定めている。

b．「エリア0　内容形式と機器タイプエリア」概略

ISBD統合版において新設されたエリア0は，記述の冒頭に資料の内容を表現する「内容形式」と，資料内容の伝達に用いられる「機器タイプ」を示すことで，利用者が自分のニーズに適した資料を選択できるよう支援することを目的としている（表3-1）[7]。

表3-1　エリア0の概略

エレメント		必須／任意	説　　明
1)	内容形式 (content form)	M：必須	資料の内容を表現する基本的な形式を表す。
	内容説明 (content qualification)	MA： 適用可能なら必須	資料の種別・知覚・次元・動きの有無を示す。内容形式のサブカテゴリであり，内容形式を展開・明確化する。
2)	機器タイプ (media type)	M：必須	資料内容の伝達に用いられる容器のタイプを示す。

出典：参考文献2をもとに作成

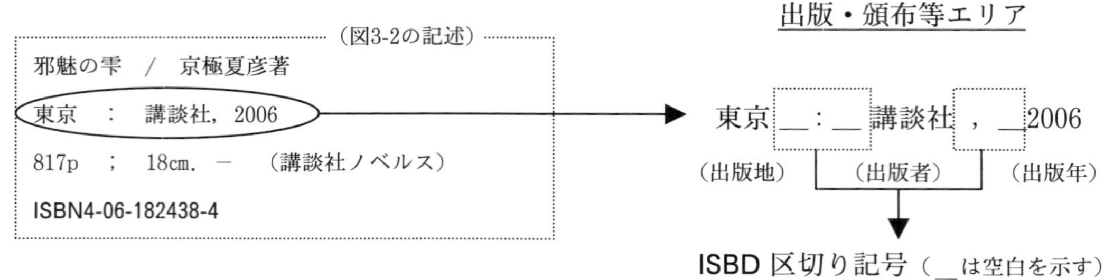

図 3-5　ISBD 区切り記号の例（図 3-2 をもとに）

c.「区切り記号法」と ISBD 区切り記号

ISBD では「記述」に記録されるエリアやエレメントごとに,「区切り記号法[8)]」を定めている。ISBD は，国際的に書誌的記録の交換を促進するために，この ISBD 区切り記号を提唱し，各国の目録規則でも広く用いられている（図 3-5)。

d. ISBD 区切り記号の効果[9)]

①個々のエリア・エレメントを明確に判別することができる

②言語の別なく書誌情報への理解を容易にすることができる

③書誌情報の相互交換や MARC への変換にも有効に機能する

設　問

(1)　各種の目録（冊子目録，OPAC｛カード目録がある場合はこちらも含めて｝）を使って，同一情報資源を検索した場合にどのようなちがいがあるか，その利点と問題点を調べなさい。

(2)　図 3-2 の記述をもとに，ISBD の各種エリアに該当する情報をそれぞれ抜き出しなさい。

参考文献

1. 橋詰秋子・谷口祥一「書誌情報とメタデータ：理論，ツールの 2010 年代のわが国における展開」『図書館界』Vol.70　No.1，2018 年，pp.305-314
2. 松井純子「ISBD 統合版の研究：改訂内容の検討とその意義」『図書館界』Vol.65，No.2，2013 年，pp.162-172

注)

1)「記入」は，一般に，「文字や数字を書き入れること」を意味するが，図書館という文脈におくと，にわかに専門用語の意味合いが出てくる語の 1 つ。「記入」とは，対象となる情報資源に関して，目録に記録すべき内容の全体のこと。わかりやすくいえば，目録カード 1 枚に書くべき事柄全体と覚えておけばよい。

2)「記述」も，図書館という文脈においたとき，にわかに専門用語の意味合いが出てくる語の 1 つ。意味は，図 3-2 で示されたとおり。わかりやすくいえば，目録カードの「記述」の位置に書かれるべき事柄で，書名，著者名，出版者，出版年といった，ある情報資源とほかの情報資源が，同じであるか，異なるのかを判断するために，必要十分な事柄を列挙すること，または，列挙されたもののこと。

3) 英語圏では事実上の国際標準として採用されている目録規則。日本でも，大学図書館（学術図書館）などで，洋書に AACR2 を採用するのが一般的となっている。AACR の経緯は，1967 年，英国，米国，カナダの 3 国により『英米目録規則』（AACR1 と略される）が完成（ただし「北米版」と「英国版」に分かれて刊行された)。1978 年に『英米目録規則第 2 版』（AACR2）が刊行され，以降はこの AACR2 をもとに改訂されていく。1988年にはオーストラリアも合同運営委員会に参加し，AACR2の改訂版が刊行され（AACR2R），1998年（AACR2R98），2002年（AACR2R2002）に，それぞれ改訂版が出されている。2010年にこれまでのAACR2を全面改訂した，『RDA：Resource Description and Access』が刊行された。

4）統合版はこれまで資料種別に存在していた7種類のISBD［単行書（M），地図資料（CM），非図書資料（NBM），古典籍（A），楽譜（PM），電子資料（ER），継続資料（CR）］を1つに統合したものである。

5）図書館に収蔵する図書は，商業出版物として各出版社が出版したものが大部分であるが，例えば，地元の教育委員会が地域の遺跡を発掘したときの報告書，国が発行する『官報』などの出版物，個人が自費で出版した著作物などは，商業組織の「出版社」という言葉に当てはまらない。そこで，目録規則では，この会社組織の出版社を含めて，広く「出版者」という用語を使用する。本書でも，以降は，この「出版者」に統一する。

6）GMD：資料の形態を定義するための値。GMDによって，資料は「地図資料」や「楽譜」「映画」「ビデオ」「録音資料」などに分けられる。「一般資料種別」や「一般資料表示」と訳される（「Limedio Library Helpの用語解説」https://opac.lib.nias.ac.jp/help/ja/glossary/gloss?s[]=gmd（'18.11.26 現在参照可）。

7）内容形式と機器タイプエリアは下表のとおり。

<table>
<tr><th>内容形式の用語
（Content Form Term）</th><th colspan="2">内容説明
（Content Qualification）</th><th>機器タイプの用語
（Media Type Terms）</th></tr>
<tr><td rowspan="12">データセット（dataset）
画像（image）
動作（movement）
複合内容形式
（multiple content forms）
音楽（music）
物体（object）
他の内容形式
（other content form）
プログラム（program）
音声（sound）
話声（spoken word）
テキスト（text）</td><td rowspan="3">内容タイプ特性
（Specification of type）</td><td>地図
（cartographic）</td><td rowspan="12">オーディオ（audio）
電子（electronic）
顕微鏡（microscopic）
複合機器
（multiple media）
他の機器
（other medial）
映写（projected）
立体映写
（stereographic）
機器不用
（unmediated）
ビデオ（video）</td></tr>
<tr><td>記譜（notated）</td></tr>
<tr><td>実演（performed）</td></tr>
<tr><td rowspan="2">動作特性＊画像でのみ使用
（Specification of motion）</td><td>動態（moving）</td></tr>
<tr><td>静態（still）</td></tr>
<tr><td rowspan="2">次元特性＊画像でのみ使用
（Specification of dimensionality）</td><td>2次元
（2-dimensional）</td></tr>
<tr><td>3次元
（3-dimensional）</td></tr>
<tr><td rowspan="5">知覚特性
（Sensory specification）</td><td>聴覚（aural）</td></tr>
<tr><td>味覚（gustatory）</td></tr>
<tr><td>嗅覚（olfactory）</td></tr>
<tr><td>触覚（tactile）</td></tr>
<tr><td>視覚（visual）</td></tr>
</table>

出典：参考文献2をもとに作成

8）「区切り記号法」とは，「ISBDに基づき，書誌記述において書誌的事項それぞれの前に置く一定の記号で，一般の句読法とは別にその用法を定めているもの」日本図書館協会目録委員会編『日本目録規則1987年版改訂3版』日本図書館協会，2006年，p.406。

9）吉田憲一編『資料組織演習』日本図書館協会，2007年，p.27。

4 日本目録規則（1）

本章では，日本の標準的な目録規則である『日本目録規則（Nippon Cataloging Rules，以下NCR）2018年版』の特徴や規定を概観する。

第1節 「書誌レコードの機能要件」モデルの概要

a．NCR2018年版が依拠する概念モデル

NCR2018年版は，目録の新しい概念モデルである書誌レコードの機能要件（Functional Requirements for Bibliographic Records，以下FRBR）や準国際的に普及しつつあるRDA（Resource Description and Access）[1)] に準拠し策定された目録規則である。とくにFRBRモデル（図4-1）はNCR2018年版の構成の基盤となっている。

b．実　体

「実体」は，書誌データの利用者の主要な関心対象を表す単位である。目録は，各種の実体についての記述（属性および関連の記録）からなる。NCR2018年版における実体は，第1グループ，

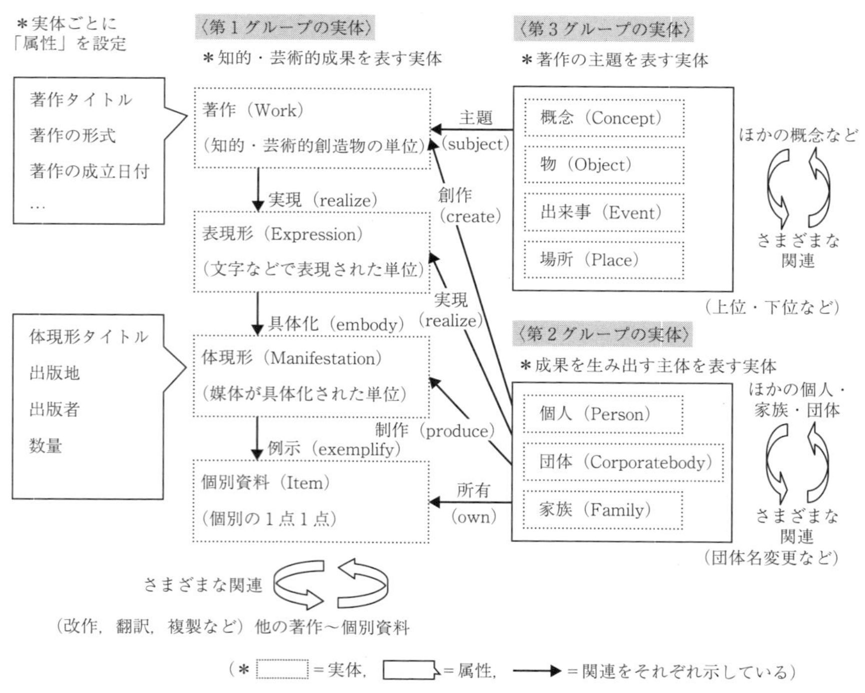

図4-1　FRBRモデルの概要

出典：参考文献3，p.169をもとに作成

第２グループ，第３グループの３種（全11個）からなる。

①第１グループの実体は，知的・芸術的成果を表すものであり，「著作」「表現形」「体現形」「個別資料」の順に，順次具現化される構造をもつ（図4-2）[2)]。

「著作」は，個別の知的・芸術的創作の結果，すなわち，知的・芸術的内容を表す実体である。著作は漠然と作品をさし示すもので，文字や映像などの具体的なかたちに表現されていない。たとえば，村上春樹による『ノルウェイの森』の知的・芸術的内容は，著作である。

「表現形」は，文字による表記，記譜，運動譜[3)]，音声，画像，物，運動などの形式またはこれらの組み合わせによる著作の知的・芸術的実現を表す実体である。たとえば，著作『ノルウェイの森』の原テキスト（厳密には各系統がある），各種の外国語訳，映像化されたものなどは，その一つひとつが表現形である。

「体現形」は，著作の表現形を物理的（紙やフィルムなどの媒体上）に具体化したものを表す実体である。たとえば，著作『ノルウェイの森』（日本語版）のテキスト（表現形）の単行本，文庫，朗読CDなどは，それぞれ体現形である。

「個別資料」は，体現形の単一の例示を表す実体である。たとえば，刊行された図書の，図書館などに所蔵された個別の一点一点は，それぞれ個別資料である。

NCR2018年版では，第１グループの実体の総称として，「資料」の語を用いる。

②第２グループの実体は，知的・芸術的成果を生み出す主体を表すものであり，「個人」「家族」「団体」からなる（図4-1，図4-3）。

③第３グループの実体は，著作の主題となるものを表すものであり，「概念」「物」「場所」「出来事」からなる（図4-1，図4-4）。

さらに，第１グループおよび第２グループの各実体を，著作の主題として，第３グループの実体とみなすことがある。NCR2018年版では，第３グループの実体の総称として，「主題」の語を用いることがある。

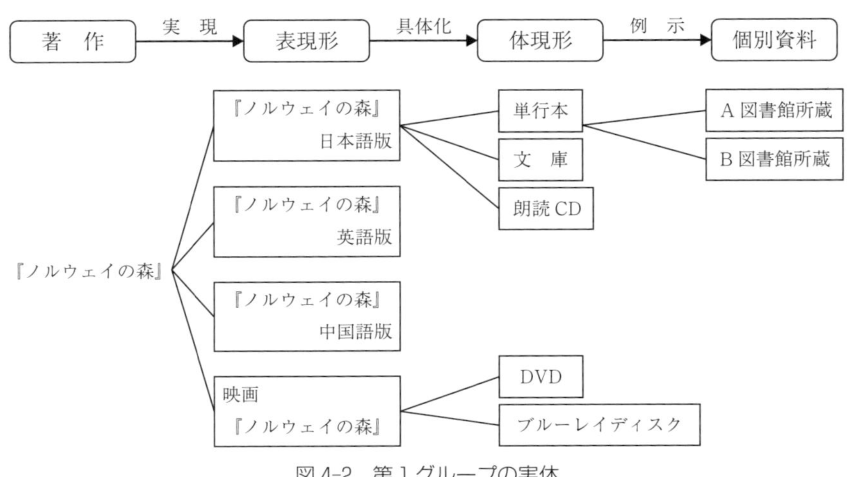

図4-2　第１グループの実体

c．属　性

属性は，実体の発見・識別などに必要な特性である。実体ごとに必要な属性を設定する。属性の記録は，関連の記録とともに，実体についての記述を構成する。

d．関　連

関連は，実体（資料，個人・家族・団体，主題）間に存在するさまざまな関係性である。異なる実体間に存在する関連（たとえば，著作とそれを創作した個人との関連）と，同じ種類の実体間に存在する関連（たとえば，ある著作とそれを映画化した別の著作との関連）とがある。関連の記録は，属性の記録とともに，実体についての記述を構成する。

NCR2018 年版では，資料の名称には「タイトル」の語を使用する。

・「個人」は，人を表す実体である。また，伝説上または架空の人，人間以外の実体をも含む。
　例）池井戸潤，横溝正史など
・「家族」は，出生，婚姻，養子縁組もしくは同様の法的地位によって関連づけられた，またはそれ以外の手段によって自分たちが家族であることを示す複数の個人を表す実体である。
　例）ケネディ家
・「団体」は，一体として活動し特定の名称によって識別される組織，あるいは個人および（または）組織の集合を表す実体である。会議，大会，集会などを含む。
　例）東京都立美術館，NHK 交響楽団など

図 4-3　第 2 グループの実体の概要

・「概念」は，抽象的観念や思想を表す実体である。
　例）経営学，ロマン主義など
・「物」は，物体を表す実体である。自然界に現れる生命体
および非生命体，人間の創作の所産である固定物，可動物および移動物，もはや存在しない物体を含む。
　例）バッキンガム宮殿，アポロ 2 号など
・「出来事」は，行為や事件を表す実体である。
　例）桜田門外の変，飛鳥時代，19 世紀など
・「場所」は，名称によって識別される空間の範囲を表す実体である。
　例）京都東山，浅草など

図 4-4　第 3 グループの実体の概要

第 2 節　NCR2018 年版の策定方針と構成

a．策定方針

JLA 目録委員会と国立国会図書館収集書誌部との共同作業により策定された NCR2018 年版の方針は次のとおりである。

・「国際目録原則（以下，ICP）」[4] などの国際標準に準拠すること
・RDA との相互運用性を担保すること
・日本における出版状況などに留意すること
・NCR1987 年版とそれに基づく目録慣行に配慮すること
・論理的でわかりやすく，実務面で使いやすいものとすること
・ウェブ環境に適合した提供方法をとること

b．構成

「第 1 部　総説」に続いて，「第 2 部　属性」「第 3 部　関連」に大きく分け，扱う実体ごとの章立てとなっており，FRBR モデルに忠実な構成となっている（表 4-1）。ただし，属性の設定は RDA との相互運用性を重視しており，FRBR モデルの属性とは異同がある[6]。

第3節　NCR2018年版の概要

表4-1　NCR2018年版の構成[5)]

NCR2018年版の構成
序説
第1部　総説
0章　総説
第2部　属性
〈属性の記録〉
セクション1　属性総則
1章　属性総則
セクション2　著作，表現形，体現形，個別資料
2～5章　実体別（体現形，個別資料，著作，表現形）
セクション3　個人，家族，団体
6～8章　実体別（個人，家族，団体）
セクション4　概念，物，出来事，場所
9～12章　実体別（[概念]，[物]，[出来事]，場所）
〈アクセスポイントの構築〉
セクション5　アクセスポイント
21章　アクセスポイントの構築総則
22～32章　実体別
第3部　関連
セクション6　関連総則
41章　関連総則
セクション7　資料に関する関連
42章　資料に関する基本的関連
43章　資料に関するその他の関連
44章　資料と個人・家族・団体との関連
45章　[資料と主題との関連]
セクション8　その他の関連
46章　個人・家族・団体の間の関連
47章　[主題間の関連]
付録（含：用語集）
注：[　　]の章は，刊行時点では保留

a．エレメント（エレメントの種類）

NCR2018年版は，目録の機能の実現に必要となる，実体の属性および実体間の関連を「エレメント」として設定し，記録の範囲や方法を規定している。また，エレメントを細分する場合，これを下位のエレメントとし，エレメントサブタイプとサブエレメントの2つに分けられる（図4-5）。

エレメントのうち，資料の発見・識別に欠かせないものを「コアエレメント」とし，これは必ず記録される。（*詳細は次章第2節参照）また，各実体について，その属性および関連のエレメントの記録をおこなったデータの集合を，「記述」と呼ぶ。

b．属性の記録

実体ごとに，その発見・識別などに必要な属性のエレメントを設定している。このうち，体現形に関する属性の記録が，資料の識別に根幹的な役割を果たす（*詳細は次章第2節参照）。

例）体現形のタイトルの場合

　（コアエレメント）本タイトル

　（エレメントサブタイプ）本タイトル，並列タイトル，タイトル関連情報など

c．資料の種別

資料の種別について，表現形の種類を表す「表現種別」，体現形の種類を表す「機器種別」と

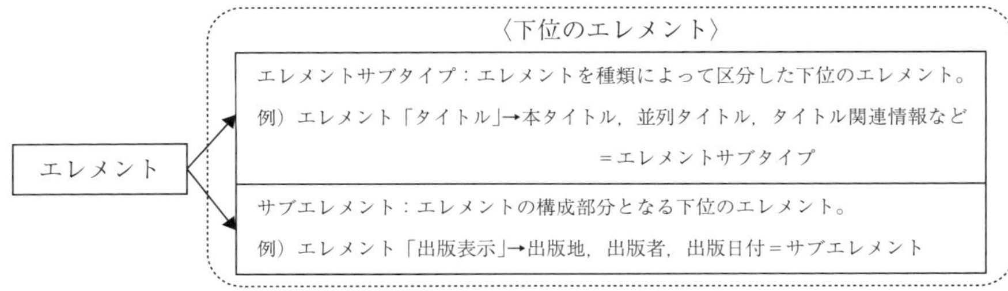

図4-5　エレメントと下位のエレメント

「キャリア種別」，刊行方式の区分を設定して，多元的にとらえる（表4-2）。従来の目録規則が採っていた資料種別による章立てはおこなわない。

表4-2　各資料の種別の例

資料の種別	種　類　の　例
表現種別	「テキスト text」視覚認識する言語表現に適用する。 「テキスト（触知）」触覚認識する言語表現に適用する。点字，ムーンタイプなどの触読文字が該当する。 など
機器種別	「映写 projected」「オーディオ audio」 「コンピュータ computer」「マイクロ microform」など
キャリア種別	「マイクロ 」の場合： 「アパーチュアカード aperture card」 「マイクロフィッシュ microfiche」 「マイクロフィルムカートリッジ microfilm cartridge」 など
刊行方式の区分	「単巻資料 single unit」「複数巻単行資料 multipart monograph」 「逐次刊行物 serial」「更新資料 integrating resource」

d．アクセスポイントの構築

実体ごとに，規定に基づいて必要な属性を組み合わせ，実体に対する典拠形アクセスポイント（当該実体と他の実体を一意に識別する）と異形アクセスポイント（典拠形アクセスポイントとは異なる形から実体を発見する手がかりとなる）を構築する。典拠形アクセスポイントと異形形アクセスポイントは，ともに統制形アクセスポイントである。ほかに非統制形アクセスポイントがある（＊詳細は次章第3節参照）。

e．記録の順序など

規定対象をエレメントの記録の範囲と方法に限定し，エレメントまたはエレメントのグループの記録の順序，エンコーディング[7]の方式，提供時の提示方式は，原則として規定しない。

設　問

(1)　任意に著作を選定し，次のことを調べなさい。
　1）どのような表現形，体現形があるのか。
　2）個別資料として所蔵している図書館があるのか。
(2)　参考文献1の序説「4-2）本規則の特徴」を読みその概要を900字程度にまとめなさい。

参考文献

1. 日本図書館協会目録委員会編『日本目録規則2018年版』日本図書館協会，2018年
2. 志保田務・高鷲忠美編著，平井尊士共著『情報資源組織法』（第2版）第一法規，2016年
3. 渡邊隆弘「新しい『日本目録規則』のすがた　何が新しくなるのか」『現代の図書館』Vol.55, No.4, 2017年, pp.167-176

注）

1）従来，欧米の資料は『英米目録規則』第2版（AACR2）を用いて目録作業がおこなわれていたが，2010年の改定の際に，名称をRDAと変更した。その目的は，これまで，1館の所蔵資料の目録を作成することにあったものが，資源にアクセスするためのツールを作成することに主眼が移ったためとされる。蟹瀬智弘「所蔵目録からアクセスツールへ　RDA（Resource Description and Access）が拓く新しい情報の世界」『情報管理』vol.56, no.2, 2013年，p.90。

2）志保田務編著『情報資源組織論：よりよい情報アクセスを支える技とシステム（第2版）』（講座・図書館情報学10）ミネルヴァ書房，2016年，p.125をもとに作成。

3）運動譜とは「視覚認識する運動記譜に適用する表現種別」参考文献 1，用語解説。運動記譜は，人間の身体的運動を視覚的に書き表すための体系的な方法。運動を記譜することで，その運動を記録することができたり，客観的に理解・分析したりすることができる。代表的なものとして，ドイツの舞踊家ラバンが考案した「ラバノテーション」（舞踊記譜法）がある。

4）国際目録原則（International Cataloguing Principles）は，2009 年に IFLA によって策定された目録に関する指針で 1961 年に国際目録原則会議で採択された通称「パリ原則」の後継となるもの。2016 年 12 月に改訂版が IFLA により公開されている。この 2016 年版は，新たな利用者層やオープンアクセス環境，データの相互運用性とアクセシビリティ，発見ツールの特徴，利用者行動の著しい変化等を考慮したものとなっている。国立国会図書館「国際目録原則覚書（ICP）の改訂版が公開されました」http://www.ndl.go.jp/jp/data/bib_newsletter/2017_1/article_06.html（'19.1.5 現在参照可）

5）参考文献 3，p.168 をもとに作成。

6）前掲，p.169。

7）データを一定の規則に従って，目的に応じた情報に変換すること。変換された情報を符号（エンコード：encode），変換することを符号化（エンコーディング）と呼び，符号を元のデータへ戻すことを復号（デコード：decode）と呼ぶ。

5 日本目録規則（2）

本章では，書誌データの根幹となる体現形の属性の記録を中心に，『日本目録規則（Nippon Cataloging Rules, 以下 NCR）2018 年版』の特徴や規定を概観する。

第1節　書誌階層構造と記述のタイプ

書誌データの根幹は，体現形の記述である。当該の資料全体の刊行方式と書誌階層構造を把握した上で，その資料から特定の体現形を選択し，記述対象とする。

a．刊行方式

NCR2018 年版における刊行方式による区分には，「単巻資料」「複数巻単行資料」「逐次刊行物」「更新資料」がある（表 5-1）。1 冊のみの単行資料は単巻資料に含まれる。

表 5-1　刊行方式による区分の概要

①単巻資料…物理的に単一のユニットとして刊行される資料。　例）1 冊のみの単行資料 無形資料の場合は論理的に単一のユニットとして刊行される資料。　例）ウェブサイト掲載の PDF ファイル
②複数巻単行資料…同時に，または継続して刊行される複数の部分からなる資料で，一定数の部分により完結する，または完結することを予定するもの。　例）2 巻組の辞書，複数巻からなる全集，終期を予定するシリーズなど
③逐次刊行物…終期を予定せず，同一タイトルのもとに，部分に分かれて継続して刊行され，通常はそれぞれに順序表示がある資料。　例）雑誌，新聞，終期を予定しないシリーズなど
④更新資料…追加，変更などによって内容が更新されるが，1 つの刊行物としてのまとまりは維持される資料。例）ページを差し替えることにより更新されるルーズリーフ形式のマニュアル，継続的に更新されるウェブサイトなど

b．書誌階層構造

体現形は，シリーズとそのなかの各巻，逐次刊行物とそのなかの各記事のように，それぞれが固有のタイトルを有する複数のレベルとして，階層的にとらえることができる。これを書誌階層構造（図 5-1）という。書誌レベルは，書誌階層構造における上下の位置づけを示す。記述対象として選択することが望ましい書誌レベルを，基礎書誌レベルという。その上下の書誌レベルを，それぞれ上位書誌レベル，下位書誌レベルと定める。

基礎書誌レベルについては刊行方式に応じて表 5-2 のとおりに設定する。

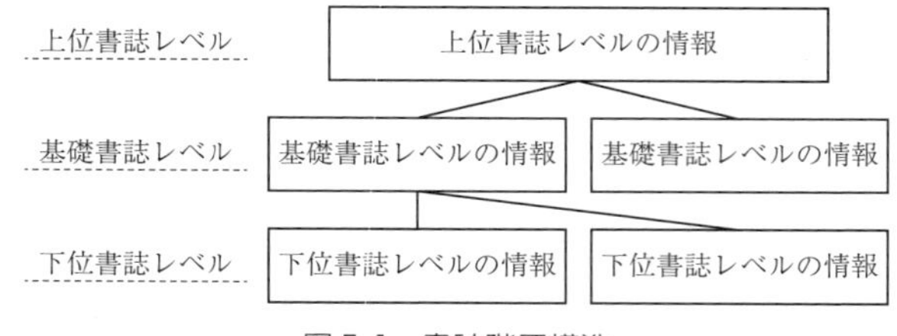

図 5-1　書誌階層構造
出典：参考文献 1（#1.5.1）をもとに作成

c．記述のタイプ

体現形の記述のタイプには，包括的記述，分析的記述，階層的記述がある。データ作成の目的にあわせて，いずれかの記述のタイプを採用する。

①　包括的記述…体現形の全体を記述対象とする記述。

書誌階層構造でいえば，下位書誌レベルが存在する場合の上位書誌レベルの記述が該当する。また，単一の書誌レベルしか存在しない場合の記述も該当する。

例）単巻資料，逐次刊行物，更新資料は包括的記述が基礎書誌レベルのデータ作成に相当する。

表 5-2　各刊行方式の基礎書誌レベルの設定

①単巻資料…それ自体を基礎書誌レベルとする。
②複数巻単行資料…全体を構成する各部分が固有のタイトルを有する場合は，そのタイトルを有する部分（1巻，複数巻）を基礎書誌レベルとする。各部分が固有のタイトルを有しない場合は，全体を基礎書誌レベルとする。
③逐次刊行物…その全体を基礎書誌レベルとする。ただし，それぞれ独立した順序表示をもつ部編などに分かれている場合は，部編などを基礎書誌レベルとする。
④更新資料…その全体を基礎書誌レベルとする。

②　分析的記述…より大きな単位の体現形の一部を記述対象とする記述。

複数の部分からなる体現形のうちの１つの部分を記述対象とする場合や，シリーズのうちの１巻を記述対象とする場合などがある。書誌階層構造でいえば，上位書誌レベルが存在する場合の下位書誌レベルの記述が該当する。

例）単巻資料の一部（1 冊の歌曲集のうちの１曲など）

③　階層的記述…包括的記述に１つまたは複数の分析的記述を連結した記述。

複数の部分からなるあらゆる体現形は，その全体と部分をそれぞれ包括的記述と分析的記述の双方によって記録することができる。分析的記述は，複数の階層に細分できる場合がある。

第２節　属性の記録（体現形）

この節では，体現形の属性の記録に関する各エレメントの規定について述べる。ただし，規定数が非常に多いため，ここでは対象資料を「図書」とした場合に必要となるエレメントの規定のみを扱うこととする。

①　タイトル

1）本タイトル（エレメントサブタイプ／コアエレメント）

本タイトルは，体現形を識別するための固有の名称である。情報源に表示されている主なタイトルを本タイトルとして扱う。タイトルページ（標題紙）を優先情報源とし，必要に応じて，奥付，背・表紙，キャプションを優先情報源に選定することができる。

例）情報資源組織論

2）並列タイトル（エレメントサブタイプ）

並列タイトルは，本タイトルの異なる言語および（または）文字種によるタイトルである。並列タイトルは，資料自体のどの情報源から採用してもよい。

例）赤毛のアン　Anne of Green Gables⇒並列タイトル

3）タイトル関連情報（エレメントサブタイプ）

タイトル関連情報は，本タイトルを限定，説明，補完する表示である。タイトル関連情報は，本タイトルと同一の情報源から採用する。

例）さおだけ屋はなぜ潰れないのか？ 身近な疑問からはじめる会計学 ⇒タイトル関連情報

② 責任表示[1)]

1）本タイトルに関係する責任表示（エレメントサブタイプ）

本タイトルに関係する責任表示は，責任表示のうち，本タイトルに関係する表示である。情報源に表示されているもののうち，最初に記録する1つの責任表示のみがコアエレメントである。情報源は，(a) 本タイトルと同一の情報源，(b) 資料自体のほかの情報源，(c) 資料外の情報源の優先順で選定する。

例）榎本裕希子，石井大輔，名城邦孝著（＊ ＝コアエレメント）

2）本タイトルに関係する並列責任表示（エレメントサブタイプ）

本タイトルに関係する並列責任表示は，本タイトルに関係する責任表示として記録したものと異なる言語および（または）文字による表示である。情報源は，対応する並列タイトルと同一の情報源から採用する。

例）Joji Yuasa（本タイトルに関係する責任表示：湯浅譲二）

③ 版表示

1）版次（サブエレメント／コアエレメント）

版次は，記述対象が属する版を示す語，数字またはこれらの組み合わせである[2)]。情報源は，(a) 本タイトルと同一の情報源，(b) 資料自体のほかの情報源，(c) 資料外の情報源の優先順で選定する。　　例）第1版

2）付加的版次（サブエレメント／コアエレメント）

付加的版次は，ある版に変更が加えられて再発行されたことを示す版次である。情報源は，版次と同様に選定する。　　例）日本目録規則1987年版 改訂3版 ⇒付加的版次

④ 出版表示

1）出版地（サブエレメント／コアエレメント）

出版地は，刊行物の出版，発行，公開と結びつく場所（市町村名など）である。情報源は，(a) 出版者と同一の情報源，(b) 資料自体のほかの情報源，(c) 資料外の情報源の優先順で選定する。　　例）東京

2）出版者（サブエレメント／コアエレメント）

出版者は，刊行物の出版，発行，公開に責任を有する個人・家族・団体の名称である。情報源は，出版地と同様に選定する。　　例）学文社

3）出版日付（サブエレメント／コアエレメント）

出版日付は，刊行物の出版，発行，公開と結びつく日付である。情報源は，出版地と同様に選定する。　　例）2012.3.30

⑤　著作権日付

著作権日付は，記述対象の著作権または著作権に相当する権利の発生と結びつく日づけである。著作権日付は，どの情報源にもとづいて記録してもよい。　　例）©2012

⑥　シリーズ表示

1）シリーズの本タイトル（サブエレメント／コアエレメント）

シリーズの本タイトルは，シリーズを識別する主な名称である。情報源は，(a) 本タイトルと同一の情報源，(b) 資料自体の他の情報源，(c) 資料外の情報源の優先順で選定する。

例）ベーシック司書講座・図書館の基礎と展望

2）シリーズ内番号（サブエレメント／コアエレメント）

シリーズ内番号は，記述対象のシリーズ内の個々の資料に与えられている番号づけである。シリーズ内番号は，資料自体のどの情報源から採用してもよい。

例）3　（＊他に第2巻，ウ -4-1，その6など数字・文字・記号またはそれらの組み合わせ）

3）サブシリーズの本タイトル（サブエレメント／コアエレメント）

シリーズは，複数階層のレベルからなることがある。最上位のレベルをシリーズとして，それ以外のレベルをサブシリーズとして扱う。情報源は，シリーズの本タイトルと同様に選定する（図5-2）。

例）【シリーズ】書誌書目シリーズ【サブシリーズ】未刊史料による日本出版文化

4）サブシリーズ内番号（サブエレメント／コアエレメント）

サブシリーズ内番号は，記述対象のサブシリーズ内の個々の資料に与えられている番号づけである。サブシリーズ内番号は，資料自体のどの情報源から採用してもよい（図5-2）。

例）第1巻

⑦　刊行方式

刊行方式は体現形の刊行単位，継続性，更新の有無などによる刊行形態の区分である。刊行方式は資料自体を情報源とし「単巻資料」「複数巻単行資料」「逐次刊行物」「更新資料」のうち該当する用語を使用して記録する。　例）単巻資料

⑧　キャリアに関する情報

キャリアに関する情報は，記述対象の物理的側面に関する情報である。利用者のニーズに合致する体現形を選択し，利用するために使用される。キャリアに関する情報は，資料自体にもとづいて記録する。

1）キャリア種別（エレメント／コアエレメント）

記述対象の内容を記録した媒体およびその形状を示す用語を，キャリア種別として記録する。

例）冊子（図書など）／オーディオディスク（音楽CDなど）

2）数量（エレメント／コアエレメント）

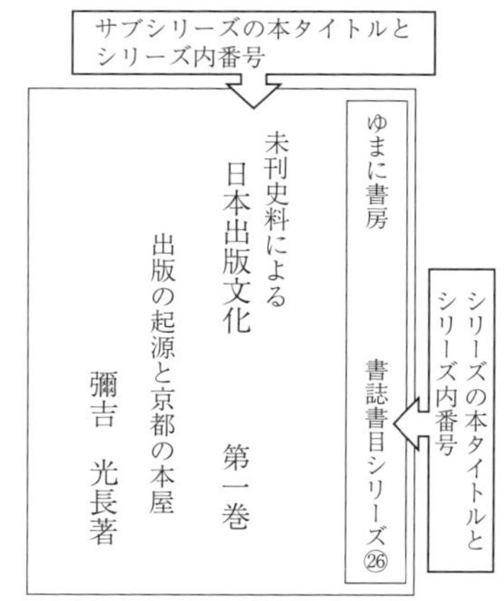

図5-2　シリーズとサブシリーズの例

記述対象のユニット数を，キャリアの種類を示す語とともに，数量として記録する。

例）冊子1冊の資料は，ページ数などのみを記録する → 153p

3）大きさ（エレメント）

冊子は，外形の高さを記録する。センチメートルの単位で小数点以下の端数を切り上げて記録する。　例）26cm（＊実際の外形の高さは25.6cm）

⑨　体現形の識別子（エレメント／コアエレメント）

体現形の識別子は，その体現形と結びつけられ，ほかの体現形との判別を可能とする文字列および（または）番号である。資料の体現形に付与されたISBN，ISSNなどの国際標準番号，出版者などによる番号，公文書館などが独自の体系にもとづき割り当てた番号などがある。体現形の識別子は，どの情報源にもとづいて記録してもよい。　例）ISBN978-4-7620-2193-0

⑩　体現形に関する注記

体現形に関する注記は，これまでの作業のなかで体現形のエレメントとして記録しなかった，体現形の識別，選択またはアクセスに必要な情報を提供する注記である。体現形に関する注記は，どの情報源にもとづいて記録してもよい。

例）タイトルに関する注記（エレメントサブタイプ）

（本タイトルの情報源）　本タイトルを優先情報源以外から採用した場合，その情報源を注記する。→ 本タイトルは付属解説書のタイトルページによる

第3節　アクセスポイントの構築

アクセスポイントは，書誌データおよび典拠データの検索に使用される。アクセスポイントには，統制形アクセスポイントと非統制形アクセスポイントとがある。

a．統制形アクセスポイント

統制形アクセスポイントは，典拠コントロールの対象であり，一群の資料に関するデータを集中するために必要な一貫性をもたらす。

（種類）

①　典拠形アクセスポイント

例）著作に対する典拠形アクセスポイント

優先タイトル（＊著作を識別するために選択する名称）をその基礎とし，必要な場合は創作者に対する典拠形アクセスポイントを結合し，さらに必要に応じて著作のタイトル以外の識別要素を付加して構築する。

→今昔物語‖コンジャク モノガタリ，

紫式部‖ムラサキ シキブ．源氏物語‖ゲンジ モノガタリ

②　異形アクセスポイント

例）著作に対する異形アクセスポイント

優先タイトルまたは異形タイトルをその基礎とし，典拠形アクセスポイントと同様にして構築する。ほかに，優先タイトルと，著作に対する典拠形アクセスポイントを構築する際に用いなかった識別要素を結合した形で構築することもある。

→今昔物語集‖コンジャク モノガタリシュウ

b．非統制形アクセスポイント

非統制形アクセスポイントは，典拠コントロールの対象とならないアクセスポイントの総称である。非統制形アクセスポイントは，書誌データおよび典拠データにおいて，名称，タイトル，コード，キーワードなどとして現れることがある。

設 問

(1) 身近な図書館に行き，書誌階層構造をもつ資料を探しなさい。さらに，各書誌階層に該当する情報を抜き出しまとめなさい。

(2) 任意に図書を選定し，本章第2節を参考に該当するエレメントを書き出しなさい。

参考文献

1. 日本図書館協会目録委員会編『日本目録規則 2018 年版』日本図書館協会，2018 年
2. 志保田務・高鷲忠美編著；平井尊士共著『情報資源組織法』（第2版）第一法規，2016 年
3. 渡邊隆弘「新しい『日本目録規則』のすがた　何が新しくなるのか」『現代の図書館』Vol.55, No.4, 2017 年, pp.167-176

注）

1）責任表示とは，「資料の知的・芸術的内容の創作または実現に，責任を有するか 寄与した個人・家族・団体に関する表示。」（参考文献1　用語解説）また，「責任表示は，『著者』『編纂者』『作詞家』『作曲家』などのその情報資源に対して直接責任を有する直接的な責任表示と，『翻訳者』『監修者』『監訳者』など既存の情報資源に対して手を加え異なる情報資源を作成した間接的な責任表示の2種類に分けることができる。」榎本裕希子［ほか］著『情報資源組織論』（ベーシック司書講座・図書館の基礎と展望 3）学文社，2015 年，p.29。

2）版次の記録範囲には，①日本語（改訂版，第1版，増補3版など），②言語による相違（日本語版，中文版など），③刊行の様式，形態などの相違（新装版，豪華版，限定版，DVD-ROM 版など）など 10 種類規定されている（参考文献1　＃ 2.3.1.1.1 参照）。

NCRに関する用語解説

［第4章］

□**書誌レコードの機能要件**（Functional Requirements for Bibliographic Records, FRBR）

目録が扱う書誌的世界を，データベース設計などによく用いられる「実体関連分析（E-R 分析）」の手法で分析し，概念モデル化したもの。

FRBR の主な目的は2つある。第1は，利用者の立場に立って書誌レコードをモデル化すること。利用者が書誌レコードに求めているものはなにか，その情報がどのように利用されているかなどが考慮されている。第2は，全国書誌作成機関によって作成される書誌レコードの基本レベルの機能を勧告する

ことである。（和中幹雄，古川肇，永田治樹訳『書誌レコードの機能要件　IFLA 書誌レコード機能要件研究グループ最終報告』日本図書館協会，2004 年，p14）

□ RDA（Resource Description and Access）

英米目録規則第 2 版（Anglo-American Cataloging Rules 2nd ed，AACR2）の後継となる目録規則。全体の構成は AACR2 とは大きく異なっており，図書館が所蔵している資料だけではなく，世にあるさまざまな情報資源を発見するためのツールを作成することを目的としている。また，利用者からみて使いやすいツールを作成することにも配慮されており，FRBR に依拠した構成となっている。（上田修一，蟹瀬智弘著『RDA 入門　目録規則の新たな展開』（JLA 図書館実践シリーズ 23）日本図書館協会，2014 年）

□表現種別

どのように著作から表現形へ実現されたのかを表現する基本的な形式を示す種別。具体的には，動きの有無を示したり（例：地図［視覚認識する静止画：シート状地図など］，地図動画［二次元動画の地図：地球などの衛生動画など］），次元（例：二次元動画［映画，ビデオなど］，三次元動画［3D 映画など］）を示したり，内容を知覚するための人間の感覚器官に対応する語句（例：視覚認識するテキスト，楽譜や聴覚認識する演奏，音声など）などを含む。

□機器種別

記述対象資料の内容を表示，再生，実行するために必要な機器の種類を示す種別。例えば，音声再生機器が必要な場合は「オーディオ」，機器を使用せず，人間の感覚器官（視覚，聴覚など）を通して直接認識する場合は「機器不用」などを記録する。

□キャリア種別

記述対象資料の内容を記録した媒体やその形状を示す種別。対応する機器種別それぞれにキャリア種別がある。例えば，機器種別「コンピュータ」のキャリア種別は，コンピュータカード，コンピュータチップカートリッジ，コンピュータディスク，コンピュータディスクカートリッジ，コンピュータテープカセット，コンピュータテープカートリッジ，コンピュータテープリール，オンライン資料があり，可視的なものだけではなく，不可視的なものもある。

［第 5 章］

□単行資料

固有のタイトルをもつ単独に刊行された資料のこと。形態的に複数から構成されており，その各部分に固有のタイトルがないとき（例：『ハリーポッターと死の秘宝』上下巻など）なども単行資料となる。

□無形資料

物理的な形態をもたない，手に取ることができない資料のこと。（⇔有形資料）

□固有のタイトル

書誌階層構造においてそれぞれの書誌レベルにつけられたタイトルのこと。記述対象資料の中心的なタイトル（メインタイトル）が該当することが多いものの，何が固有のタイトルなのかを判断することは容易ではないことも多い。国立情報学研究所（NII）では，巻次など（例：第 1 巻，1 集，No.1 など）や部編名（例：アジア編，奈良・平安時代編など）を「固有のタイトルとはならないもの」として定義している。これらは，固有のタイトルを判断する資料として有用である。

□キャプション

見出し（内容が一目でわかる標題や目次・索引など）のこと。テキストや楽譜の最初のページの冒頭や地図の題字欄などに表示される。

□国際標準図書番号（International Standard Book Number，ISBN）

図書を中心に，出版社から刊行され書店などで流通する出版物（例：CD などの電子出版物など）に対して与えられる，国際的な識別子。接頭記号，国別記号，出版者記号，書名記号，チェック数字の計 13 桁の番号から構成される。2007 年 1 月 1 日から 13 桁表示に移行され，それ以前は 10 桁（国別記号，出版者記号，書名記号，チェック数字）で構成されていた。

□国際標準逐次刊行物番号（International Standard Serial Number，ISSN）

逐次刊行物などに対して与えられる，国際的な識別子。ISSN を付与した逐次刊行物に関するデータは，ISSN 国際センターが維持・管理している（日本の場合，国立国会図書館がISSN 日本センターである）。8 桁の番号から構成され，通常 4 桁-4 桁にわけて表示される。

□典拠データ

統制形アクセスポイントの一貫性を維持し，管理するために記録したもの。特定の実体に関連する資料を正確に発見するために，統制形アクセスポイントが使用されていることから，その一貫性を保つことはきわめて重要である。

□典拠形アクセスポイント

著作，表現形（，体現形，個別資料），個人・家族・団体（，概念，物，出来事および場所）という実体の優先名称（または優先タイトル）を基礎として構築する。典拠形アクセスポイントの機能は 4 つある。①特定の実体を発見，識別する手がかりとなる。②特定の実体と関連する資料を発見する手がかりとなる。③特定の実体を主題とする資料を発見する手がかりとなる。④特定の実体と関連する他の実体を発見する手がかりとなる。これらの機能を果たすため，特定の実体に対する典拠形アクセスポイントは，他の実体に対する典拠形アクセスポイントと明確に判別される必要がある。

□優先名称

個人・家族・団体または場所を識別するために選択した名称のこと。

□異形アクセスポイント

各実体の優先名称（著作と表現形については優先タイトル）または異形名称（著作と表現形については異形タイトル）を基礎として構築する。さらに，アクセスに重要な場合は，その他の形でも構築することができる。異形アクセスポイントは，特定の実体を典拠形アクセスポイントとは異なる形から発見する手がかりとなる機能を備える。利用者が検索すると推測される形で構築する必要がある。

□異形名称

個人・家族・団体または場所の優先名称として選択しなかった名称，または優先名称として選択した名称の異なる形のこと。

□異形タイトル

本タイトル，並列タイトル，タイトル関連情報などのいずれとしても記録しないが，体現形として結びついているタイトルのこと。

□識別要素

統制形アクセスポイントを構築する際，基礎となる名称またはタイトルが同一の場合にそれらを判別するために付加される各種のエレメントのこと。識別の必要に応じて，付加することもある。

□典拠コントロール

典拠データの記録や管理を通じて，統制形アクセスポイントの一貫性を維持するためにおこなわれる作業のこと。

NCR1987 年版では，典拠コントロールの必要性を認識し，実際にもおこなわれていた。しかし，標目に関しては，書誌記述に付与する統一標目と参照の選定と形式に関する規定のみを扱っており，典拠データのその他の要素は扱われていなかった。NCR2018 年版では，FRBR に準拠し，著作，個人，団体なども独立した実体ととらえ，それぞれに属性や関連を設定しており，規則のなかで典拠コントロールが具体的に位置づけられている。（渡邊隆弘「新しい『日本目録規則』のすがた　何が新しくなるのか」『現代の図書館』Vol.55，No.4，2017，pp.167-176）

6 主題分析の意義と考え方

第１章２節で述べたように，情報資源へのアクセス方法は特定資料検索と主題検索に分かれる。主題検索は求める資料が特定されていない場合，主題から有用な情報資源に到達するための方法である。そのために，対象となる情報資源の主題をあらかじめ取り出し，一定の方法で整理組織化しておく“準備的”な作業が必要となる。この過程を主題組織法（そのための目録作成法を主題目録法）と呼ぶ。この章では，その前提となる主題分析の意義と考え方について取り上げる。

第１節　主題組織法（主題検索のための準備）

主題検索のための準備として，あらかじめ個々の情報資源ごとに主題を特定しておくことが必要となる。このためにおこなうのが主題分析である。主題分析により取り出された主題概念は，さらに索引語[1)]の付与（次章でその方法について取り扱う）というかたちで翻訳される。これを主題索引法という。一方，この概念を，あらかじめ用意した概念の体系表のなかに位置づけ，該当するカテゴリ（category）の記号を付与する方法がある。これを主題記号法ということもできる。これらが主題組織法の中身だが，記号も広い意味で索引となるので，広義の主題索引法は主題組織法と同義になる。いろいろな言葉を用いると混乱するので，本書では，これ以降，索引は“言葉”であることに限定し，主題索引法は，言葉のシステムとして説明することにする。

a．主題（subject，topics，theme）

次に，「主題」という言葉を確認しておこう。図書館情報学では，「著作の中で中心として論じられている概念，テーマ，論題など」（図書館情報学用語辞典』（第４版）丸善，2013年）と定義される。主題とは概念であり，人間の頭のなかに思い浮かぶもので，臭いも形もないものである。それを多くの人間で共有して扱うためには，その概念に適切な名前を付けて表さなければならない。たとえば，心の内にある国を愛する気持ちを「愛国心」と名付けたり，初めて異性を好きになることを「初恋」といったりする。こうした名前を表す言葉を「名辞」という。

主題概念を人々の間で共有し，検索のために用いる語を「索引語」という。主題は一定の規則によって整理・配列される索引によって検索されることから，この検索法を準備することを主題索引法，そのシステムを主題索引システムという。

b．索引（index）

では，「索引」とは何であろうか。図書館関係では，図6-1の４つを理解しておけばよいだろう。いずれも主題を表す名辞から該当する対象（ページ，記事論文，書架上の情報資源，データベース中のレコード）へ案内をしてくれる（こうした機能をもつものを索引というのである）。このうち③では，主題を表す名辞をとくに件名（英語でsubjectという⇒結局，件名とは主題なのである）といい，

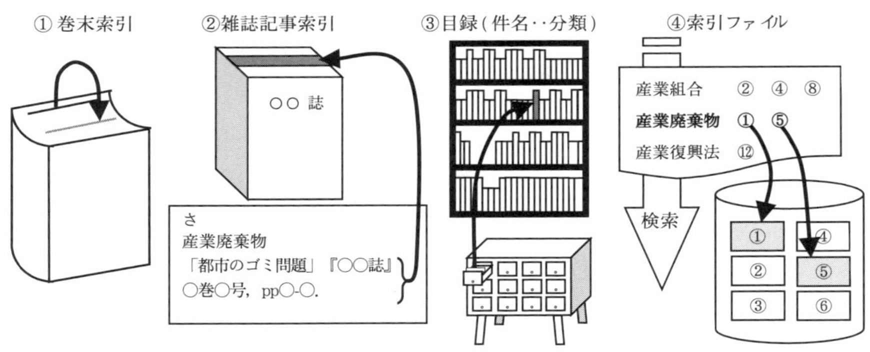

図 6-1　図書館周辺の索引

索引という言葉は使わない。考えてみれば，件名は主題概念に与えた名前であり，書名は本の名前，著書名は人の名前であるから，名前から別のところにある実体物に案内してくれるという点で，件名目録も書名目録も著者目録も大枠では同じということができる。一方，件名に代わるものとして，主題を記号であらわしたものを用いることもできる。これが分類目録である。

いずれにせよ，索引語は，人手によるにせよ，コンピュータで機械処理するにせよ，あらかじめどの語を索引語とするのか決めておき，また，情報資源にリンクしておき（図 6-1 の矢印がリンクにあたる），来るべき検索のための準備をしておかなければならない。

c．主題組織法の手順

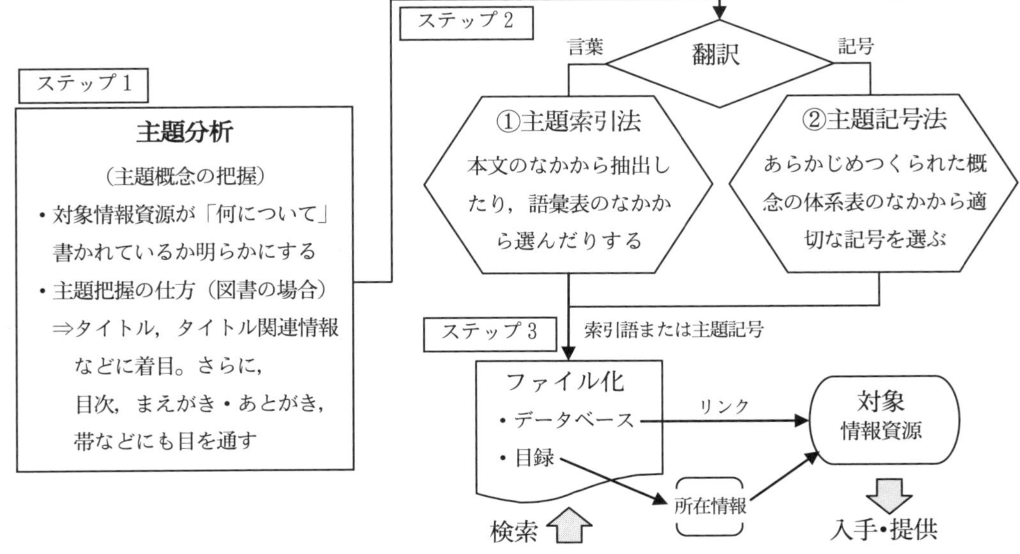

図 6-2　主題組織法の手順

d．主題索引法と語彙の統制

さて，図 6-2 で，主題概念が翻訳されたあと，“言葉”を用いるほうに分岐するのが主題索引法（狭義）である。ところが，この“言葉”が，実はたいへん厄介者なのである。

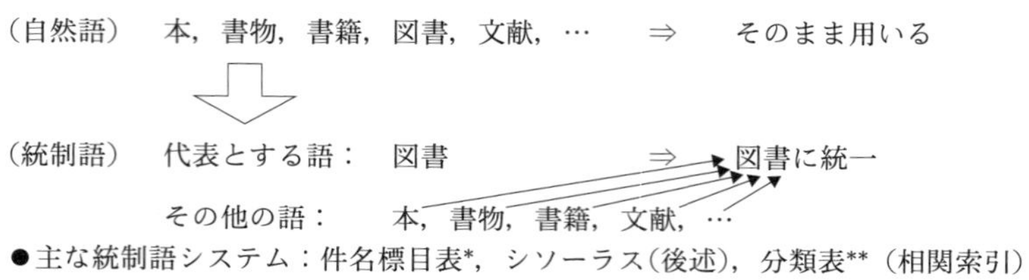

言い換えれば，主題索引法（subject indexing）は，主題概念を言葉におき換える方法である。これには自然語（free term）を用いる方法と統制語（controlled term）を用いる方法がある。自然語を用いるシステムでは同義語や類義語の問題が生じる[2]。「二酸化炭素」なのか「炭酸ガス」なのか「CO_2」なのか，また，「アスリート」なのか「競技者」なのか[3]。同じ概念を表す語は多数あり，検索の際，すべての同義語や類義語を網羅しなければ検索漏れが起きてしまう。

（自然語）　本，書物，書籍，図書，文献，…　⇒　そのまま用いる

（統制語）　代表とする語：　図書　⇒　図書に統一

その他の語：　本，書物，書籍，文献，…

●主な統制語システム：件名標目表*，シソーラス（後述），分類表**（相関索引）

図 6-3　自然語と統制語

*第 8 章で詳述　**第 9 章で詳述

それに対し，統制語システムでは，同義語や類義語のなかの 1 つを“代表”とし，その他の語からはこの“代表”を用いるよう指示するシステムである（図 6-3）。この仕組みにより 1 回の手間で漏れなく検索することができるようになり，検索の精度が上がることになる。

なお，図書館における主題索引法のうち，統制語を用いる方法が件名法（後述）である。

e．主題概念の体系化

さて，主題概念自体にどのようなものがあるのかをあらかじめ考えておくことは可能である。しかし，概念自体には順序性がないので，言葉に置き換え，綴りや読みによって並べておくことはできる。しかし，この場合，語順が優先され，似た概念や，概念の上下関係はまったく反映されないことになる。そこで，はじめに概念同士の関係を考慮し，大きな体系をつくってから，記号を割り振って管理することがおこなわれる。これが図書館で用いられる分類表である。

図 6-2 で②に分岐したあと，この体系表のどこに位置づけられるかを確認し，その記号を取り出すのが，ここでいう主題記号法である。図書館の分類法は，大枠，この方法による。

f．件名法と分類法

図書館における主題組織法には，件名法（シソーラスを用いた組織化を含む）と分類法の 2 つがある。これらについては，次章以降詳しく説明するので，ここでは簡単にふれるだけにする。

① 件名法

- 情報資源の主題（または形式）を言葉で表し，その言葉をなんらかの順序で配列する方法
- 件名標目表やシソーラスを用いて言葉（名辞）を統制する
- 件名目録（すなわち，言葉による検索システム）を作成するためのもの

② 分類法（主題概念をあらかじめ用意した主題概念の体系表のなかに位置づける）

- 情報資源の主題（または形式）を記号で表し，記号順に配列する方法（書架分類には必須）
- 分類表を用いて記号を統制する
- 分類目録（すなわち，記号による検索システム）を作成するためのもの

第2節 統制語システム

前節で述べたように，私たちが普段用いている言葉は自然語といわれる。それに対して，統制語によるシステムの代表としてシソーラス（thesurus）をあげることができる。シソーラスは，1つひとつの語について概念を整理し，関連の深いほかの語との関係を考え，その関係を管理し記述した“言葉のリスト”である。同義語が複数あれば，定義を定め，標準の語を選び，さらに意味の広狭，語の体系，類義語・関連語などについて整理し，相互に参照できるようにしたもの。一言でいえば，統制語の典拠リストである。

シソーラスを理解するための3つのキーワードがある。「階層」「優先」「類縁」である。以下，わが国でもっとも完成されたシソーラスであるJST科学技術用語シソーラス[4]（以下，JSTシソーラス）を例に説明する（図6-7）。

① 語の階層

言葉と言葉の間には，しばしば，意味の広狭（または上下）の関係が見られる。これをBT，NTという記号であらわす（図6-4）。

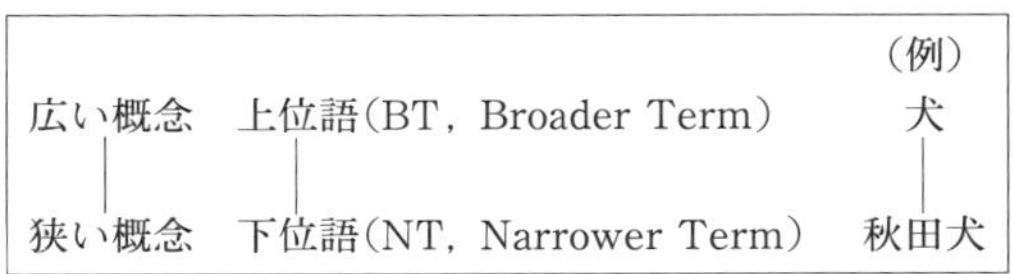

図6-4 語の階層

② 語の優先

同義語・類義語の関係を整理する。使用する用語を1つに定めるため，USEまたはUF（used forまたはuse for）という記号を用いる（図6-5）。USE～は，「(このシステムでは)（見出し語[5]ではなく)，～を用いなさい」という意味。UF～は「(このシステムでは)，～に代えて（代わりに)，見出し語が用いられる（用いなさい)」という意味。選択を許さない強い指示であり，従前より図書館界では，直接参照とか「～を見よ参照」といってきた類のものである[6]。なお，同義語・類義語のなかで代表となった名辞を「ディスクリプタ（descriptor)」と呼び，それ以外の名辞を「非ディスクリプタ」と呼ぶ。

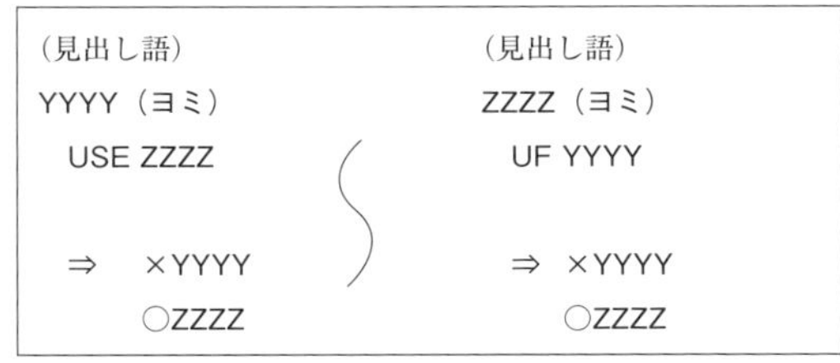

図6-5 語の優先

③ 語の類縁

同義語でもなく，語の上下関係でもないが，関連が深かったり，あるいは，しばしば連想によって思いついたりする語

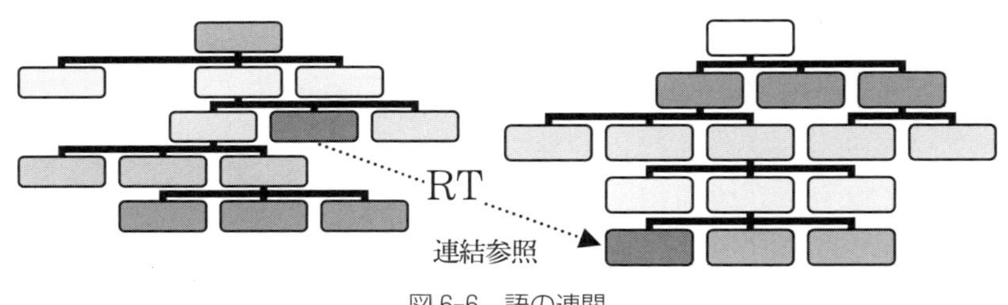

図6-6 語の連関

がある。これを関連語（Related Term）といい，RTで表す（図6-6）。多くは異なる言葉の階層に属するときで，「こちらの語も検討してみたらどうですか？」というような好意的なアドバイスと受け取るとよい。

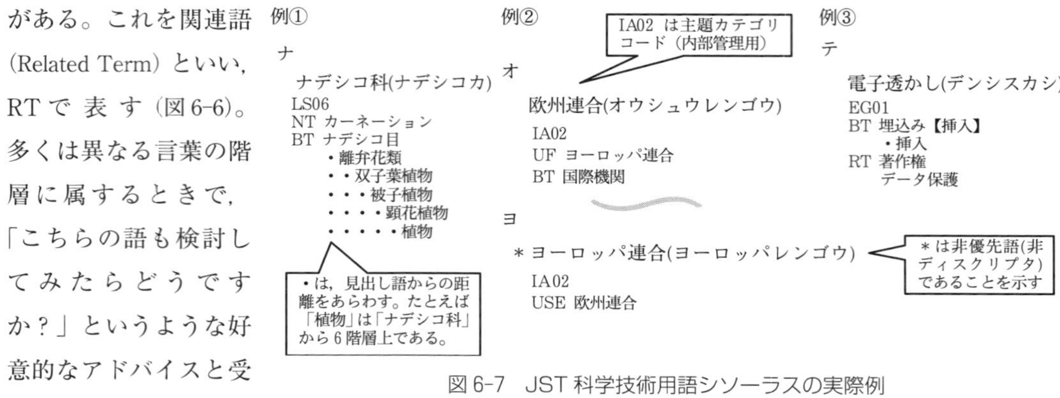

図6-7　JST科学技術用語シソーラスの実際例

図書館界でいう「連結参照」とか「〜をも見よ参照」である。こうした連想ができることが人間の思考の特徴であり，コンピュータには不得手な部分である。

第3節　情報資源の内容の把握

主題分析に関連して，少し別の角度から考えてみる。それは「圧縮」という観点である。圧縮にはいくつかのレベルがあり，その度合いを順に並べてみたのが図6-8である。

（圧縮の度合）	（内容）	（説明）	（圧縮のレベル）
0	本文	情報資源の全文	なし
低	抄録	本文の要約（梗概、解題）	文章（数十字〜数百字）
↕	タイトル[7]	情報資源に付けた名前	文，文節（数文字〜数十文字）
	索引	内容を示すいくつかの重要語を付与	単語
高	分類	あらかじめ区分けされた主題の下に位置づける（主題記号を付与する）	記号

図6-8　内容の圧縮という観点からみた主題検索のツール

たとえば，図書館の書架上には現物の図書が並んでいるが，これらの内容を一度に把握することは，もちろんできない。物理的に重さと大きさがあるので，持ち運びもたいへんである。世の中には図書以外の形態のさまざまな情報資源があり，あちらこちらに分散している。そこで，対象となる情報資源がどのようなことを述べているのか，言い換えれば，何を扱っているのか（主題内容）を把握するのに，意味が損なわれない程度に内容を圧縮し，一覧しやすく，また，検索しやすく準備しておく。

図書館では，これらのツールにより利用者の情報行動を支援する。たとえば，現物の図書や論文を読んで知見を得るかわりに抄録を読む，扱われている内容の見当をつけるのに書名や論文タイトルを見る，世の中にどんな文献があるのかを知るのに索引誌を用いる，ほかにどんな情報資源があるのか知るのに書架を見に行ったり（書架分類を利用）するなどである。

設問

(1)　任意の資料について，実際に主題分析を行い，その資料がどのような主題になるか考えなさい。その過程を900字程度にまとめ報告しなさい。

(2)　同義語の多いいくつかの語を考え，一般になじみがあるか，現代でも用いられるかなどの観点から仕分けし，代表となる語を1つに定める練習をしなさい。

参考文献

1. 日本図書館協会図書館ハンドブック編集委員会編『図書館ハンドブック』（第6版補訂2版）日本図書館協会，2016年
2. 長田秀一『知識組織化論：利用者志向のアプローチ』サンウェイ出版，2007年
3. 緑川信之『本を分類する』勁草書房，1996年

注）

1）索引語とは，「蓄積情報の組織化において使用される語で，特定の情報・資料を検索する手がかりとして，その主題やその他の属性を語の形に表現したもの。文献を対象とした索引語で，主題を表す索引語に，キーワード，ディスクリプタ，件名がある。（中略）広義には，語ではなく記号で表現したものも指し，分類記号，識別記号などを含めることがある」（『図書館情報学用語辞典』（第4版）丸善，2013年）である。わかりやすくいえば，主題を言葉で表現し，検索に耐えるようにしたものが索引語で，ほかにも「キーワード」「ディスクリプタ」「件名」などという言い方をすることを覚えておけばよい。

2）サーチエンジンが代表的な自然語システムである。

3）ほかに，異なる表記をもつもの（表記の揺れ）の問題がある。たとえば，「携帯」なのか「ケータイ」なのか，「りん酸ふっ素化合物」なのか「リン酸フッ素化合物」なのか。こうしたものを異表記語ということがある。また，「産業廃棄物」なのか「産廃」なのかといった略語表記の問題もある。

4）JSTとは，独立行政法人科学技術振興機構（Japan Science and Technology Agency）のこと。前身は，1957（昭和32）年設立の日本科学技術情報センター（Japan Information Center of Science and Technology, JICST）で，2003（平成15）年より現在のJSTに。シソーラスは，初版が1975（昭和50）年で，JICST科学技術用語シーラスといった。冊子体の『科学技術文献速報』やデータベースJOIS（Jdream Ⅱに移行し，現在はJdream Ⅲとしてサービス提供）の索引作業に用いられた。2017年に改訂されたものが現在の最新版。JST科学技術用語シソーラスが正式名称だが，言い慣わされたJICSTをそのまま用いる人もいる。

5）JSTシソーラスでは主題概念を表す語をディスクリプタといい，このディスクリプタが見出し語となる。

6）シソーラスでは，語と語の関係を人為的に統制するため，その判断の根拠を示す必要がある場合には，語の定義を説明したり，表記が似通っていて使い分けがむずかしい場合には，その使い分け方を説明するなど，適宜，注釈が施される。これをスコープノート（SN, Scope Note）という。右にJSTシソーラスの例を掲げる。「体内の～」の部分がSNである（JSTシソーラスではSNという記号は用いていないことに注意）。

> 免疫（メンエキ）
> 　LS19
> 　体内の異物を認識し排除する機構を意味する。その結果惹起される個々の生体反応は「免疫反応」およびその下位語も見よ
> RT 生体防御

7）「名は体をあらわす」という言葉があるが，タイトル本来の役割は，他の情報資源との識別同定のためで，内容の圧縮が第一ではない。

7 主題分析と索引法

前章で述べたように，主題検索の要求に応えるためには，主題組織法により情報資源を組織化しておかなければならない。そのプロセスでは，まず，主題分析をおこなって主題概念を取り出し，翻訳して索引語を付与するか，または，分類表のなかに位置づけて記号を確定する。本章では，主題索引法についてとくに取り上げる。このとき用いるのが，文脈によってさまざまなあらわれ方をする自然語ではなく，統制語と呼ばれる一種の人工言語である。

第1節　索引法

a．抽出索引法と付与索引法

索引語を与える作業を索引作業（indexing）という。索引作業には2通りのやり方があり，1つが「抽出索引法」，もう1つは「付与索引法」である（図7-1）。

① 抽出索引法

抽出索引法（derived indexing）は，語句索引法（word indexing）ともいい，情報資源のなかで使用されている語句，あるいは，著者が付したキーワードをそのまま用いる方法。主題概念を索引語に置き換える“翻訳”をせずに，機械的に処理することも可能。自然語システムである。

② 付与索引法

付与索引法（assigned indexing）は，特定の用語リスト（シソーラスなど―後述）に収録されている語句のなかから，主題概念にふさわしい語句を選んで付与する方法。これにより同義語など

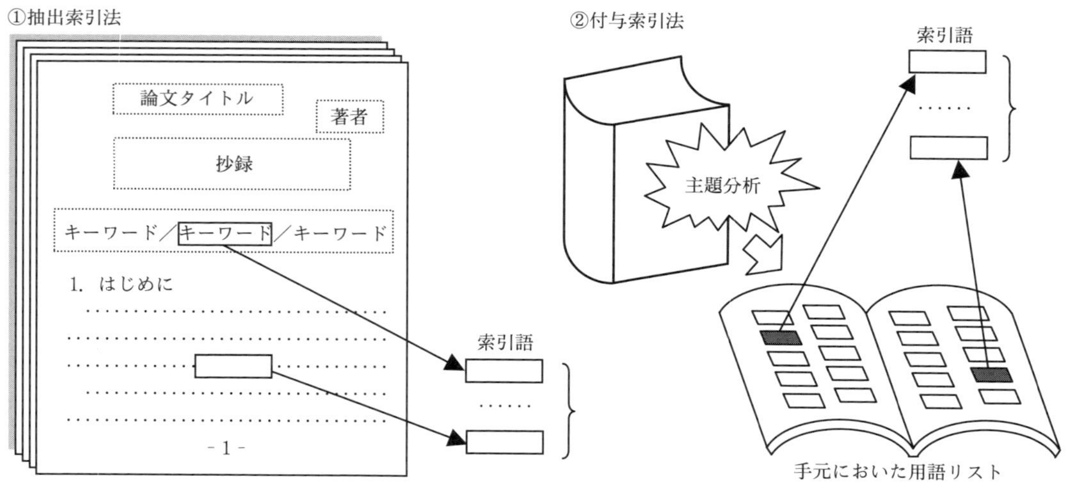

図 7-1　抽出索引法と付与索引法

による“揺れ”を吸収できる。統制語システムである。対象とする情報資源で用いられた語句は無視し，扱われている概念のみを対象とするので，概念索引法（concept indexing）ともいう。

b．事前結合索引法と事後結合索引法

主題分析によって資料の主題を確定するとき，複数の名辞を用いて主題を表現しなければならない場合がある。この場合，名辞間の相互関係を考慮する必要がある。この名辞同士を組み合わせる方法に事前結合索引法（pre-coordinate indexing）と事後結合索引法（post-coordinate indexing）がある。

事前結合索引法は「個別の情報要求が発生する前，すなわち索引時に資料の主題に含まれる概念の組み合わせを記号でつなげて保存する索引法」（『図書館情報学用語辞典』（第4版）丸善，2013年）である。言い換えると，検索に供する前に，あらかじめ複数の主題概念をあらわす索引語同士を事前に結びつけておく方法といえる。たとえば，主題概念が「社会の情報化に対応する教育」だとすると，「社会－情報化－教育」という順序で結合する。これを仮に「社会－教育－情報化」や「教育－情報化－社会」という順序で結合してしまうと，意味がちがってしまう。このように，事前結合索引法においては，名辞を並べる順序が重要になってくる。

これに対し，事後結合索引法では，索引語が列挙されるだけで，結合されることはない。上の例の場合，「社会　情報化　教育」と並べ（並べ方はどうでもよい），論理演算式（巻末資料。また，詳しくは本シリーズ第4巻『情報サービス論』参照）などを用いて検索をおこなう。よって，順序を気にする必要はないが，事前結合索引法に比べて検索ノイズ[1]が増加してしまうことがある。この場合，『社会教育の情報化』とか，『教育の情報化における社会科の取り組み』といったおよそ内容の関係のない図書を検索してしまうことになりかねない。

第2節　情報資源蓄積過程および検索過程における事前結合索引法の意義

「社会」「情報化」「教育」の組み合わせは，図7-2のように6通りになる。極端な例だが，それぞれに右のような文献を対応づけることができる。このような仕組みで情報資源を蓄積しておくと，左側の索引語を順にたどることで，目的とする文献に行き着くことがわかる。

これはパソコンの外部記憶媒体（たとえばUSBメモリ）に自分のつくったファイルを保存する作業に似ている。ファイルを保存するときは，普通，メモリ内にフォルダ[2]をつくるが（図7-3），たとえば，「大学」－「ゼミ」－「卒論」のように，フォルダのなかにフォルダ

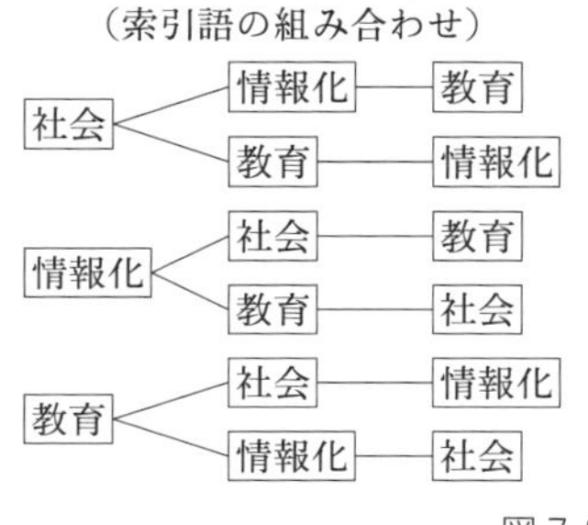

（文献例）
『社会の情報化に対応する教育』
『社会教育の情報化について』
『情報化社会における教育』
『情報化の時代における教育の社会に果たす役割』
『教育分野における社会科の情報化』
『教育の情報化に対応する社会科』

図7-2 事前結合索引法の意義

をつくって，関連するファイルをひとまとめにするのが普通だろう。フォルダには名前を付けなくてはならないから，これを意味の広狭（概念の上下）でつける。「大学」－「ゼミ」－「卒論」は，大分類－中分類－小分類と階層関係を考えている。フォルダの名前を索引語と考えれば，私たちは，まさに事前結合索引法によって，パソコンのファイルを管理しているのである。このファイルの蓄積過程は，同時に検索の過程でもある（図 7-3 の太線部分）。なお，このように項目をたどって対象に行き着く行為をトレース（trace）という[3)]。

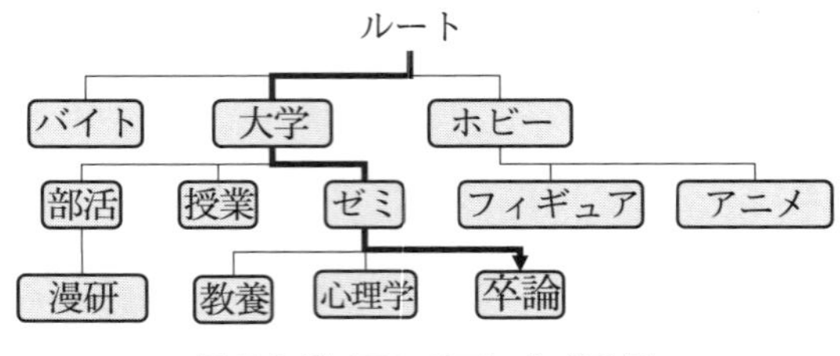

図 7-3 パソコンのフォルダの例

さて，概念を絞り込んで目的とする情報資源にたどり着く検索方法をカテゴリー検索またはディレクトリ検索という。ディレクトリ検索は，ピンポイントで検索しようするキーワード検索とは対局にある。図 7-2 の例を，キーワード検索でおこなう（図 7-4）と，6 つのすべての「(文献例)」が引き出されてしまうことがわかるだろう。検索ノイズが生じるのは当たり前と考えなければならない。今の世の中，“検索流行り”という面があるが，何でもかんでもキーワード検索とならないよう注意したい[4)]。とくに，学校での情報教育の際には，キーワード検索だけを教えるのではなく，人類が，古来，連綿と培ってきた図書館の分類などを教材にして，上位概念から下位概念にいたる知識の階層を考え，そこに情報資源を位置づけるという考え方（情報資源組織論），そして，同じプロセスでそれを引き出そうとする方法（主題検索論）を，併せて教えるべきである。

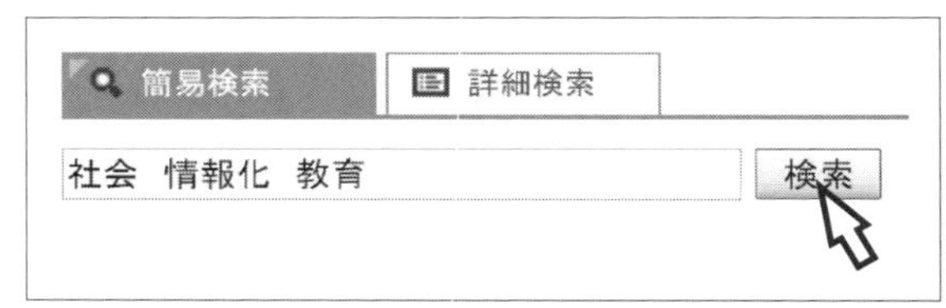

図 7-4　一般のキーワード検索

第 3 節　主要な統制語彙表（シソーラス）

近年，注目を集めるようになったシソーラスの語源は，宝物や宝物館を表すギリシャ語に遡り，そこから言葉の宝庫というような意味で使われるようになった。前章で見たように，言葉を意味によって関連づけた一覧表であり，自然語にもとづく一般の辞書とは違い，統制語彙表の思想にもとづいている。

シソーラスは特定分野を対象とし，言葉の概念やその関係性が細かく定義されている。データベースを作成する際，また，検索の際に利用される。インターネットの普及に伴い情報検索が一般化・多様化していくなかで，ますます質の高いシソーラスが求められている。

以下に，代表的なシソーラスをあげる。

① 『Thesaurus of ERIC Descriptors』（ERIC シソーラス）（第 14 版）James E. Houston 編（2001）
　米国教育省などの資金によって設立され，教育分野のデータベースを作成している。またこ

のデータベースは世界中に無料で提供されている。

② 『JST 科学技術用語シソーラス』(2008 年度版)(第 7 版) 科学技術振興機構監編 (2008)

JST (科学技術振興機構) が提供しており，主に科学技術分野のデータベース作成に使用されている。2017 年 4 月に改訂が行われた最新のものはインターネット経由で利用することができる。

③ 『医学用語シソーラス』(第 7 版) 医学中央雑誌刊行会編 (2011)

『医学中央雑誌』とそのインターネットサービス「医中誌 Web」で使用されている。第 8 版からは冊子体は発行されておらず，2019 年 1 月に最新版の第 9 版に改訂された。

写真 7-1　世界最初のシソーラスとされるロジェの "International thesaurus" (写真は第 5 版)

第 4 節　主要な統制語彙表 (件名標目表)

19 世紀第 4 四半期の米国で，主題から検索可能な書架分類の技法が完成した。しかし，いかに体系的な主題組織法であったとはいえ，記号体系を理解するのがたいへんで，必ずしも確実な検索が可能とはいえなかった。20 世紀を迎えるころ，書名中に出現する主題をあらわす言葉から検索する方法が考え出された[5)]。しかし，主題に関連する言葉が書名に出現しない場合もある。そこで，まず，主題をつきとめ，適切な用語で統一的に表現することが考えられた。こうして次第に整備され，でき上がったのが件名目録 (subject catalog) である。

a．件名標目 (subject heading)

情報資源の主題または形式を表わす言葉を図書館では件名 (subject) と呼んでいる。これは一定の規則にもとづいた統制語であり，一般に用いられている自然語とは区別しなければならない。前章第 3 節でふれたように，タイトルは，情報資源に付与される名前で，ほかの情報資源と識別同定する働きがあると同時に，中身がある程度類推できるようにつけられる。つまり，主題をあらわす語が用いられるのが普通である。しかし，同じ主題であっても，(自然語ゆえに) 書名に異なった表現が採られていることも稀ではない。前章図 6-3 に示したように，書名で使用されている名辞 (言葉) をそのまま件名とする (抽出索引法) と，主題の表現がぶれてしまう。そのため，名辞を一定の典拠によって統一する必要があり，こうして件名に採択した名辞を件名標目と呼ぶ。

例)　本，書物，書籍，図書，文献，…　⇒　図書　に統一

いいかえると，同義語・類義語のなかで代表となった名辞が「件名標目」(上の場合「図書」) であり，それ以外の名辞は，「参照語」(上の場合「本，書物，書籍，文献，…」) と呼ばれる。

b．件名付与

件名を付与するためには，対象となる情報資源を分析し，主題を特定することが重要になる。主題が抽象的になればなるほど個人の主観が入り込む余地ができるが，図書館で使用する件名の場合，できるだけ客観的な立場に立ち，大多数の人が同意・納得して用いると思われる用語を採用することが大切である。

c．件名標目表

件名標目（例：「図書」）と参照語（例：「本」「書物」「書籍」「文献」）を列挙し，一定の順序に配列した一覧表が件名標目表である。参照語からも件名標目を検索することが可能であり，件名目録作成のために不可欠なツールである。

主な件名標目表として以下のものをあげる。

① 『基本件名標目表』（第4版）日本図書館協会（1999）（第8章で詳しく取り上げる）

② 『小学校件名標目表』（第2版）全国学校図書館協議会件名標目表委員会編（2004）

③ 『中学・高校件名標目表』（第3版）全国学校図書館協議会件名標目表委員会編（1999）

④ 『国立国会図書館件名標目表』（National Diet Library List of Subject Headings, NDLSH）（2008年度版）国立国会図書館図書部編（2008）

⑤ 『アメリカ議会図書館件名標目表』（Library of Congress Subject Headings, LCSH）

このうち①～③は「標準件名標目表」といわれ，広く一般的に使用される件名標目表である。それに対し，④と⑤は「一館件名標目表」といい，特定の図書館でのみ使用される。④は，国立国会図書館でのみ使用され，1949（昭和24）年以降に刊行された和書に適用されている。配列は，五十音順および日本十進分類法の分類記号順によっている。第5版（1991）まで冊子で刊行されていたが，2005年度より改訂版がホームページ上にPDF形式で公開された（2011年11月に提供終了）。現在では「Web版国立国会図書館件名標目表」を拡張した「Web NDL Authorities[6]」（国立国会図書館典拠データ検索・提供サービス）としてデータが提供されている[7]。なお，NDLSHでは，件名作業によって“代表”に選ばれた語を「普通件名」，選ばれなかった語を「非統制件名」と呼んでいる。⑤は，米国議会図書館（LC）の目録に適用する件名標目の一覧表である。しかし，最も一般的で広範囲に利用されており，事実上の世界標準として機能している。

d．シソーラスと件名標目表の比較（表7-1）

「件名標目表」には全分野を対象とする「一般件名標目表」がある（特定分野のものもある）の

表7-1　件名標目表とシソーラスの対比

統制語彙表の種類	件名標目表	シソーラス
採用された名辞	件名標目	ディスクリプタ
採用されなかった名辞	参照語	非ディスクリプタ
言葉の制御	細かくない	細かい
索引法	事前結合索引法	主として事後結合索引法
対象分野	主に全分野を対象	特定の分野を対象

に対し，シソーラスには「一般的」なものは存在せず，基本的に特定分野を対象としている。シソーラスは件名標目表よりも言葉の概念やその関係性が細かく定義されているといわれるが，近年では，件名標目表も語を細かく統制するようになっており，ちがいがわかりにくくなってきている。

設　問

(1)　主な件名標目表やシソーラスであげたものを実際に見て，それぞれのちがいを調べなさい。
(2)　参考文献の２つ目を読み，件名標目の管理の仕方について900字程度でまとめなさい。

参考文献

1. 日本図書館協会図書館ハンドブック編集委員会編『図書館ハンドブック』(第６版補訂２版) 日本図書館協会，2016年
2. 志保田務・高鷲忠美編著；平井尊士共著『情報資源組織法』(第２版) 第一法規，2016年
3. 根本彰・岸田和明編『情報資源の組織化と提供』東京大学出版会，2013年

注)

1) 検索の結果引き出してしまった検索意図に適合しないもの，検索したかったものとは異なる無用なもの。
2) パソコンではフォルダといっているが，本来，コンピュータ用語ではファイルを保存する場所をディレクトリ（directory）という。
3) trace に対して，まったく異なる樹構造の項目に発想が飛ぶことを連想（association）という。コンピュータは trace が得意だが，associate は大の苦手である。
4) ヤフーによるディレクトリ型検索「Yahoo! カテゴリ」は2018年３月にサービスを終了した。このように現在ではディレクトリ型検索はネット上の検索においては縮小傾向にある。https://about.yahoo.co.jp/pr/release/2017/06/29a/（'19.1.31 現在参照可）。
5) これをキャッチワード（catchword）といった。一般には，「スローガン」や「標語」のこと。本来，キャッチワードとは，辞書などで，見出し語を探しやすくするため，ページごとに収録されている最初の語と最後の語を欄外に表示することがおこなわれるが，この表示のことをいった。ガイドワードともいう。
6) http://id.ndl.go.jp/auth/ndla（'19.1.31 現在参照可）。
7) http://www.ndl.go.jp/jp/data/catstandards/classification_subject/index.html#ndlsh（'19.1.31 現在参照可）。

8 基本件名標目表

第７章で解説した統制語彙表のなかから，本章では，日本の標準的な件名標目表である『基本件名標目表（Basic Subject Headings, BSH）第４版』を取り上げ，その特徴や，大まかな規定を紹介する。

第１節 基本件名標目表の構成

『基本件名標目表』[1) は，日本図書館協会が編集・刊行する日本の代表的な件名標目表である。最新版は第４版（以下，BSH4）で，収録数は標目数7847，参照語2873，説明つき参照（後述）93，細目（後述）169である。２分冊で，音順標目表，分類記号順標目表，階層構造標目表の３部から構成されている。

a．音順標目表

本表と国名標目表から構成されるBSH4の主要部分である。

①本表：件名標目（標目表中ではゴシック活字で表示されている），参照語，説明つき参照，細目の４種のレコードにより構成され，すべて五十音順に配列されている。BSH4の本体。

②国名標目表：件名標目として用いられる国名をまとめたもの。

例）中華民国　中華人民共和国　⇒　中国

豪州　⇒　オーストラリア

b．分類記号順標目表

NDC新訂９版の分類記号順に，BSH4で採択されたすべての件名標目を配列したもの（ただし，国名は除く）。

表8-1　分類記号順標目表の例

〔010　図書館．図書館学〕		
010	電子図書館	
	図書館	016
	図書館情報学	
010.1	図書館の自由	
010.242	アレクサンドリア図書館	
〔011　図書館政策．図書館行財政〕		
011.1	図書館行政	
011.3	図書館協力	
	図書館計画	

役　割

①分類作業と平行して，同一分野の件名標目が通覧でき，最も適切な件名付与に役立つ。

②新しい件名を追加する必要があるとき，体系上の位置づけの確認や連結参照の設定に役立つ。

c．階層構造標目表

音順標目表において各件名標目のもとに示した関連標目への参照（NT）を整理し，階層的に関連主題の件名標目を通覧できるように編集したもの。各最上位標目がそれぞれの下位標目をともなって五十音順に配列されている。通し番号によって，音順標目表のTTから簡便に参照できるようになっている。

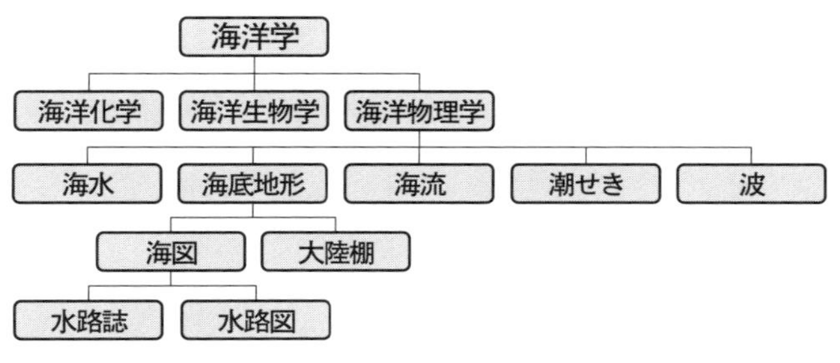

図 8-1　階層構造標目表の概念図（表 8-2 を元に）

表 8-2　階層構造標目表の例

26　＜海洋学＞
海洋学
• 海洋化学
• 海洋生物学
• 海洋物理学
• • 海水
• • 海底地形
• • • 海図
• • • • 水路誌
• • • • 水路図
• • • 大陸棚
• • 海流
• • 潮せき
• • 波

役　割

「適切な件名標目選択のために役立つ」のはもちろんであるが，件名標目表に採録されていない件名標目を追加したい場合には次のような役割を担うことになる。

①主題の階層的な位置を知る。

②類似した件名標目から適切な表現形式を選ぶ際に参考とすることができる。

第２節　採録方針と表現形式

BSH4 は従来の方針を基本的には踏襲し，公共図書館，大学図書館，高校図書館で一般的に必要と思われる件名標目を中心に採用している。また，標目の表現形式に関しては学術用語より常用語を優先するという方針に従っている。その他の規則について，主なものを以下に示す。

a．標目の採録方針

世の中にある主題を表す語をすべて採録すると表が膨大になりすぎるので，件名標目とする語を，基本的な語と考えられるもののなかから選んで採録する。そのため，以下の方針がとられる。

①歴史上の事件名，職業，団体，宗派，スポーツ，言語などの名称などは一部だけを例示し，例示されないものは，例にならって各館で補充する。

例）天理教，日露戦争

②固有名詞（個人名，団体名，地名，書名等）は，**それに関して述べられている**情報資源であれば，一般的にすべて件名標目にすべきであるが，表には採録が省略されている。

例）個人名（キルケゴール，孫文など）

個々の国際機関，団体の名称（ユネスコ，国際連合など）

表 8-3　細目の種類

a. 一般細目	e. 地名細目
b. 分野ごとの共通細目	f. 時代細目
c. 言語細目	g. 特殊細目
d. 地名のもとの主題細目	

b．標目の表現形式

①複合語・熟語：慣用的に用いられる複合語はできるだけ

そのまま採用する。

例）河川．河川工学　.（ピリオド，ドット）は，名辞の列挙の際の区切り記号として用いられる。

②細　目：件名のうしろに－（ダッシュ）を介して付加することで，より細かい標目を表す。

例）「映画の歴史」が主題であれば，

⇒ 「映画－歴史」

（件名）－（一般細目）

③限定語：複数の分野に共通して用いられるものは，名辞の意味を限定するために（　）で記載する。

例）価値（経済学），価値（哲学）

④地名による表現：地名を形容詞的に用い，続く名辞と切り離せないものはそのままの形をとる。

例）ギリシア哲学，日本思想，世界史など

⑤形式標目：すべての主題を扱うなど，主題を特定できないものは，形式を標目とする。

例）地名事典，年表，地図

第3節　参　照

BSH4 においては，参照がシソーラス化されており，さまざまな階層構造や関連性が明確に理解できるようになっている。

a．直接参照（～を見よ参照）

たとえば「ヨーロッパ統合」「欧州統合」という同義関係をもつ名辞について，BSH4 では「ヨーロッパ統合」を件名標目，「欧州統合」を参照語としている。この関係を表現するため，“→”（JST シソーラスの USE にあたる）と “UF”（use for の意味）という記号が用いられる。

①参照語から件名標目に案内する表示

例）欧州統合　→　ヨーロッパ統合　＊これを直接参照（～を見よ参照）という。

②件名標目から参照語を示した表示

例）ヨーロッパ統合

UF：欧州統合　＊これを「～を見よ参照あり」という。

b．連結参照（～をも見よ参照）

標目同士の階層構造やその他の関連を示すための記号として以下のものが用いられる。

TT（Top Term）：最上位標目　最上位の件名標目	階層構造内
BT（Broader Term）：上位標目　1つ上の上位語	
NT（Narrower Term）：下位標目　1つ下の下位語	

なお，NT や BT では，件名標目（見出し語）からの距離を“・”（中点（なかてん），中黒（なかぐろ））で表す。

RT（Related Term）：関連標目　階層関係はないが，関連がある項目（狭義の連結参照）

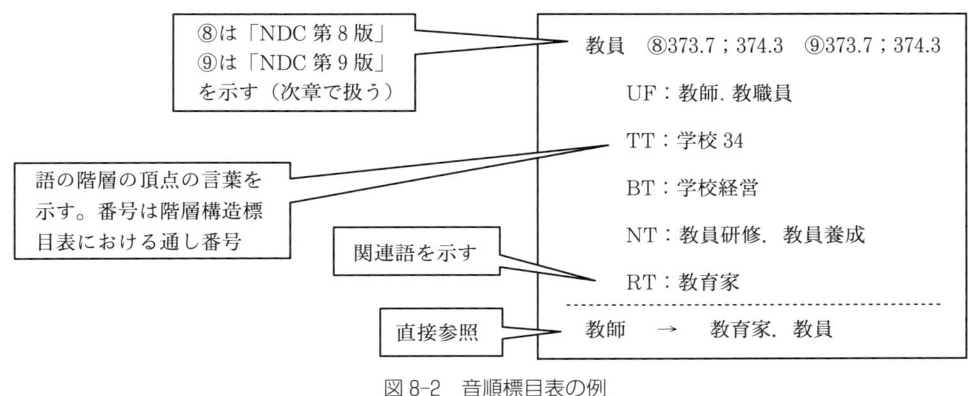

図 8-2 音順標目表の例

例）「飛行機」と「翼」,「廃水」と「下水道」,「教育制度」と「学校」など

c．参照注記

SA（See Also）：参照注記　参照する下位の標目が多数の場合に用いる。

例） 新聞社　SA：個々の新聞社名も件名標目となる。

d．その他の記号

SN（Scop Note）：限定注記　使用範囲が不明瞭であったり，類似する語との使い分けがむずかしい件名標目の意味を限定してわかりやすくする。

第 4 節　件名作業と件名規程

a．件名作業

個々の資料に対して，件名規程にもとづき，件名標目を付与する作業。

<手順>

①基準となる件名標目表を理解する（ここでは BSH4）

②資料内容（主題）を把握する（主題分析）

③主題と一致する用語を件名標目表のなかから探す
④その用語を件名として付与する
}（付与索引法）

⑤適用できる件名標目が存在しない場合は，例示などを参考に追加を検討する

⑥件名標目に採用しなかった語からも検索できるよう参照を考えておく

b．件名規程

件名作業にあたって，それぞれの資料に適切な件名標目を与えてゆくための指針。一般件名規程と特殊件名規程の 2 種類があり，一般件名規程は件名標目表全体に適用され，特殊件名規程は特定分野にのみ適用される。

①一般件名規程

資料の件名標目が適切であるためには一貫した指針に従うことが大切である。件名規程の概要

表 8-4　一般件名規程（大綱）

- その館で決定した典拠となる件名標目表，または，件名典拠ファイルに収録されている適切な語を選んで件名標目とする。
- 主題が明らかな資料，特定の出版形式を持つ資料，多人数の文学作品，芸術作品の集成には件目標目を与える
- 主題の明確でない資料，文学，芸術作品には件名標目を与えない。
- 件名標目は，主題および表現形式に応じて必要な数だけ与えることができる。
- 利用上必要なときには，資料の一部分だけを対象とする件名標目を与えることができる。
- 主標目の範囲を限定したり，特定したりする必要がある場合，件名細目を与える。
- 個人伝記，特定個人に関する研究資料，団体の沿革・歴史を扱う資料，記念論文集については，その対象となっている人名，団体名を件名標目とする。
- 特定地域を扱う資料については，その対象となっている地名を標目，または，細目とする。
- 特定の著作に関する研究資料（注釈書，評釈書，書誌，索引を含む）については，その対象となっている著作名を標目とする。
- 地域資料に関しては，この規定によらないことができる（その館独自の方法を採用してよい）（第 14 章も参照のこと）。

を把握するため，表 8-4 に，一般件名規程の大綱を掲げる[2)]。

②特殊件名規程

特殊件名規程は，適宜，音順標目表（BSH の本体）中に，「説明つき参照」として記載されている。《　》で，その名辞が示される。

c．件名標目の表現

カード式目録であれば，件名カードの「標目」の位置に記載する。記述ユニット方式の場合，標目指示の部分にあらかじめ記載しておいたものを，あとで標目の位置に転記する（ただし，標目指示には，漢字を用いて表記する）。

①標目における表現：和資料についてはカタカナで表記し，洋資料についてはローマ字で表すが，同音異義語がある場合など，判別が必要な場合は，（　）に漢字をいれて付記する。

例）ウチュウ（宇宙）

ベイコク　ギカイトショカン（米国議会図書館）　*基本的に分かち書きをする

フランス－レキシ－シリョウ（フランス－歴史－史料）　*細目を用いた例

ナシロ，クニタカ（名城邦孝）　*個人名の例

ナシロ（株式会社）　*団体名における区別

②標目指示における表現：頭に“S”をおき，必要な件名標目の数だけ通し番号を打つ。原則としてヨミを表記しない。

例）S1. 宇宙　S2. 名城邦孝

S1. 名城（株式会社）

d．件名典拠ファイル

その図書館で，どんな語を件名標目としたか（あるいは参照語としたか）を記録する。基本的に，新規に受け入れた情報資源の件名作業をおこなった直後，逐一，その件名標目を記録し，蓄積し

ていく。こうして蓄積したものを件名典拠ファイルという。この作業は，あとでまとめておこなうのは望ましくない。膨大な作業量になり，まちがいも起こりやすい。なお，コンピュータ目録の場合は，（システムによっては）この作業は自動的におこなわれる。

設　問

(1)　第6章の設問(1)で考えた主題が，BSH4で件名標目として採択されているか確認しなさい。
(2)　BSHの第3版と第4版を比較して，変化した部分を説明しなさい。

参考文献

1. 日本図書館協会件名標目委員会編『基本件名標目表』（第4版）日本図書館協会，1999年
2. 日本図書館協会図書館ハンドブック編集委員会編『図書館ハンドブック』（第6版補訂2版）日本図書館協会，2016年
3. 志保田務・高鷲忠美編著，平井尊士共著『情報資源組織法』（第2版）第一法規，2016年

注）

1）加藤宗厚編集による1930（昭和5）年刊行の『日本件名標目表』を，1944年（昭和19）に青年図書館員聯盟件名標目表委員会が改訂したことに端を発し，1956（昭和31）年に日本図書館協会により初版が刊行された。1999（平成11）年に16年ぶりに改訂された第4版（現行）で，完全シソーラス化された。

基本件名標目表の歴史		
1930年	日本件名標目表	加藤宗厚編
1944年	日本件名標目表改訂版	青年図書館員聯盟編
1956年	基本件名標目表	日本図書館協会編集刊行
1971年	基本件名標目表	改訂版
1983年	基本件名標目表	第3版
1999年	基本件名標目表	第4版

2）日本図書館協会件名標目委員会編『基本件名標目表』第4版，日本図書館協会，1999年，p.16-23。

9 主題分析と分類法

この章では，情報資源を主題から検索するもう１つの方法―記号を用いる方法―分類法（taxonomy）について学ぶ。分類（classification）は，図書館だけに限らず，日常のさまざまな場面で活用される。はじめに知識自体の分類と図書館における分類について考え，そこから図書館の分類の特徴について明らかにする。続けて，さまざまな図書館分類について概説する。

第１節　分類とは

新しい家に引っ越し，数々の荷物を運び入れて，さてこれから新生活を始めようとしたとき，まず人は何をするだろう。合理的で快適な暮らしを望むなら，まずは物をいつでも使えるように整理整頓しなければならない。台所には冷蔵庫，鍋，食器…，勉強机の周りには本や文房具…，物は目的に応じてグループ化し，使う場所ごとにおけば便利だ，と考えるのはごく自然に身についた人間の知恵である。このように人は日常生活のなかで，無意識に「ある一定の原理にもとづいて物をよりわけ，順番に並べる」という分類（作業）をおこなっている。分類を一般化していうと，「無作為，無秩序の混沌とした事物の集まりを，その事物に本来備わっている性質（属性という）に着目し，ある目的にもとづく一定の基準をもって秩序だてること」となる。つまり，分けて並べるまでを含む。このことにより，対象物の迅速かつ高度な利用がはかれるとともに，対象物の部分から全体にいたるまでが把握できる。いいかえれば，「分けることはわかる」ことなのである。

a．分類と区分

「分類」とは，ばらばらに存在している個々の事物や知識を，類似の程度によりグループ化し，さらにそのグループをより大きなグループにまとめてゆくことをいう。また，分類と同じような意味で使われることの多い「区分」は，最初にある大きなグループを想定し，そこに属する特徴や性質（属性）をもっているか否かでグループを分け，徐々に細分化していくことをいう。つまり，分類と区分はグループ化してゆく過程が，総合的か，分析的か，というちがいがある。厳密には，このように使い分けるが，「類似の度合によるグループ化」という点では同じ意味をもっているともいえる。そこで，以下，「分ける」ことに意味の重点をおき，「分類」と「区分」の両方の言葉を併用しながら説明していく。

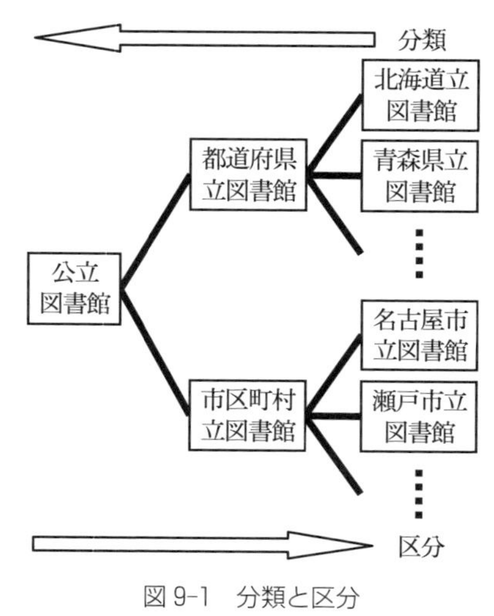

図 9-1　分類と区分

b．分類の３要素

分類をおこなう際には一定の原則・基準を適用するが，それを「区分原理」と呼んでいる。区分原理によって区分される対象を「被区分体」，区分されたグループ（クラスまたは類）を「区分肢」といい，これらを「分類の３要素」という。

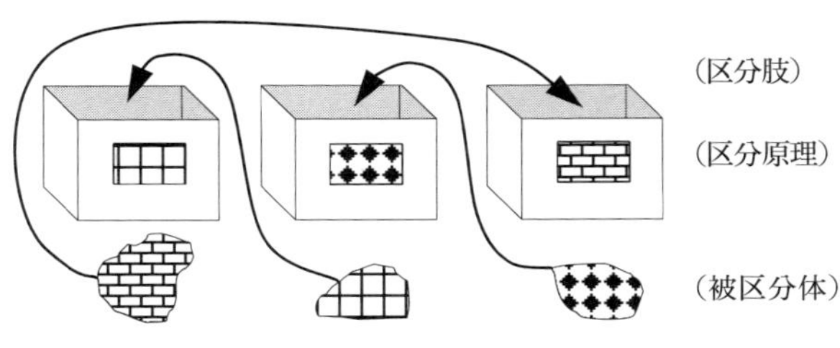

図 9-2　分類とはどういうことか

分類（という作業）を，少し荒っぽくいうと，無作為無秩序の事物（被区分体）の集まりを，その属性に着目（区分原理）して，あらかじめ用意した入れ物（区分肢）に放り込むことである（図9-2）。

c．分類（区分）の原則

分類（区分）を正しく矛盾なくおこなうために表 9-1 のような原則がある。

たとえば，職業や学問において，私たち自らがなんらかの分類体系をつくる機会は一生に一度もないかもしれない。仮にそのような貴重な作業にたずさわることができたら，この表を思い出し，自分のつくった分類体系のチェックシートに使ってもらえればよい。

表 9-1　分類（区分）の原則

□合目的性	目的・性質・用途にふさわしい原理を適用しているか？
□一貫性・相互排他性	一回の区分に一貫した区分原理を適用しているか？
	複数の区分原理が混在していないか[1]。一貫した区分原理を適用しなければ，区分肢は相互排他的にならない。
□網羅性	すべての区分肢を合わせると被区分体と等しくなるか？
	すべての区分肢を合わせたとき，被区分体全体が網羅される。例）（ジョーカーを除いた）トランプをスート（トランプに書かれているマーク）で区分すると，♠，♥，◆，♣の４種類のカード（区分肢）に分類される。区分肢 ♠＋♥＋◆＋♣＝トランプ全体。
□漸進性	区分肢の並びは順序よく自然に流れ，飛躍していないか？
	区分肢の並び順が自然で，誰もが納得いくように展開しているか。必要な区分原理を省略して区分をおこなうと，区分肢間の関連性が見えてこなくなる。

第２節　知識の分類と図書館の分類

図書館における分類を資料分類という。資料とは，言い換えれば，パッケージ型情報資源である。一般に，情報資源は，「人間の知情意の働きによる記号化行動の所産[2]」である。人間の精神活動の出力物であり，したがって，知識の分類に準ずるのが理に適って

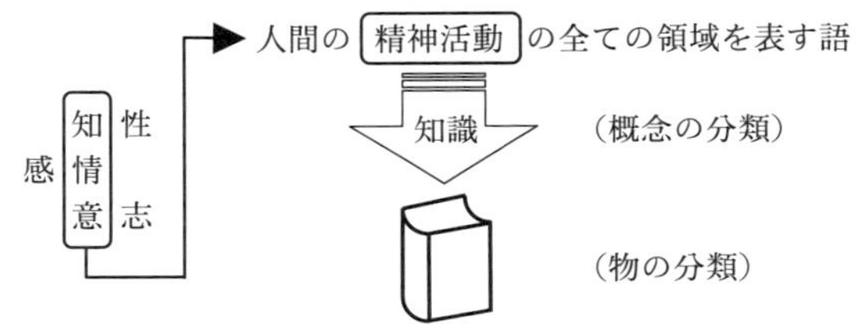

図 9-3　知識の分類と図書館の分類

いる（図9-3)。知識の分類（以下，知識分類）は，古来，哲学上きわめて重要な課題で，ギリシアのプラトンやアリストテレスによって基礎が固められた。その後もさまざまな人物により知識分類は試みられるが，図書館の分類に大きな影響を与えたものとして，ベーコン（Francis Bacon, 1561-1626）の分類があげられる。ベーコンは『学問の進歩』で，学問全体を人間の知識と神学に大別し，人間の知識を記憶，想像，理性の３つの精神活動に分類した[3]。

一方，動植物学者や生物学者は，「界（kingdom）・門（phylum）・綱（class）・目（order）・科（family）・属（genus）・種（species）」という大枠で生物を分類する方法を考え出した[4]。広い概念から狭い概念へのいわゆる階層型分類である。

a．知識分類と資料分類

図書館を人間の知識の集合体と考えたとき，個々の資料（パッケージ型情報資源）を配列するために，哲学者や動植物学者らによる知識分類が大いに役立つ。ただ，知識という抽象的なものと，その知識が具体的なかたちをとった資料の間には，取り扱いにちがいが生じるのも当然で，知識分類と資料分類とを完全に一致させることはむずかしい。それを妨げる要素を次に整理する。

①主題：「主題」とはこれまで述べてきたように，その資料が「何を扱っているか」という観点から特定したものである。問題は，資料がいつもただ１つの主題を扱っているとは限らないことである。複数の主題を含んだ資料の場合，知識そのものを分類する知識分類には収まりきらないことになる。たとえば，『情報と通信の文化史』という本を考えてみる。この場合，「情報」という主題のグループに入れるのか，「通信」に入れるのか，という問題が生ずる。

②形式：主題によって分類することがあまり有意義ではない資料も存在する。たとえば，トルストイの『戦争と平和』を「戦争」や「平和」という主題のグループに入れても，作品自体を鑑賞したいと思っている利用者にとっては無理がある。それよりは，「ロシア文学」の「小説」として分類したほうが利用者は探しやすい。文学作品は，小説や詩，随筆などの文学形式で分類するほうが適している。ほかにも，特定の主題に属さない（複数の主題にまたがる）百科事典や総合雑誌などを，どのグループに入れてよいか決められないという問題がある。

「形式」とは，上のような文学形式のほかに，辞書であるとか名簿であるといった出版形式，歴史的な論述であるとか理論的な論述であるといった叙述形式がある。

③分類記号（class mark）：図書館資料は，通常，主題によってグループ化されるが，それを一定の順序にしたがって書架上に配列する。問題となるのが，このとき，何を基準にして順序を決めるかということである。そこで，それ自身一定の順序をもっている記号を用いることが考えられた。このように主題概念に付与される記号を主題記号，形式に付与される記号を形式記号という（ほかにも地理記号や言語記号などがある)。これらを含めて，分類表上の識別のために与えられる記号を分類記号という。記号には，文字（ローマ字，ギリシア文字，カタカナ，ひらがな，漢字など）や数字（アラビア数字，ローマ数字，漢数字など）が用いられる。

④相関索引：資料の主題や形式などを記号におき換え，主題概念をあらわす名辞と対照させたものを，さまざまな方式（次節参照）で配列した表が資料分類表である。記号は順序よく並んで

いるが，名辞はまちまちの並びとなる。そこで，主題をあらわす名辞（索引語）と記号とを関連させ，アルファベット順，五十音順など，一定の順序に並べた対応表を用いることになる。名辞同士の関係や記号との関係を記録した索引を相関索引という。索引を利用することによって，求める主題の分類表での位置と分類記号を即座に知ることができる。

b．知識分類を補う資料分類の工夫

図書館では，知識分類≠資料分類であることを補う工夫がなされている。まず，分類の３要素を大雑把に知識分類にあてはめると図 9-4 の①となる。区分原理は主題で，区分肢が知識の分類表である。図書館の資料分類は，知識の分類によることが理に適っていることはすでに述べたが，物理的な“物”である資料の分類は，①では済まないので，②のような工夫がほどこされる。この場合の区分肢は，一見すると「書架」のように思えるが，そうではなく，あらかじめ区分けされた入れ物（類，クラス）を並べた分類表である。この分類表を適度に三次元空間にプロット（配置）したのが書架スペースである。②のその他の指針とは，複数の主題を取り扱っている資料をどの区分肢に入れるかなどについての取り決め（次章で詳述）などのことである。

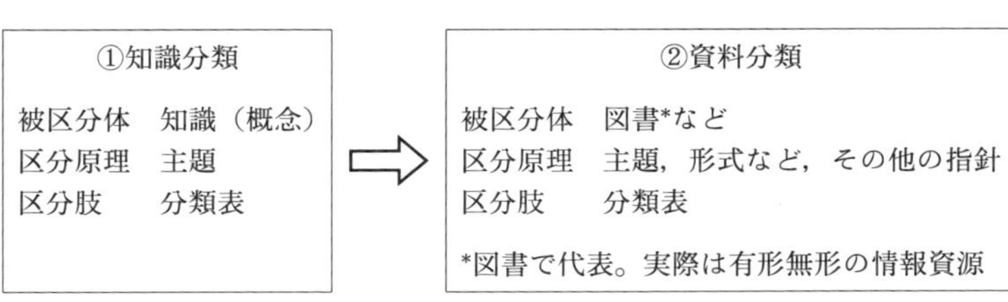

図 9-4　図書館における分類の３要素

第３節　資料分類表の種類

図書館で資料を有効に利用するためには，扱っている主題に関する短時間で的確な検索が必要となる。その目的を支えるために資料分類法が発展してきたといっても過言ではない。それには，あらかじめ主題を体系的に配列し，主題間の関連性を明らかにしておく作業が前提となる。この一覧表が資料分類表である。分類記号によって主題概念が体系的に配列されており，図書館での資料の分類作業や，それに従った資料の配列，分類目録作成のための不可欠なツールとなる。

すべての図書館が同一の分類法に拠っているわけではない。図書館によっては，所蔵している資料の種類により，独自の分類法を採用しているところもある。それぞれ特徴をもった幾種類かの分類法とそれに対応した分類表が存在している。一方で，ますます増えつづける新しい情報を処理するために，分類法も進化しつづけている。以下では分類表の種類と特徴を概観したい。

a．一般分類表と専門分類表

すべての主題を含んだ分類表を一般分類表，特定の主題に限定した分類表を専門分類表という。

b．標準分類表と一館分類表

多くの図書館で共通に採用されている分類表を標準分類表といい，「国立国会図書館分類表」のように一館だけで採用されている分類表を一館分類表という。

c．書架分類と書誌分類

資料を書架に配列することを前提とした分類を書架分類[5]といい，書架に配列することを考慮に入れず，資料の目録作成を重視した分類を書誌分類という。書架分類では資料の主題は１つに絞られるが，書誌分類では複数の主題にも対応することができる。

d．階層型分類と非階層型分類

広い概念（上位概念）を区分して狭い概念（下位概念）にいたる各区分肢を階層型に表現した分類。その表は，全体がツリー（樹）構造になる。一方，たとえば，名前をイニシャル順に並べることがおこなわれるが，これは，各イニシャル間には上下関係がないので非階層型である（ただし，イニシャルだけでなく，綴りまで含めると階層型になる）。

e．列挙型分類と分析合成型分類

すべての主題が分類項目として分類表中に網羅されている（＝列挙されている）のが列挙型分類表であり，書架分類に適した伝統的な分類法に拠るものである。実際にはすべての主題を網羅することは不可能なので，補助表などを用いて合成するという現実的な対応をおこなっている。

しかし，近年ますます資料の主題は複雑化し，補助表を用いてもなお列挙型分類表では分類しきれなくなってきている。それを受けて考え出されたのが分析合成型分類である。これはあらかじめ１つの主題を考えうる構成要素に細かく分析し，それぞれに記号を当てはめておき，それら記号の組み合わせで資料の主題全体を詳細に表現しようとするものである。複合主題の検索には適しているが，分類記号の組み合わせが非常に複雑になり，書架分類には不向きである。

f．十進分類と非十進分類

分類記号として十進法の数字のみを用いたものを十進分類といい，アルファベットなど数字以外の文字や記号を用いたものを非十進分類という。十進分類法では，資料の主題を０から９までの十種類に区分けし，それぞれをさらに同じ十種類の数字で細分化してゆく。上下の階層関係は“桁”で表現することができるので，たいへんわかりやすい。ただし，常に区分肢は10個という数の制限を受けることになり，的確な主題体系を表現できない場合がある。それに対して，非十進分類法では，一度に10個以上（以下でもよい）の主題を設定することができ，単純な記号で，的確に主題を表現することが可能である。ただし，明瞭さの点では十進分類法が優る。

第４節　主な分類法

第３節では，対象領域，構造，機能，利用目的，記号法などの観点から分類法（表）の種類を概観したが，ここでは現在の図書館で利用されている主な分類法について概観する（表9-2)。その成立の歴史・問題点などは，巻末資料８に掲載した。

表 9-2　主な分類表

日本十進分類法（Nippon Decimal Classification, NDC） 日本で最も普及している分類法。第 10 章で改めて説明する。
デューイ十進分類法（Dewey Decimal Classification, DDC） 近代図書館の分類は，資料を書架に配列することを目的に考案されてきた。その書架分類の代表として，数字のみを分類記号に用い，階層型列挙型分類法であるデューイ十進分類法をあげることができる。最新版は 2011 年の第 23 版である[6)]。
展開分類法（Expansive Classification, EC） DDC の配列順序などの問題点を改善して作成された分類法で，アルファベットと数字を用いた列挙型分類。
国際十進分類法（Universal Decimal Classification, UDC） 従来の書架分類法ではなく，資料の内容を分析し，目録を作成するための書誌分類法。とくに世界的視野で科学技術の学術論文を分類することがめざされている。
アメリカ議会図書館分類表（Library Congress Classification, LCC） 標準分類法ではなく，米国議会図書館のための一館分類表である。

設　問

(1)　実際に図書館にいき，書架スペースをながめ，知識分類と資料分類との異なりを観察し，気がついたことを 900 字程度にまとめなさい。

(2)　参考文献を読み，分類法の歴史について，900 字程度にまとめなさい。

参考文献

1. 日本図書館協会図書館ハンドブック編集委員会編『図書館ハンドブック』（第 6 版新訂 2 版）日本図書館協会　2016 年
2. 志保田務・高鷲忠美編著，平井尊士共著『情報資源組織法』（第 2 版）第一法規，2016 年

注）

1）複数の区分原理が混在している状態を，交差（こうさ）（交叉（こうさ））分類，または，交錯（こうさく）分類という。たとえば，「バロック音楽」「交響曲」「協奏曲」「現代音楽」と区分肢を並べてしまうと，「時代」と「形式」という 2 つの区分原理が適用されることになり，相互排他性を崩してしまう。

2）図書館情報学の定義から。藤川正信は，図書館情報学とは「人間の知情意の働きによる記号化行動と，その所産としての記録，並びに，その利用に関し，科学技術の立場に基づく体系的研究を行う分野」と定義した。図書館情報学ハンドブック編集員会『図書館情報学ハンドブック』（初版）丸善，1988 年，p.45。

3）フランシス・ベーコン著，服部英次郎・多田英次訳『学問の進歩』岩波書店，1974 年，p.126。

4）スウェーデンの博物学者リンネ（Carl von Linné，1707-1778）が確立した分類法。たとえば，私たち「ヒト」は，「動物界の脊椎動物門の哺乳網の霊長目のヒト科のヒト属のヒト種」である。「界」は，動物界，植物界のほか，モネラ（バクテリアや細菌などの仲間）界，原生生物界，菌界の 5 種に分けられ，「動物界」は，海綿動物門，腔腸動物門，棘皮動物門，環形動物門，軟体動物門，腕足動物門，節足動物門，脊索動物門の 8 種に細分されるなど。

5）書架分類は，1870 年，米国のハリス（W.T. Harris，1835-1909）が初めて図書を主題別に配列するための分類法を考案した。ベーコンの知識分類に準拠していた。

6）http://www.oclc.org/en/dewey/features/summaries.html#hist（'19.1.30 現在参照可）。

10 日本十進分類法

本章では，とくにわが国の標準的な分類法である『日本十進分類法（Nippon Decimal Classification, NDC)』（以下，NDC）を概観し，特徴や規定を説明する。

第１節　日本十進分類法の特徴

NDC は森清（もりきよし）（1906-1990）によって考案され，1929（昭和 4）年に初版が刊行された[1)]。その後版を重ね，現行最新版は 2015（平成 27）年刊行の新訂 10 版である。本表，補助表，相関索引などの諸表から構成されている。記号法は DDC にならい，区分肢の配列は，論理的に優れているといわれる EC に準拠している。いわば，双方の「いいとこ取り」をしたといえる（表 10-1)。

a．十進記号法

表 10-1　DDC，EC，NDC の比較

DDC	EC		NDC
0 総記	A	総記	0 総記
1 哲学	B–D	哲学・宗教	1 哲学・宗教
2 宗教	E–G	歴史諸科学	2 歴史
3 社会科学	H–K	社会科学	3 社会科学
4 言語	L–Q	自然科学	4 自然科学
5 純粋科学	R–U	技術	5 技術
6 技術	V–W	芸術	6 産業
7 芸術	X	言語	7 芸術
8 文学	Y	文学	8 言語
9 地理・歴史	Z	図書学	9 文学

出典：参考文献 1，p. 16

日本の都道府県は 47 ある。これを数字で区別するにはどうしたらよいか。通し番号を割り振ることも考えられるが，1 桁（けた）と 2 桁のものができて具合が悪い。全国を 9 つの地方に分けることがよくおこなわれるので，これを用いる（図 10-1)。

たとえば，東京都は「36」とあらわす。注意したいのは，36 は順番とか値ではないことだ。「日本の 3 番目の地方の 6 都県目」という意味をもった記号なのである。NDC は，数字を記号として用いる。したがって，分類番号ではなく分類記号というのが正しい。読み方も「サンジュウロク」ではなく，「サン・ロク」である。

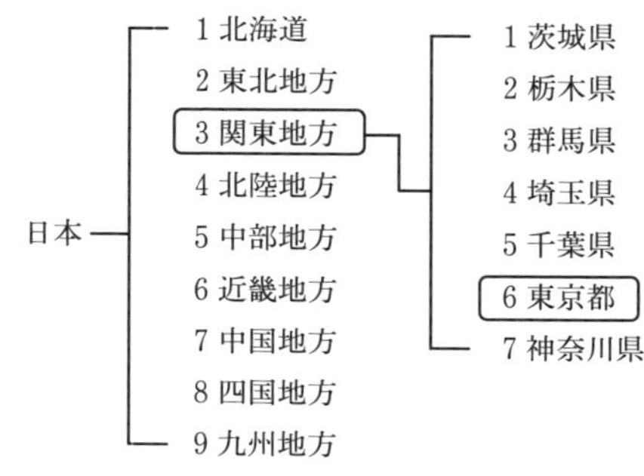

図 10-1　NDC の十進記号法

十進記号法の特徴は，桁が左にいくほど上位概念，右にいくほど下位概念を示すことである（同じ桁は同位概念)。また，日本－関東地方－東京都のように，階層を表現すると同時に，名辞の結びつきが事前に検討されている。このため，下位の区分肢にどのような主題概念が含まれるかをあらかじめ必要十分なだけ列挙する。NDC は事前結合索引方式による階層型列挙型分類である。

b．NDC の区分肢の展開

図 10-2 を見ながら，NDC における区分肢の並び順を考えてみよう。区分肢には，用意される

べき適切な理由付けが必要である。屁理屈との誹りを厭わず，およそ，次のように全体を俯瞰すると覚えやすいだろう。楕円は，図書などの情報資源の全体をあらわす。

さて，①資料は人間の知識の出力物である。言い換えれば，精神活動の産物であるから，最初に，人間の精神について扱う「哲学」や「宗教」などの資料を“放り込む”入れ物（区分肢）を用意する。②人間は，古来，先人の知恵に学んできた経緯があるので，次に，「歴史」を扱った資料の入れ物を用意する。歴史は時間的隔たりだから，空間的な隔たりの「地理」も一緒にしておく。③人間は，歴史過程を，社会を形成しつつ現代まで歩んで来たので，「社会科学」を次に。④人間は社会的存在であると同時に，大昔は畏敬の対象であった自然の驚異を克服し，神話的宇宙観を乗り越え，自然界のあらゆる現象を明らかにしようと取り組んできた。だから「自然科学」を次に。⑤自然を対象とした学究の成果は，燃える石や水，電気が一方向だけに流れる物質などの発見につながり，それらを応用するテクノロジーを発達させた。そこで「技術・工学」を。次が考案者森清の独自性だが（表 10-1 参照），⑥技術や工学の進んだところに産業が興るので，「産業」を次の区分肢に。⑦一方，人間は，美しいものを美しいと感じる心があるから，「芸術」に関する入れ物も必要である。⑧人間は，“美しい”と感じたら言葉を発する。だから，次は「言語」の区分肢を。最後に，⑨言葉があれば，そこに「文学」が生まれる云々。

こうして，NDC では，あらかじめ知識の出力物を収める 9 つの区分肢を用意し，数字の 1 から 9 を与え，順に 1 類・2 類…と呼ぶ（後述）。しかし，どの区分肢にも入らない資料が残る（たとえば，複数の主題にまたがっている百科事典など）。それらには，“分類不能”という入れ物を用意して，0 の記号を与える（図 10-2）。図書館では，このように，分類できないもの（分類した結果残ったもの）を収める区分肢を「総記」という。この考えは下位区分でも適用される。

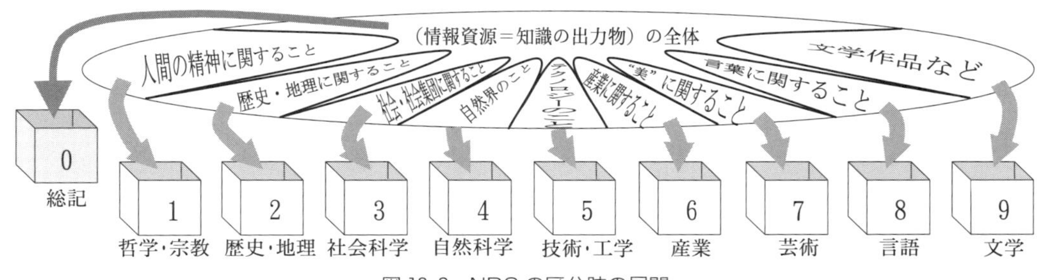

図 10-2　NDC の区分肢の展開

c．NDC の分類表

以上のように，NDC はまず知識の全分野を 9 区分して 1 から 9 の記号を割り当て，どこにも入らないものを 0 として残す。これで 10 個の区分肢ができるが，こうして得た第 1 次区分を「類」と呼ぶ（「門」という人もいる）。次に，第 1 次区分の各主題を同じように 9 にわける（第 2 次区分：「綱」）。さらに，第 3 次区分を「目」という。記号と名辞（索引語）の対応表を分類表というが，「類」を表形式にしたものを「類目表」，以下，「綱目表」「要目表」（目目表ではない）という。この 3 表は NDC の全体像を一覧・把握しやすいので，3 つを「要約表」（巻末資料）という。

第 4 次区分以降の区分肢は「細目」と呼ばれ，その表が「細目表」である。細目は，4 桁以上の論理的に展開できる必要十分な桁数で表現され，3桁目に小数点を打つ。この小数点は記号を見やすくするためのもので，それ以上の意味はない。たとえば，『日本国憲法の改正』という本を分類表中に位置づけると，323.149となる（図10-3）。読み方は「サン・ニ・サン・テン・イチ・ヨン・キュウ」である。決して，「サンビャクニジュウサン…」といわないように。

図10-3　NDCの細目の例

d．十進記号法による問題点

例）234.8　チェコ
　　234.83　スロバキア
　　234.9　ポーランド

図10-4　十進記号法の不整合

NDCでは記号法を知識の体系より優先する。しかし，10進法であるため，1桁の区分肢が0を含めて「10個しかない」場合と，「10個もある」あるという問題が起こる。これにより，概念上の整合性を崩す部分がある。NDCでは以下の処理をおこなっている。

① 9個以上の区分肢が必要な場合

ア）やむを得ず近接の記号を1桁多く設定し，そこに収める[2)]。その場合，本来の桁数より1桁増えるので，名辞のほうを字上げして行頭を揃え，同位概念であることを示す（図10-4）。

イ）本来自立するべき項目を，相対的に関連性が高い項目に合併させ，9区分に収める。

　例）宗教は哲学に，地理は歴史に，医学は自然科学にそれぞれ合併させるなど。

ウ）比較的主要な項目を8つ選んで1から8の区分を与え，9に他の項目をすべてまとめて「その他」の区分とする。

　例）「文学」の綱目表における「その他の諸文学」など

例）849.4　北欧語
　　849.6　　ノルウェー語

図10-5　十進記号法の不整合

② 区分肢を9つも必要としない場合

下位区分の項目のうち，比較的重要なものを格上げすることによって上位区分の項目を増やす[3)]。その分，桁が少なくなるので，名辞のほうを字下げして概念の上下を明確にする（図10-5）。

第2節 NDCの補助表

図書館資料は主題で分類するのが理に適っているが，“物”であることによる制約が大きい。このとき，主題のほかに，区分原理として働くのが補助表である（前章第2節bも参照）。まず，分類表の本体である細目表は，たとえば，6桁だと100万，7桁だと1000万もの分類項目を収録することになる。そのなかには，表現上冗長（じょうちょう）なものもあり，わかりきったところは適度に省略して，表を簡素化するよう編集されている。そのため，分類表にはない記号を，図書館員があとから合成する作業が，あらかじめ織り込まれている。その指針を示すのが補助表である。補助表自体はあくまで“表”であるが，運用の際に区分原理として働くということである（図10-6）。

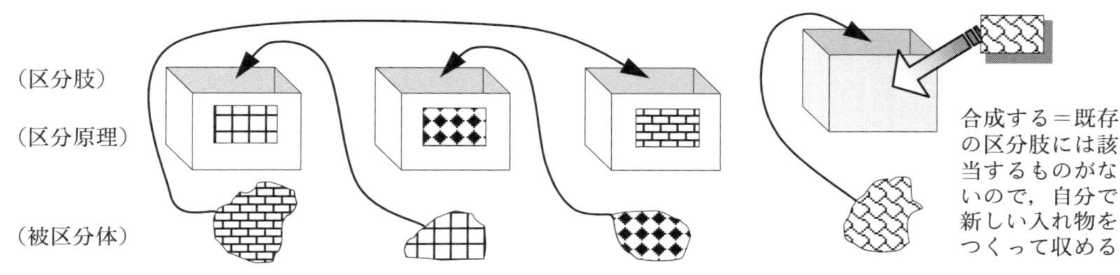

図10-6　補助表の働き

まとめると，補助表は，ある主題を細目表によって表現しつくせない場合，細目表中の分類記号に付加して補う表で，NDCには，一般補助表と固有補助表の2種類がある。なお，補助表の記号はそれだけでは単独で用いることはできない点に注意。また，分類記号は，通常，主題を表す主題記号をそのまま用いるが，主題によらない場合は，形式記号から合成される（総記など）。

a．一般補助表

一般補助表は，少なくとも1つの類全体に適用可能か，部分的であっても2つ以上の類に適用される。以下の3種4区分がある。

①形式区分：出版形式（外形式ともいう）と叙述形式（内形式ともいう）がある。同一主題の資料を，さらに形式によって細分するときに用いる。-01，-02，-07を叙述形式（内形式），残りを出版形式（外形式）という。原則として細目表のあらゆる項目で適用可能。

使用法：主題記号にそのまま付加する（ただし，いくつか例外的な扱いがあるので注意が必要）。

例）学校図書館史　017（学校図書館）＋ 02（歴史的・地域的論述）→ 017.02
（主題記号）＋（形式記号）→（新しい分類記号）

表10-2　形式区分表（抜粋，詳細は巻末資料12）

-01	理論．哲学	-05	逐次刊行物：新聞，雑誌，紀要
-02	歴史的・地域的論述	-06	団体：学会，協会，会議
-03	参考図書［レファレンスブック］	-07	研究法．指導法．教育
-04	論文集．評論集．講演集．会議録	-08	叢書．全集．選集

②地理区分：地球上の陸の上を特定の国や地域によって細分。細目表のあらゆる項目に適用可能。

使用法：形式区分の -02（歴史的・地域的論述）を介して付加する。

例）日本の電子工学　549（電子工学）＋ 02（地域的論述） ＋ 1（日本） → 549.021

（主題記号）＋（形式記号－内形式）＋（地理記号） →（新しい分類記号）

例外1：細目表中に「＊地理区分[4]」とある場合は，直接，地理記号を付加する。

例）アジアの人口統計　358（人口統計） ＋ 2（アジア） → 358.2

2：細目表中に「＊日本地方区分」とある場合は，その地方を表す地理記号から1を除いて付加する。

例）東京の方言　818（方言） ＋ 36（東京を表す地理記号 -136 から1を除いたもの）→ 818.36

表 10-3　地理区分表[5]（抜粋）

−1　日本	−3　ヨーロッパ．西洋	−5　北アメリカ
−11　北海道地方	−33　イギリス	−53　アメリカ合衆国
−13　関東地方	−35　フランス	−6　南アメリカ
−136　東京都	−3892　フィンランド	−62　ブラジル
−2　アジア．東洋	−4　アフリカ	−7　オセアニア．両極地方
−21　朝鮮	−42　エジプト	−79　南極．南極地方

③海洋区分：陸の上の区分である地理区分に対する海の上の区分

「＊海洋区分」とある主題にのみ[6] 付与する。

使用法：分類記号にそのまま付加。地理区分とは併用できない。

例）太平洋の海図　557.78（海図） ＋ 1（太平洋） → 557.781

表 10-4　海洋区分表（抜粋）

−1　太平洋	−3　南太平洋	−5　大西洋	−7　北極海［北氷洋］
−2　北太平洋	−4　インド洋	−6　地中海	−8　南極海［南氷洋］

④言語区分：著作物の表現に用いられた言語（日本語の翻訳書は日本語ではなく元の言語）で区分

8類，9類，および，0類の一部，また，「＊言語区分」とある箇所[7] で使用。

使用法：分類記号にそのまま付加。

例）ドイツ語で書かれた雑誌　05（逐次刊行物） ＋ 4（ドイツ語） → 054

表 10-5　言語区分表[8]（抜粋）

−1　日本語	−4　ドイツ語	−7　イタリア語
−2　中国語	−5　フランス語	−8　ロシア語
−3　英語	−6　スペイン語	−9　その他の諸言語

b．固有補助表

1つの類のごく狭い部分にだけ共通に適用される補助表で，次の箇所で適用される。

①神道各教派（178）
②仏教各宗派（188）
③キリスト教各教派（198）
④日本の各地域の歴史における時代（211/219）

⑤各国・各地域の地理，地誌，紀行（291/297）⑥技術・工学（510/589）経済的，経営的観点
⑦様式別の建築における図集（521/523） ⑧写真を除く各美術（700/739, 750/759）の図集
⑨言語共通区分（810/890）

例）オランダ語文法 849.3（オランダ語）＋ 5（文法）→ 849.35

表 10-6 言語共通区分表（抜粋）

−1 音声．音韻．文字	−4 語彙	−7 読本．解釈．会話
−2 語源．語義．意味	−5 文法．語法	−78 会話
−3 辞典*	−6 文章．文体．作文	−8 方言．訛語

＊語彙に関する辞典に，使用する；その他の主題に関する辞典には，形式区分 −033 を使用する。

⑩文学共通区分（910/990）

例）英語の戯曲 93（英米文学）＋ 2（戯曲）→ 932

表 10-7 文学共通区分表（抜粋）

−1 詩歌	−4 評論．エッセイ．随筆	−7 箴言．アフォリズム．寸言
−2 戯曲	−5 日記．書簡．紀行	−8 作品集：全集，選集
−3 小説．物語	−6 記録．手記．ルポルタージュ	

使用法：分類記号にそのまま付加する。

第3節 分類規程

個々の資料に対し，分類表を適用する作業が分類作業である。この作業は，誰がおこなっても同一の結果にならなければならない。そのための共通の指針をまとめたものが分類規程である。

a．NDC の分類規程

仮に，『日本と米国の歴史』という本があったとしよう。これを書架上のどこにおくのか。つまり，分類表のどこに位置づけるのか。日本史だとすると 21 だし，米国史だと 253 になる。

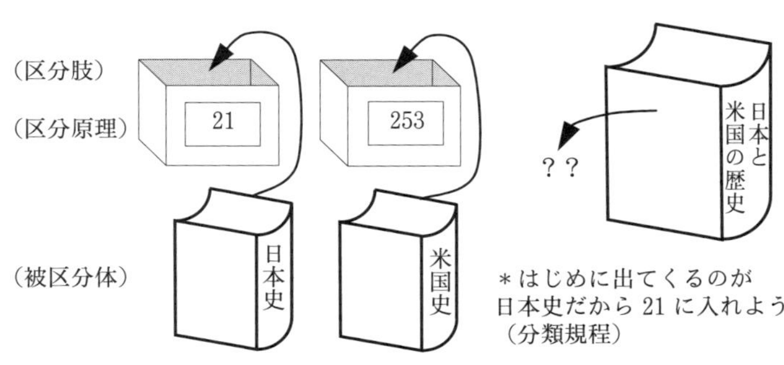

図 10-7 分類規程の働き

こうした判断に迷うものの処置を取り決めておくのが分類規程である。図 10-7 からわかるとおり，補助表と同じように，運用の際に区分原理として働くのである。以下，NDC の一般分類規程[9] の概要を掲げる。

①主題と形式：まず，主題で分類するのが大原則。主題を優先し，その後必要であれば形式で細分する（ただし，総記〈0 類〉の一部は編集・出版形式で，文学〈9 類〉は主題を考慮せず，文学形式で分類する）。

②複数主題：図 10-8 のように取り扱う。

例）「鉄・コバルト・ニッケル」 ⇒ 鉄

「キューバ・ジャマイカ・ハイチ・ドミニカ共和国」 ⇒ 西インド諸島

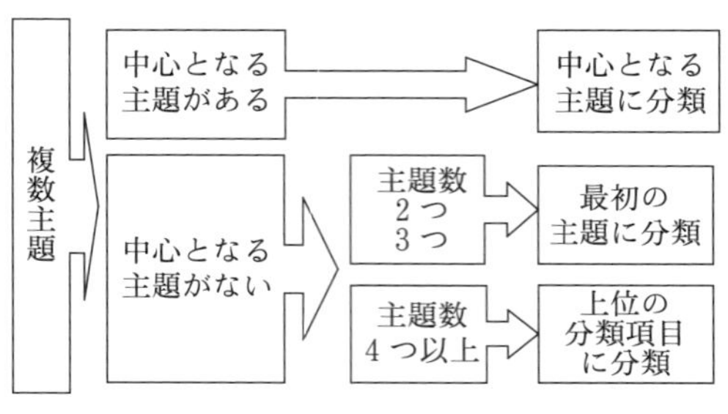

図 10-8 複数主題の主題判断

③主題と主題の関連

- 影響関係：影響を受けた側に分類する

  例）「鉄砲伝来と紀州：ヨーロッパとの出会い」 ⇒ 和歌山県の歴史

  ただし，個人の思想・業績が多数に影響を与えた場合は個人の側に分類する。 例）「ハイデガーとフランス哲学」 ⇒ ハイデガー

- 因果関係：原因ではなく，結果に分類する。 例）「二酸化炭素温暖化説の崩壊」 ⇒ 温暖化
- 概念の上下関係：上位概念に分類する。 例）「ほ乳類・霊長目・ヒト科」 ⇒ ほ乳類

  ただし，上位概念が曖昧な場合は下位概念で分類する。 例）「禅と日本文化」 ⇒ 禅

- 比較対照関係：比較される側，著者が重点をおくほうに分類する。

  例）「仏教とキリスト教：イエスは釈迦である」 ⇒ キリスト教

④理論と応用：応用に分類する。ただし適当な分類項目がない場合は，理論に分類する。

⑤主題と材料：主題を説明する材料が何であれ，説明している主題に分類する。

⑥主題と読者対象：特定の読者層に向けて書かれた特定主題は読者層に分類する。

ただし，一般の読者にも活用できる場合には特定主題で分類する。

例）「図書館員のための点字入門」 ⇒ 点字法

⑦原著と関連著作

- 原則：翻訳，研究，索引などは，原著の分類される項目に収める。

  例）「異邦人」（アルベール・カミュ著 窪田啓作訳） ⇒ フランス文学（20 世紀）

- 語学学習書は，原著とは別に語学学習書へ。
- ある作品の翻案・脚色は，原著者を無視して，翻案者・脚色家の作品として分類する。
- 特定意図による原著の抄録は，原著とは別に特定意図を組み上げ分類する。

⑧新主題：最も密接な関係があると思われる主題，もしくは新しい分類項目を設けて分類する。

第 4 節 NDC 関連の諸技法

細目表（本表）でも適宜示されるが，適切な記号への「参照」が指示される。「～を見よ参照」（直接参照）を → で，「～をも見よ参照」（連結参照）を →：であらわす。

a．相関索引

特定の分類項目の分類表中の位置を知るため，名辞から該当記号に案内してくれる索引。区分肢となりうる名辞を五十音順に配列，それに分類記号を対応させた一覧表（巻末資料）。

b．所在記号と図書記号

所在記号＝分類記号（NDC）＋図書記号

所在記号（閉架式の時代はもっぱら請求記号といっていたが，現在は，所在記号というのが一般的）は，書架に資料を配架する際のよりどころとなる記号で，本の背表紙などに貼られる。基本的には分類記号と図書記号から構成される。図書記号とは，同一分類記号の図書をさらに順序づける（二次配列，三次配列……）ための記号である。

図書記号を付与するための方法を図書記号法という。巻末資料 13 に代表的なものを掲げる。

c．別置法

通常の配架ルールと異なるルールで区分し，別な場所に配架することを別置（べっち）といい，その方法を別置法という。参考図書や地域資料，絵本（第 14 章も参照のこと）など，管理・利用・形態などの理由から一般資料とわけたほうがよい資料がある。通常，配架記号は，分類記号の頭に別置記号をおいて合成する（表 10-8）。

表 10-8　別置される資料と記号の例

• レファレンスブック　R	R210	⬅	日本史参考図書
• 大型本　小型本　L，s	L210	⬅	日本史大型本
• 絵本　E	E な	⬅	作者名が「な」の絵本
• 洋書　Y	Y953	⬅	洋書　仏文学

設　問

(1)　実際に図書館に行き，任意の資料の請求記号を確認し，どのような意味か考えなさい。
(2)　知識分類と資料分類の異なりを NDC ではどのように補っているか 900 字程度で述べなさい。

参考文献

1. 日本図書館協会分類委員会編『日本十進分類法』（新訂 10 版）日本図書館協会，2015 年
2. 志保田務・高鷲忠美編著，平井尊士共著『情報資源組織法』（第 2 版）第一法規，2016 年

注）

1) 森清が 1928（昭和 3）年に発表した『和洋図書共用十進分類表案』がもとになっている。
2) これをとくに「不均衡項目」ということがある（図 10-4）。つぎの「縮約項目」と対をなしている。
3) これを「縮約項目」という。図 10-5 は縮約項目の例。
4) ＊は注記であることをあらわし，注記には細分注記，限定注記，排除注記，別法注記などがある。本例は，細分注記である。例外 2 の「＊日本地方区分」も，③の「＊海洋区分」も，細分注記。
5) 地理区分表（地理記号表）の各国（地域）の記号の頭に 2 をおくと，2 類の各国史（210／217）を示す主題記号ができあがる。なお，／ は，NDC では範囲を示す記号（私たちの日常感覚でいう 〜 にあたる）。
6) 2 類の海洋（299）がこの海洋区分を元に成りたっているほか，適用箇所が，海洋気象誌（451.24），海洋誌（452.2），海図集（557.78）に限られる。
7) 百科事典（03），一般論文集（04），逐次刊行物（05），叢書（08），商業通信，商業言語（670.9）が該当。
8) 言語区分表（言語記号表）の各言語の記号の頭に，8 をおくと主題記号としての 8 類の各国（地域）言語（810／899），9 をおくと 9 類の各国（地域）の文学が得られる。
9) 「一般」に対しては「特殊」だが，特殊分類規程にあたるものが，各主題における注記に指示される。

11 書誌情報の作成と流通（MARC，書誌ユーティリティ）

「書誌情報」とは，情報資源に関する情報である。この書誌情報は，収集する資料の選択，目録作成，レファレンスサービスなど，図書館活動のあらゆる場面で活用されている。そして，これらの多様な書誌情報の作成や流通にかかわるさまざまな活動が，書誌コントロールと呼ばれることは，第２章でふれたとおりである。本章では，書誌コントロール活動の具体的な事例として，MARCと書誌ユーティリティについて取り上げる。

第１節　MARC（MAchine Readable Catalog，機械可読目録）

現在，多くの図書館においてコンピュータ目録が採用されている。コンピュータ目録のデータ作成や流通にかかわるものがMARCである。MARCは，元来，Machine readable catalogingの略語であった。そのため，「書誌記述，標目，所在記号などの目録記入に記載される情報を，一定のフォーマットにより，コンピュータで処理できるような媒体に記録すること[1)]」を意味する。catalogingが日本語になりにくく，「機械可読目録」と訳されたため，まれに意味の混乱をもたらすことがある。そこで本シリーズでは，①機械可読目録（すなわちコンピュータ目録）自体，または，書誌データの記録形式を定めたMARCフォーマットを意味するときはMARCと表記し，②蔵書データベース（以下，DB）やコンピュータ目録の作成に利用するデータを意味するときは，カタカナで「マーク」と表記することにする。後者の場合は「マークデータ」の意味である。

ａ．MARCフォーマット

異なる図書館システム同士で，お互いの書誌データの交換を可能にするためには，その交換方法や書誌データの枠組み（仕切りのついた道具箱，あるいは，釘やネジやパーツを入れる容器のようなものをイメージするとよい）を標準化する必要がある。この標準化された書誌データの枠組みを，「MARCフォーマット」[2)]と呼ぶ。

MARCフォーマットは，書誌データの特徴を吸収するために，複雑な構造をもたざるをえない。たとえば，「書名」などの文字数を考えてみればわかるとおり，可変長データを扱わなければならない，共著者が複数いるなど同種のデータの繰り返しがある，同じタイトルでも，書誌階層上の集合レベル，単行レベル，構成レベルのタイトルなど，異なる扱いが必要になるデータがある。

このMARCフォーマットの開発に早くから取りかかったのが米国議会図書館（Library of Congress, LC）であり，この開発プロジェクトにおいて，MARCフォーマットの基本的な枠組みがかたちづくられたといえる。試行錯誤の結果，その現在形がMARC21で，これにいたる長い

表 11-1　MARC フォーマットの経緯

	MARC フォーマット関係事項
1966 年	MARC の試験的運用開始（MARC Ⅰフォーマット）
1968 年	MARC Ⅱフォーマットを開発し，運用開始
1969 年～	英国で UK/MARC が開発される（＊各国でも MARC フォーマットが開発されるようになる）
	（＊ LC は他の MARC と区別するため LC/MARC に改称⇒ 1983 年に US/MARC に改称）
	＊　＊　＊　＊　＊
1977 年	UNIMARC フォーマット[3] 発表
1981 年	JAPAN/MARC（国立国会図書館）の頒布サービス開始
1997 年	US/MARC と CAN/MARC（カナダ）との調整がおこなわれ，1999 年 MARC21 に統合された
2004 年	英国図書館が UK/MARC から MARC21 へ移行した
2012 年	国立国会図書館が JAPAN/MARC フォーマットから MARC21 フォーマットへ変更した

このころから，MARC を国際的に共有すること（＝標準化）の重要性が指摘されるようになる

前史がある（表 11-1）。MARC21 は，現在，事実上の世界標準といわれている。

b．日本の MARC

①　ジャパンマーク

1981（昭和 56）年 4 月に国立国会図書館により，『日本全国書誌』の機械可読版として頒布サービスが開始されたのが，「ジャパンマーク」（JAPAN/MARC）である。単行書の書誌データ頒布が同年から，逐次刊行物が 1988（昭和 63）年から開始された。2002（平成 14）年 4 月以降は，それまで別々のフォーマットであった単行書と逐次刊行物が統合され，1 つのフォーマットで提供されるようになった。2003（平成 15）年には UNIMARC 版フォーマットでの提供も開始された。タイムラグの大きさが指摘されてきた問題，有償でマークデータが提供されてきた問題について，2010（平成 22）年，新着情報提供プロジェクトを発足させ，納本から「4 日以内」の書誌情報の「無償提供」が模索された。2012（平成 24）年 1 月のシステム更改にあわせて，提供する書誌データのフォーマットを MARC21 に変更し，文字コードを Unicode[4] にすることが発表された[5]（巻末資料 14 参照）。

②　商用マーク

1980 年代，大手の取次会社[6] や図書館流通センター（TRC）[7] が，MARC 形式で書誌データを図書館に提供するサービスを開始した。これらを商用マーク，または，民間マークともいう。『日本全国書誌』やジャパンマークは，出版物が刊行されてから書誌データが頒布されるまでにタイムラグが大きいとの問題が指摘されてきたが，商用マーク各社はこれを商機ととらえ，タイムラグを解消することにより，大きく販路を開くことになった（資料購入と同時に自館目録に書誌データを反映できる）。また，マーク販売のほかに，図書館業務を支援するサービス（たとえば，什器・備品の納入はもちろん，選書，業務受託，DB の提供，システム設計の支援など）までも併せて提供することにより，国内の公共図書館において広く利用されている。

第2節　マークの製作・流通

MARCから書誌データをコピーし，自館の蔵書DBに登録することにより，目録作業を大幅に軽減することができる。これを「コピーカタロギング」と呼ぶ。これに対して，自館で受入れた情報資源に対し自ら目録作成作業をおこなうことを「オリジナルカタロギング」という。

a．集中目録作業

オリジナルカタロギングは，たいへん手間がかかり，データの品質も保証できないため，有償で頒布（はんぷ）するか無償にするかは別にして，1つの機関あるいは組織が代表して，ほかの図書館などのために目録作業をおこなう方法が考えられた。これを「集中目録作業」という（図11-1）。商用マークを活用したコピーカタロギングも集中目録作業の一例である。

b．共同目録作業

「集中目録作業」に対し，複数の参加機関（図書館など）が協力，分担して目録作業をおこなう方式を「共同目録作業」（その具体的な方法として分担目録作業）と呼ぶ（図11-2）。共同目録作業では，目録作業を調整する役割を担う組織が存在する。この組織自体は目録の作成はおこなわず，共同目録作業に必要なDBを維持管理する。参加機関はオンラインを通じてこのDB上にマークデータを作成する。このDBは，基本的に「総合目録DB」として形成され，このDBを中心にさまざまな情報サービスが提供される。こうした組織を「書誌ユーティリティ」（bibliographic utility）と呼ぶ。

第3節　書誌ユーティリティ

「ユーティリティ」とは，電気，ガス，水道などの公益事業体を意味する言葉。図書館界では，生活に必要なライフラインが整備，供給されることになぞらえて，質のよい書誌情報を安定的に供給するという意味から「書誌ユーティリティ」と呼んでいる。書誌ユーティリティの活動内容は組織によって異なるが，いずれの組織でも共同目録作業と総合目録の形成を中心に，図書館間相互貸借（ILL）やDBの提供，レファレンス業務支援などがおこなわれている。

①　オンライン分担目録作業（online shared cataloging）（図11-2参照）

各参加機関によって共有される共同DBを提供し，各参加機関はこのDBを利用して目録作業をおこなう。一度登録されたデータは，登録後，ほかの参加機関によるコピーカタロギングができる。参加機関が多いほどスケールメリットが働く。すなわち，マークが活用されることにより，書誌データのヒット率が上がり，コピーカタロギングで目録作業が完結する割合が高まる。また，質の高い書誌データを利用できる機会を高めることができる。

②　図書館間相互貸借（Inter-Library Loan, ILL）（図11-2参照）

「図書館間相互貸借」とは，自館が所蔵していない情報資源を利用者から要求された場合に，総合目録を検索して該当資料を所蔵するほかの図書館を確認し，借用申込し，該当資料を郵送ま

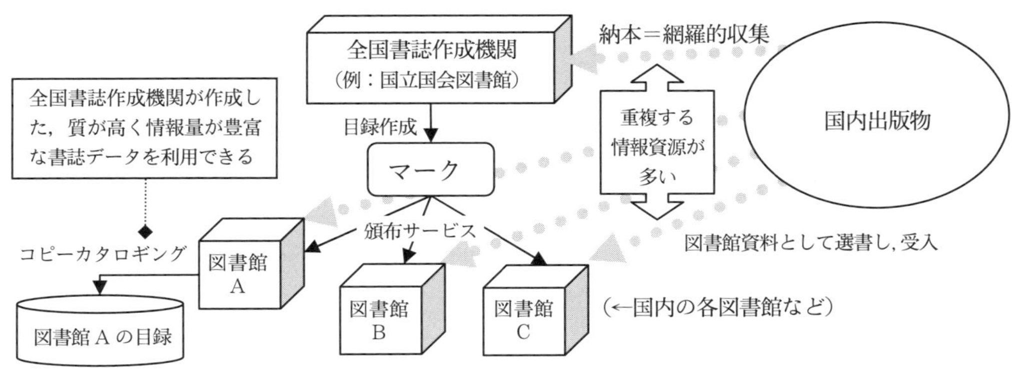

図 11-1　集中目録作業

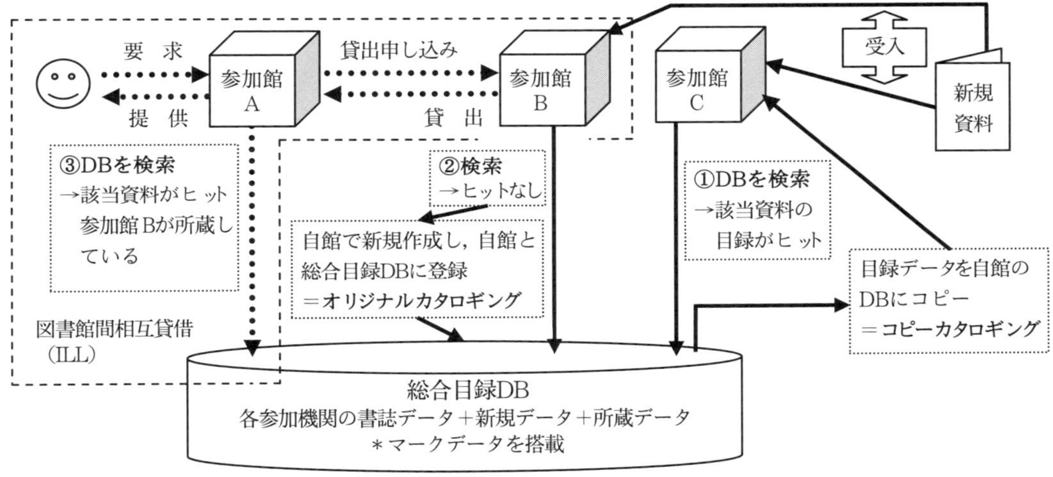

図 11-2　共同目録作業

たは宅配してもらって利用者に提供する一連の仕組みをいう。総合目録がDBという電子的手段で実現できるようになったことから，「検索から相互貸借の依頼先の選定，依頼，処理状況の確認，料金の決済など」[8]がDB上で一括して処理でき，業務の合理化につながっている。現物の資料の代わりに，必要箇所のコピーを送ってもらう文献複写依頼も，この仕組みにのっている。

③　情報検索サービス（information retrieval service）／ゲートウェイサービス（gateway service）

参加機関の図書館業務などに有用なDBを購入または作成し，適切な検索システムを搭載して提供する情報検索サービス，および，他機関が提供するDBへのゲートウェイ[9]を用意することにより情報検索の便宜を図るサービス。

第 4 節　国内外の代表的な書誌ユーティリティ

a．OCLC（Online Computer Library Center）

1967 年に，オハイオ州内の大学図書館が非営利組織（Ohio College Library Center, OCLC）を設立し，オンラインによる共同目録作業を開始した。その後，1977 年にオハイオ州以外の図書館の参加を認め，1981 年に Online Computer Library Center（OCLC）へと改称した。2006 年には，RLG（Research Library Group）[10] と経営統合した。2017 年には，OCLC Inc. に名称変更した。

OCLC は世界最大の書誌ユーティリティであり，オンライン分担目録作業には，172 の国と地域の 7 万 2000 機関が参加している（2017 年現在）。総合目録 DB の World Cat は，約 4 億件の書誌情報と約 26 億件の所蔵情報を擁す世界最大の書誌目録データベースである[11]。

b．国立情報学研究所（National Institute of Informatics, NII）

「国立情報学研究所」は，日本の代表的な書誌ユーティリティである。国内の大学図書館を中心にサービスを提供している。サービス名に「NACSIS」を冠しているのは，NII の前身である「学術情報センター」（National Center for Science Information Systems, NACSIS）に由来する。

NII の主なサービス

1）NACSIS-CAT：オンライン共同分担目録方式により総合目録 DB を形成するためのシステム。図書所蔵登録数は 1 億 3500 万件を突破した（2018 年現在）[12]。

2）NACSIS-ILL：NACSIS-CAT で作成された総合目録 DB を利用して，ILL をスムースにおこなうための支援システム。メッセージ（文献複写や資料現物の貸借の依頼および受付）のやりとりを，はじめすべて電子化されている。

3）CiNii　：論文，図書・雑誌や博士論文などの学術情報を検索できる（図 11-3 参照）[13]。

図 11-3　NII 学術コンテンツポータル

設問

(1) 集中目録作業と分担目録作業のちがいを明らかにし，わが国公共図書館界では，分担目録作業が普及しなかった理由を考察し，900 字程度にまとめなさい。

(2) 国立情報学研究所（NII）の HP から「CiNii Articles」「CiNii Books」「CiNii Dissertations」へそれぞれアクセスし，情報資源を検索し，どのような情報（検索結果）が得られるかを調べなさい。また，得られた情報をもとに問題点を指摘し，どう改善されるべきか，今後どのような情報が提供されるべきかを考え 900 字程度にまとめなさい。

参考文献

1. 日本図書館協会図書館ハンドブック編集委員会編『図書館ハンドブック』（6 版補訂 2 版），日本図書館協会，2016 年
2. 国立情報学研究所（NII）ウェブサイト http://www.nii.ac.jp/（'18.11.17 現在参照可）
3. 宮澤彰『図書館ネットワーク：書誌ユーティリティの世界』国立情報学研究所，2002 年

注）

1）日本図書館協会目録委員会編『日本目録規則 1987 年版改訂 3 版』日本図書館協会，2006 年，p.424。

2）「MARC フォーマット」とは，「MARC レコードの総体的な枠組みで，その構造，内容をなす各種事項とその識別指示の 3 要素を規定する。構造の部を外形式，内容の部を内形式ということもある。国際的な UNIMARC フォーマットをはじめとして，各国で書誌情報交換用の標準フォーマットが定められ，使用されている」。前掲 p.424。

3）UNIMARC とは，各国の全国書誌作成機関が作成し，提供する MARC の国際交換が円滑におこなえるよう，国際図書館連盟（IFLA）が 1977 年に示した MARC 標準フォーマットのこと（『図書館情報学用語辞典』丸善，2007 年）。

4）世界で使われるすべての文字を 1 つのコード体系で扱えるようにしようと考えられた。当初，16 ビットで可能と考えられたが，予想以上に文字の種類が多く，現在は，21 ビットまたは 31 ビットに拡張されている。いくつかの規格があり，国立国会図書館では，ISO/IEC10640 に従っている。

5）従来，JAPAN/MARC（M）は，単行資料の，JAPAN/MARC（S）は，逐次刊行資料の書誌レコードを収録し，また，JAPAN/MARC（A）には，（M），（S）に収録されている書誌レコードに付与した著者名（個人名および団体名）の典拠レコードを収録している。これを MARC21 フォーマットに変更し，文字コードも JIS から Unicode に変更する。Unicode 化は世界中の言語の表記を統一的に 1 つの文字コードであつかえるため，時代にかなっているといえる。http://www.ndl.go.jp/jp/library/data/bib_newsletter/2010_1/article_01.html（'18.11.17 現在参照可）

6）「取次会社」とは，書店に書籍を卸す仲介業者のこと。通常の流通業界でいう問屋と同じ。わが国には，トーハン（前東京出版販売㈱）と日本出版販売（ニッパン）という大手があり，この 2 社で 70% の書籍を扱っているといわれる。

7）図書館流通センター（TRC Library Service Co., Ltd）。1974（昭和 49）年設立。図書館への図書の納本会社としてスタート。TRC MARC の販売のほか，図書館運営受託業務，IC タグなどを用いた図書館システム，地域資料のデジタル化，オンライン DB のベンダー，什器・機器・用品の販売など，図書館を支える多角的な業務をこなしている。2010（平成 22）年，丸善株式会社と共同移転方式による経営統合により完全親会社「CHI グループ株式会社（現丸善 CHI ホールディングス株式会社）」設立，傘下に収まる。TRC MARC 累積件数約 360 万件（2017 年 6 月現在），日本の公共図書館 3261 館（日本図書館協会編『日本の図書館』2016 より）のうち 2898 館が TRC MARC を採用している（2017 年 6 月 1 日現在）。http://www.trc.co.jp/company/enkaku.html（'18.11.17 現在参照可）。

8）参考文献 1，p. 300。

9）ゲートウェイ（gateway）とは，一般には，「通路」や「玄関」のことをいう。コンピュータ用語では，異なったプロトコルで動くネットワークを相互に結ぶ働きをもつものをいう。図書館界では，「情報検索において，一つの登録手続や手順で，複数のオンライン検索システムへサクセスできる機能を利用者に提供するサービス」（『図書館情報学用語辞典』丸善，2007 年）のこと。

10）RLG（Research Library Group，米国研究図書館連合）。1974 年にニューヨーク公共図書館とコロンビア大学，ハーバード大学，エール大学によって設立された非営利組織。

11）OCLC のご案内パンフレット http://www.kinokuniya.co.jp/03f/oclc/215978-japanese-brochure.pdf（'18.11.17 現在参照）。

12）国立情報学研究所 平成 30 年度 要覧（日本語版）「目録所在情報サービス」（最終更新日 2018 年 9 月 3 日）https://www.nii.ac.jp/about/upload/NII_catalogue2018_jp.pdf　（'18.11.17 現在参照可）。

13）「CiNii 全般　CiNii について」https://support.nii.ac.jp/ja/cinii/cinii_outline（'18.11.17 現在参照可）をもとに作成。

12 書誌情報の提供（OPACの管理と運用）

書誌情報の作成と流通は，現在コンピュータやネットワーク技術を活用しておこなわれており，書誌情報の作成も従来のオリジナルカタロギングからコピーカタロギングへと移行している。本章では，書誌情報の提供という観点から，個々の図書館のOPACの管理と運用についてあつかう。

第1節　OPAC（Online Public Access Catalog，オンライン閲覧目録）

書誌情報を，マークとしてコンピュータシステム内に蓄積し，このシステムに端末機[1)]を接続して，それらの書誌データを直接検索，更新できる目録のことを「オンライン目録」[2)]という。オンライン目録は，当初，図書館内の業務においてのみ利用されていたが，のちに利用者の閲覧目録として提供されるようになり，OPACと呼ばれるようになった。

OPACには，館内でのみ提供され利用できる館内OPACと，インターネット上に公開して館外からのアクセスが可能となったWeb OPACの2つの形態がある。OPACの登場当初は，館内OPACが中心であったが，現在は多くの図書館においてWeb OPACの導入が顕著になっている。

OPACの編成は，公共図書館や学校図書館などではもっぱらマーク会社からマークを購入することによって，大学図書館では書誌ユーティティからダウンロードすることによっておこなわれる。オリジナルカタロギングをすることはほとんどない。しかし，いずれの場合も，ローカルデータ[3)]だけは自館で入力しなければならない（本シリーズ第2巻『図書館情報技術論』で詳述）。

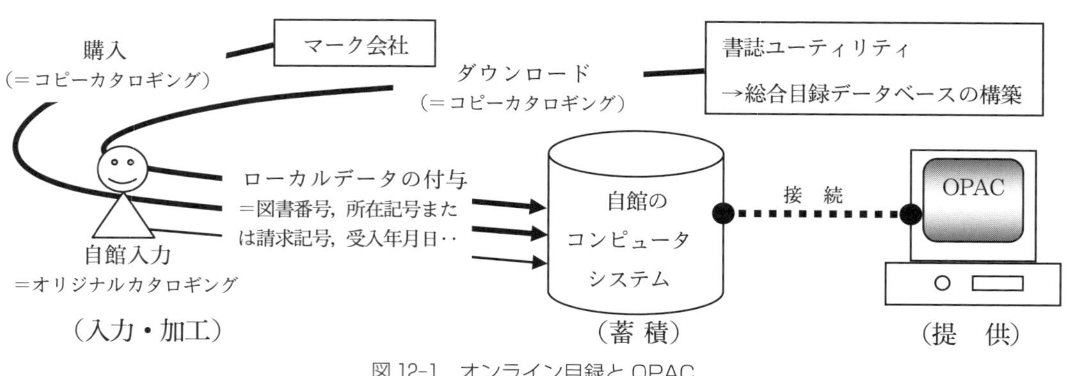

図12-1　オンライン目録とOPAC

第2節　OPACの機能

OPACの登場は，長年，図書館において中心的に利用されていたカード目録では実現できな

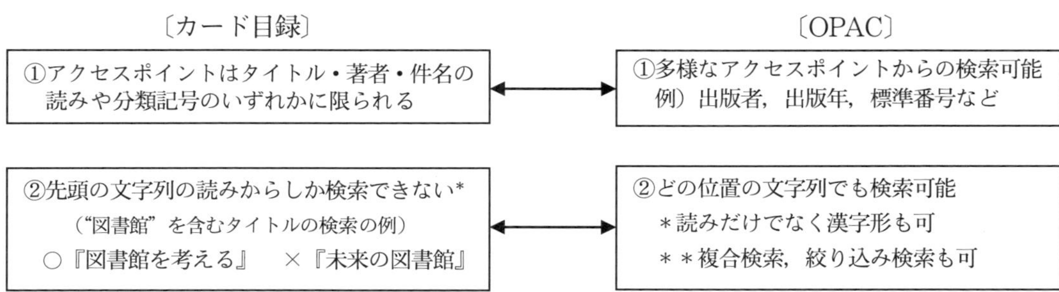

図 12-2　カード目録と OPAC の比較：アクセスポイント・検索方法

かった多くの効果を利用者と図書館にもたらした。次にその相違点を整理する。

①　多数の検索項目（アクセスポイント）の設定や多様な検索方法の利用が可能（図 12-2）

②　Web OPAC が導入されている場合は，図書館外からの検索利用が可能

館内 OPAC の場合，カード目録と同様，来館しないと利用できないので，利用者は場所や時間に拘束されてしまう。わざわざ来館して検索した結果，欲しい本がなかったとしたら，精神的な疲労度まで増してしまうだろう。Web OPAC は，このような問題を一挙に解消した。利用者がネットワークに接続された端末機を所持しているという前提条件はあるものの，思いついたときにその場で検索できる Web OPAC の登場により，OPAC の利用は一段と増大した[4)]。

③　書誌データの即時の追加・修正などが可能

情報資源を受入れ，目録が作成され，実際に利用者に提供されるまでの時間が長くなってしまうと，その分だけ利用者と情報資源との出会いを妨げることになってしまう。OPAC では，データ作成から提供までのタイムラグを大幅に短縮できる。また，データの追加や修正も即座に反映できるため，利用者への影響が少なくてすむ。

④　目録作成にかかる負担の軽減が可能

OPAC はコンピュータを利用しているため，ほかのシステムで作成された書誌データなどの流用や他システムとのデータ交換などの，コピーカタロギングが容易である。また，カード目録には不可欠のカードボックス（カード目録を収める専用のケース）にカード目録を配列する作業も OPAC では不要となった。

⑤　貸出情報との連結が可能

カード目録では，検索した情報資源が現在利用可能かどうかは，書架上で確認し，書架上にない場合などは最終的にカウンターに問い合わせないと確認できなかった。OPAC では書誌データと一緒に現在の資料状態を示す情報（「貸出可」「貸出中」「返却予定日」など）を利用者に提供できるので，カード目録のような負担を軽減することができる（図 12-3）。さらに，Web OPAC により，インターネットを通じて予約を受けつけるサービスを提供している図書館も増えている[5)]。

⑥　カード目録などに比べ場所をとらない

カード目録はカードボックスの設置スペースの確保を要する。カード目録の数が増えれば増え

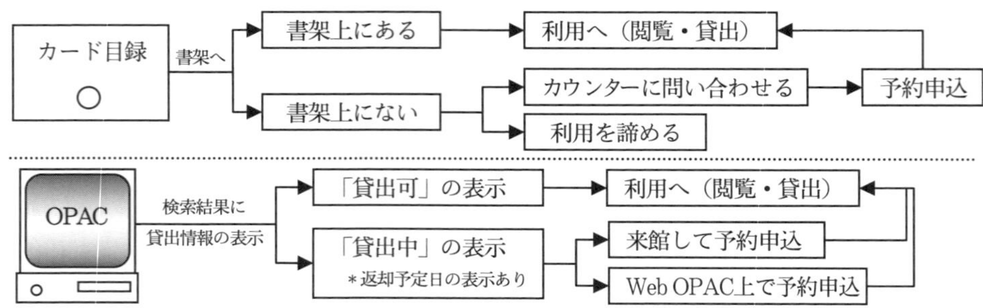

図 12-3　カード目録と OPAC の比較：貸出情報の提供

るほど，かなりの場所を占めてしまう問題があったが，OPAC は端末機を設置する場所のみで済み，また目録データの増加に伴うスペース確保が必要性なくなった。

第 3 節　OPAC の問題

OPAC は多くの機能を有しているが，一方で問題点も指摘されている。

①　端末機の設置台数

館内 OPAC の場合，適正な設置台数を考慮して用意しなければならない。少なすぎてもいけないが，多すぎても問題がある。たとえば，コンピュータシステムの処理能力を超える台数を設置した場合，検索の応答時間が長くなってしまうことがある。一方で，原則，1 端末で 1 人しか利用できない。カード目録の場合，同時に複数の利用が可能である。また，1 人あたりの利用時間が長くなりすぎないよう，絞り込み検索や複合検索などの機能をもったシステムが求められる。

②　ブラウジング効果が得られない

OPAC は効率よく情報資源を検索することには長(た)けているが，「思わぬ発見」的な情報資源との出会いが発生する確率はきわめて低い。OPAC では，「どのような資料なのか」を書誌情報のみで判断するしかない。また，適切なキーワードが思いつかない場合など，思うような検索ができないことがある。ブラウジングは，一見，非効率に思えるかもしれないが，書架上に並んでいる情報資源を実際に手にとり拾い読みするなかで，自分が知らない「新たな情報資源との出会い」の糸口ともなる。図書館のように，多種多様な情報資源を所有している施設には欠かせない機能の 1 つである。OPAC に，こうしたブラウジング機能を取り入れることは，将来に向けての課題となろう。しかし，はたしてどうだろうか。

③　書誌情報のみの表示でわかりにくい

OPAC で表示される書誌情報は，管理する側（＝図書館員）の視点に立っている，という印象がぬぐえない。近年，書誌情報のみ（文字ばかりの情報）ではなく，Amazon.co.jp のように，書籍の表紙などの画像を表示したり，ユーザーコメントを掲載したりするなど，多角的な情報を OPAC で提供する必要性が繰り返し指摘されている（第 5 節）。

第 4 節　OPAC の管理と運用

購入するなり，ダウンロードするなり，いずれかの方法で入手したマークデータは，メーカーごとに開発された図書館システムのフォーマットに合わせて変換され，蔵書 DB に読み込まれる。書誌データはコピーすればよいが，ローカルデータは個々の図書館で入力して書誌データと結びつけなければならない。こうしてできた蔵書目録データは，世界中に 2 つとない貴重なデータとなる。このように，人手と資金と時間をかけて，個々の図書館ごとのデータが蓄積されていく。当然，このデータの維持管理は慎重であらねばならない。

a．セキュリティー対策

せっかく，お金と時間をかけて蓄積したデータであるから，外部からの不正アクセス（第 2 巻『図書館情報技術論』）などで，データが壊されたり，改ざんされたり，また，利用者データも含めて流出したりすることは，絶対に避けなければならない。そのため，いわゆるセキュリティー対策は，万全を期しておこなわれる必要がある。このあたりは，教育委員会とか，法人組織などの上位機関とよく話し合い，具体的なことは業者と相談して決めていけばよい。

b．バックアップ

一方で，地震や火事といった予期せぬ災害によって，貴重なデータが失われないように日頃から備えておくことも重要である。蔵書データは，新規受入があるたびに確実に増加していくので，貸出返却の情報とあわせて，定期的に，複製を保存しておくことが望まれる。こうした作業をバックアップ（back up）という。バックアップは，システム自体のバックアップはもちろん，諸種のデータ（蔵書データ，利用者データ，貸出返却データなど）ごとに，その頻度を考えてマニュアルをつくる（たとえば，貸出返却データは毎日変わるので 1 日ごとに保存するなど）。また，バックアップのメディア（たとえば，磁気テープとかハードディスクなど）も重要であるが，保管場所は意外と盲点となる。火事で一緒に焼けてしまっては意味がない。そこで，ネットワークを通じて，遠方のシステムに定期的に転送・保存するサービスを請け負う業者もあるので，検討するとよい。

c．システムのメンテナンスと更新

バックアップを含めたシステムのメンテナンスは，OPAC の維持管理に重要な業務となることは理解できただろう。これを図書館員自身がおこなうのはかなり大変である。業者と保守契約・メンテナンス契約を結んでおくのがよい。なお，通常，数年ごとにシステムを更改していくのが普通だから，このとき，貴重な蔵書データを新しいシステムにすんなり移行できるよう措置しておくことが肝要である。

第 5 節　これからの OPAC

インターネットが日常生活に深く浸透し，情報環境や情報流通の仕組みも大きく変化している。情報資源の検索という行為も，従来は，「まずは図書館へ」というケースが一般的であったが，

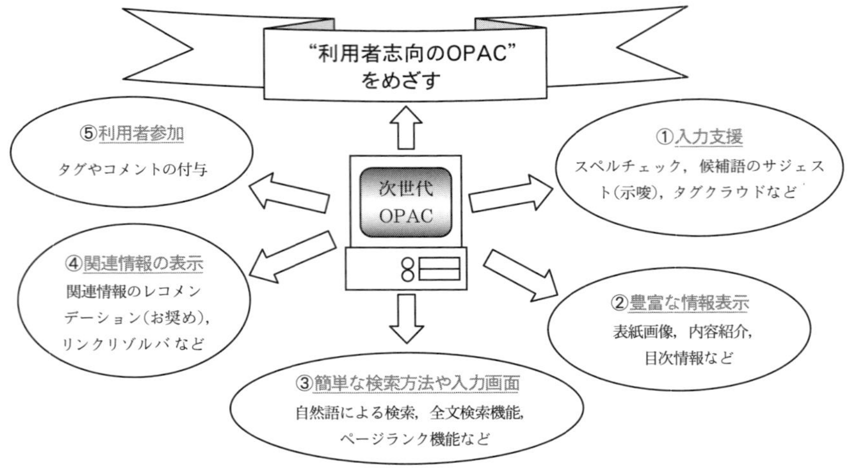

図 12-4　次世代 OPAC の主な機能

最近は，「まずはググろう」と Google にアクセスするケースが普通になった[6]。このような状況下で，未来の図書館目録のあり方について，現在，さまざまな議論がなされている。

a．次世代 OPAC（ディスカバリーインターフェイス・ディスカバリーサービス[7]）とは

次世代 OPAC は，現在の OPAC にさまざまな新機能を付加した OPAC として，北米における開発や導入に端を発し，現在，世界的な広がりを見せているシステムである。

b．次世代 OPAC の機能

明確な定義はないが，次のような機能を有するものととらえられている（図 12-4）[8) 9)]。これらの機能をみると，現在，Google や Amazon で提供されている代表的な機能が多く含まれており，簡単で直感的な操作ができる利用者志向の OPAC をめざしていることがわかる。

ほかにも，図書館界の専門用語がそのまま OPAC に使用されている（たとえば，「件名」「責任表示」など）といったユーザビリティ（usability）[10)] に関する問題の指摘[11)] や，OPAC へのアクセス方法を自館のホームページからのアクセスに限定せず，多くの Web ページなどから OPAC を利用できるようにアクセスポイントを増やす必要性の提言[12)] などもある。次世代 OPAC の実現に向けての議論ははじまったばかりで，多くの課題をかかえているのが現状である。

設　問

(1) 対象となる資料を自分で設定し（5 冊ほど），複数の OPAC（公共図書館，大学図書館など）を使って検索しなさい。そして，次の 2 点について調べ，900 字程度にまとめなさい。
　1）表示されている情報で見やすい箇所とわかりにくい箇所
　2）1）でわかりにくい箇所と判断したものについて，どのように改善すべきか

(2) 参考文献 2 は，次世代 OPAC について，その機能を中心に解説している。これを読み，次世代 OPAC の機能を確認したうえで，今後の OPAC に導入されるべき機能の優先順位をその理由も含

めて考えなさい。とくに「リンクリゾルバ」については重点的に調べなさい。

参考文献

1. 長田秀一『知識組織化論：利用者志向のアプローチ』サンウェイ出版，2007年
2. 日本図書館情報学会研究委員会編『情報アクセスの新たな展開』勉誠出版，2009年
3. 渡邊隆弘「書誌コントロールと目録サービス」『図書館界』Vol.61，No.5，2010年，pp.556-571.

注）

1）英語のterminalの訳語。鉄道や航空路線などの執着駅を一般にターミナルという。この類推から，基本的には，LANなどのネットワークの末端に位置し，人間とのやり取りをおこなう装置の総称（例：ディスプレー，キーボードなど）。この意味では，加入電話網の電話機やファクシミリも端末という。一方，オンラインとは，本来，大型計算機などのCPUに直結している状態をさしており，かつて，それ自身CPUをもたないディスプレーとキーボードを組み合わせただけの装置で操作していた。この装置を端末といった。近年，人間の頭脳にあたるCPUを搭載したパソコンなどを端末代わりに接続するのが一般的となって久しい。

2）物理的媒体（CD-ROMやDVDなど）に記録されたオンディスク目録と合わせて「コンピュータ目録」ともいう。

3）蔵書DBの形成に必要な書誌データは，書名や著者名など，誰が入力しても同じデータになるはずである。しかし，これだけでOPACを運用することはできない。それぞれの資料ごとに，図書番号（管理用の一連番号など），所在記号または請求記号，受入年月日などが必要である。このようなデータは個々の図書館ごとに異なる性質のもので，これをローカルデータという。ローカルデータは，ほかに，購入価額（古書など定価とは異なった金額で購入することがある），予算費目，予算出所などがある（本シリーズ第2巻）。

4）たとえば，国立国会図書館が提供するNDL　ONLINEの場合，年間約384万件のアクセスがある。「国立国会図書館年報　平成28年度」http://dl.ndl.go.jp/view/download/digidepo_11002781_po_nen28.pdf?contentNo=1（'18.11.23現在参照可）。

5）インターネットで貸出予約ができる自治体は845ある（2012年11月26日時点）。Web OPACで貸出予約の申し込みをする場合，事前に図書館の利用登録を済ませておく必要がある。日本図書館協会「公共図書館Webサイトのサービス」http://www.jla.or.jp/link/link/tabid/167/default.aspx#yoyaku（'18.11.17現在参照可）。

6）“利用者の目録離れ”が顕著であるという調査結果もある。例）OCLCの「図書館と情報資源の認知度」調査によると，回答者の84%がまずサーチエンジンを使用すると回答。図書館のWebサイトを利用すると回答した者は，全回答者の2%（大学生の回答者に限ると1%）しかいなかったという。長田秀一『知識組織化論：利用者志向のアプローチ』サンウェイ出版，2007年，pp.11-12。

7）近年は「次世代OPAC」に代わり「ディスカバリーインターフェイス」「ディスカバリーサービス」などの語が用いられるようになっている。これらの名称＝これからのOPACというイメージにつながりにくいかもしれないという配慮から，本書では従来の次世代OPACを使用している。松井純子「書誌コントロールと図書館目録」『図書館界』Vol.70，No.1，2018年，pp.287-304。

8）宇陀則彦「利用者中心の設計：次世代OPACの登場」『図書館雑誌』Vol.103，No.6，2009年，p.391および渡邊隆弘「書誌コントロールと目録サービス」『図書館界』Vol.61，No.5，2010年，pp.559-562を参考に作成。

9）久保山健「次世代OPACを巡る動向：その機能と日本での展開」『情報の科学と技術』58巻12号，2008年，pp.602-209。

10）ユーザビリティーとは，国際規格のISO 9241-11において，“Extent to which a product can be used by specified users to achieve specified goals with effectiveness, efficiency and satisfaction in a specified context of use.”と定義されている。また，これを訳したJIS Z 8522では，「ある製品が，指定された利用者によって，指定された利用の状況下で，指定された目的を達成する際の，有効さ，効率及び利用者の満足度の度合い」と定義されている。

11）岡本真「利用者の目から見た図書館の目録：評価する点，改善すべき点，期待する点」『現代の図書館』Vol.41，No.4，2003年，pp.217-221。

12）林賢紀「OPACの使われ方を変革する」『図書館雑誌』Vol.103，No.6，2009年，pp.387-389。

13 ネットワーク情報資源の組織化とメタデータ

ネットワーク情報資源は通信ネットワークを介して利用者に提供される。近年の高度情報ネットワーク社会の進展とインターネットの普及によって，図書館の内外から利用しやすい有用な情報資源となった。これらのネットワーク情報資源にはどのようなものがあり，どのように組織化されるのだろうか。デジタルデータを組織化する方法としてメタデータの仕組みにもふれる。

第1節 ネットワーク情報資源とは

a．ネットワーク情報資源の特徴

ネットワーク情報資源とは，通信ネットワークを介して利用可能な情報資源のことである。ネットワーク情報資源の特徴は，おおよそ表13-1のようなものがあげられる。

表13-1 ネットワーク情報資源の特徴

- 多様な表現形式を記録できる
- 加工，再利用が容易
- 内容の更新，移動，削除が頻繁に行われ，存在が不安定
- とくにインターネット情報資源の内容は玉石混淆

膨大なネットワーク情報資源が存在する現在，そのなかから良質な情報源を取捨選択し提供する図書館サービスが必須であり，そのためには，ネットワーク情報資源の組織化が必要となる（図13-1）。

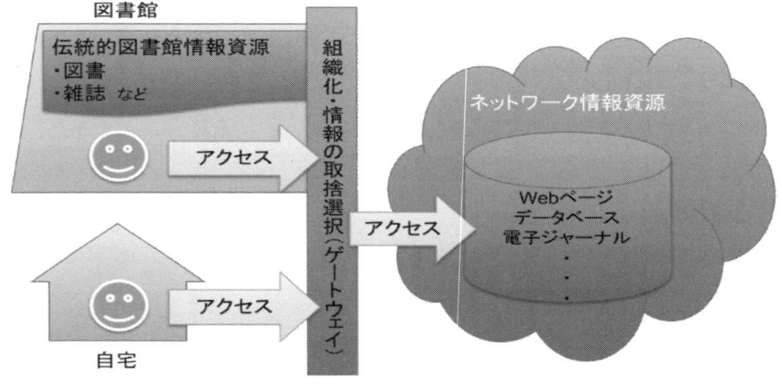

図13-1 伝統的図書館情報資源とネットワーク情報資源の組織化イメージ

b．図書館におけるネットワーク情報資源

ネットワーク情報資源には，具体的には次のようなものが含まれる。

① オンラインデータベース

データベース（database，以下，DB）は，特定の方針に沿って組織化された情報ファイルから構成される。狭義にはコンピュータを用いて処理するものをいう。DBは，形態からパッケージ型（オフライン型）とネットワーク型（オンライン型ともいう）に大別される。前者は，主にDVD-ROMなどの記録媒体によって頒布され[1)]，パソコンなどに接続された再生装置によってスタンドアロン（ネットワークにつながっていない単体の状態）で使用される。後者は，ネットワークに接続された端末からDBに接続して使用する。ネットワーク型のDBでは，データ自体は提

供元（ベンダーまたはディストリビュータという）[2] のサーバに蓄積，管理されているため，ユーザ側は，データの更新や修正などに気をつかわなくてよい。また，最新の情報も即座に反映されるメリットは大きい[3]。反面，パッケージ型 DB とちがって，契約終了や提供元の都合によるサービス停止以降は，新規更新情報だけにアクセスできなくなるのではなく，過去のデータを含めてすべてのデータへのアクセスができなくなることに注意が必要である[4]。

② 電子ジャーナル

電子ジャーナルは，電子メディアを用いて出版される雑誌である。主として，学術雑誌が電子化されたものをさし，オンラインでアクセスできるものはオンラインジャーナルとも呼ばれる。出版社[5] などのサーバに蓄積・組織化されたうえで提供される。ファイル形式としては PDF や HTML が多く，通常は全文検索が可能である。購読料が必要なものがほとんどであり，図書館が出版社と契約を結ぶことによって，利用者は図書館を通じてアクセスすることが可能になる。これは，DB の場合と同じように，物理的な雑誌を購入しているわけではないので，契約が終了したのちは過去の分を含めて図書館には何も残らないことになる。早々に雑誌のバックナンバーが読めなくなるという問題が生ずる。近年では，電子ジャーナルを無料で閲覧できるようにするオープンアクセス運動が盛んであるが，日本では科学技術振興機構が運営している J-STAGE[6] がある。また，大学やその他の研究機関が所属する研究者の成果物を集めて組織化し，公開するものとして，次の機関リポジトリがある。

③ 機関リポジトリ

機関リポジトリは，大学やその他の研究機関が，所属する研究者の知的生産物を電子的に収集，蓄積，提供するサービスである。収集対象は，たとえば，学術雑誌掲載論文，紀要，学位論文のほか，日々の教育研究活動のなかで生み出される講義ノート，教材，講演録などが含まれる。公的に出版されないものも対象とするので，通常は，消滅散逸してしまう情報の保存も可能になる。機関リポジトリの主要なもう１つの目的が情報発信である。当該機関の研究成果の情報発信機能を担うほか，オープンアクセスを実現するものとして期待される。機関リポジトリは，電子図書館システムにおけるコレクション構築と保存への取り組みの一環という側面もある。

④ サーチエンジン，Web ページ

サーチエンジンは，インターネット上に存在する Web ページなどを検索するコンピュータプログラムである。検索結果が膨大になりがちで，ノイズも多く，必要な情報だけを効率よく選択するには工夫を要する。図書館では利用者にとってふさわしい情報を取捨選択して提供するシステムを独自に構築する必要があり，この試みはサブジェクトゲートウェイと呼ばれる（後述）。

⑤ リンク集

リンク集は，あるテーマに沿ってリンク（ハイパーリンクということもある）を集めたものである。利用者はこのリンクをたどることで，特定のテーマの Web ページやさまざまな電子ファイルにアクセスすることができる。ウェブマスター（web master, 管理人）によって登録されるものと，利用者によって登録されるものとがある[7]。図書館においては，自館のホームページのコンテンツとしてリンク集を構築する場合も多い。リンク集を作成するときは，情報源を取捨選択したのちにリンクを張るので，比較的良質な情報源が収集されるという特徴をもつ。反面，網羅性や最新性に劣り，かつ，制作者の恣意(しい)性が入るという欠点もある。

第2節　ネットワーク情報資源の組織化

a．組織化の必要性

ネットワーク情報資源は，自館で提供しているものを除けば，基本的に通信ネットワークを介し，他所のサーバなどにアクセスすることによって利用する。

従来の物理的媒体を中心とした伝統的な図書館情報資源の提供プロセスは，収集⇒組織化⇒保存⇒提供という流れであるが，ネットワーク情報資源の場合には，収集[8)]，配架というプロセスがない。「モノ」としての実体がないので従来の図書館情報資源のイメージとは異なるが，利用者がスムーズに検索し，利用できるようにするためには組織化しなければならない。

b．組織化上の問題点

ネットワーク情報資源を組織化するときの問題点として，次の諸点があげられる。①情報資源の内容が玉石混淆(ぎょくせきこんこう)であり，内容の選択が必要。②情報資源の量が膨大であり，テキスト，画像，動画など，記録形式も多様であるため，組織化に際して工夫が必要。③情報資源の内容の変更，削除が頻繁におこなわれ，所在位置も変化するなど不安定。④情報資源があらゆる階層に存在するため所在位置を正確に把握することがむずかしく，目録上の問題が生じる。⑤基本的に複製・改変が自由なので，どれがオリジナルかわからなくなる。そもそも，情報の来歴についての情報が不足している。⑥著作権処理の問題がある場合，権利管理情報を含めた組織化が必要となる。

第3節　サブジェクトゲートウェイ

前節までに述べたように，ネットワーク情報資源を組織化しようとする動きが図書界で見られる。なかでも，インターネット情報資源を組織化して検索可能な状態にする仕組みをサブジェクトゲートウェイ（subject gateway，以下，SG）と呼ぶ。

SGは，玉石混淆のインターネット情報資源のなかから評価され取捨選択された情報資源を検索可能な状態で提供するオンラインサービスである。選択基準は，内容，著者の信頼性，情報の鮮度などがあげられるが，SGでは情報源の管理と評価を厳密におこなえるため，信頼性が高く，特定の主題分野に特化したものが多い。また，選択された情報資源を後からでも確実に把握し，適切に検索・利用できるようするためには目録が必要であり，SGサービスにおいて，図書館の目録作業にあたるものが，メタデータ（第4節で詳述）の付与による組織化である。SGは情報資源の品質管理が重要であり，図書館員をはじめ，図書館情報専門家，主題専門家の知識・技術によって運営されることが多い。一方で，インターネット情報資源の意味をコンピュータが検知できるようにして，情報の収集・利用の自動化を図り，インターネットの世界そのものを組織化しようという動きも見られる。これをセマンティックウェブ（semantic web）という[9)]。

第4節　メタデータ（metadata）

メタデータは「データに関するデータ」ともいわれ，情報資源を効率的に識別，探索するために，その特徴を記述したデータのことである。図書館でいえば，目録の“記入”と“資料”との関係に本質的には同じである。メタデータは，電子ファイルの形式や情報利用の方式によってさまざまなものがあり種類も多い。メタデータの相互運用を可能にするための枠組みの1つにダブリンコアがある。

a．ダブリンコア（Dublin Core Metadata Element Set）

ダブリンコアはDCMESと呼ばれ，ダブリンコア・メタデータ・イニシアチブ（Dublin Core Metadata Initiative, DCMI）によって開発がおこなわれている。DCMESはメタデータを記述する際の語彙の基本的なセットをまとめた15の基本要素（エレメント）（表13-2）と，より詳細な記述のための限定子が用意されている。

限定子によって拡張されたものを「限定子付きダブリンコア」（Qualified Dublin Core, DCQ）と呼ぶ。メタデータの相互運用を可能にするための基本的な枠組みであり，それぞれの項目の具体的な記述方法は定められていないが，限定子を用いて拡張する場合には記述に矛盾が生じないようにしなければならない。これを「ダム・ダウン原則」という。たとえば，日付（Data）のエレ

表13-2　DCMESの15エレメント

エレメント	意　味	説　明
Title	タイトル	情報資源の名前
Creator	作成者	情報資源の内容の作成に責任を負う主体
Subject	主題	情報資源の内容のトピック
Description	内容記述	情報資源の内容説明
Publisher	公開者	情報資源を公開することに対して責任をもつ主体
Contributor	寄与者	情報資源の内容に何らかの寄与をした主体
Data	日付	情報資源のライフサイクルにおける出来事に関連する日付
Type	資源タイプ	情報資源の内容の性質もしくはジャンル
Format	形式	情報資源の物理的あるいはデジタル化の形態，サイズ
Identifier	資源識別子	あるコンテクストにおける情報資源への曖昧さのない参照
Source	出処	その情報資源がつくり出される源になった情報資源への参照
Language	言語	その情報資源の内容を表すために用いられた言語
Relation	関係	関連する情報資源への参照
Coverage	範囲	情報資源の内容が表す時間的，空間的範囲
Rights	権利管理	情報資源の権利に関する情報

メントに作成日（Created）という限定子を設定した場合の記述として，「Data-Created: 2010-8-21」と書いたとする。ここでCreatedを除いたとしても，Data：2010-8-21となるだけで，矛盾は生じない。一方，作成者（Creator）のエレメントに名前（name）と所属（affiliation）という限定子を設定したとするならば，「Creator-name：司書花子」および「Creator-affiliation：学文大学」となり，限定子を取り除くと，作成者が「司書花子」だけでなく「学文大学」までもが作成者となり矛盾が生じてしまう。これはダム・ダウン原則違反となる。

このように，ダム・ダウン原則に反しない範囲において拡張が加えられるが，個々のコミュニティのニーズを十分に満たすものではない。ダブリンコアは相互運用を可能にするための枠組みを定義したものであるので，各々のコミュニティで利用するためには必要となるエレメントをよく検討する必要がある。国内では，国立国会図書館が「国立国会図書館ダブリンコアメタデータ記述（DC-NDL）[10]」として公開している。

b．RDF（Resource Description Framework）

RDFはメタデータを記述するための枠組みであり，記述にはXMLが用いられる[11]。セマンティックウェブを実現するための技術的な要素の1つとして活用される。ダブリンコアをはじめとするさまざまなメタデータを組み込んで記述することができる。

c．そのほかのメタデータ

これまであげた以外にも，メタデータは私たちの生活のなかで一般的に使われている。その一例をあげると，Exif（Exchangeable image file format）は，カメラの機種や撮影時の条件情報などを記録したメタデータである。また，マルチメディア用メタデータの国際標準規格であるMPEG-7や，著作権保護やコンテンツ保護を目的とした規格であるMPEG-21などさまざまなものが存在している[12]。

設　問

(1) 実際に図書館に行って，どのようなネットワーク情報資源にアクセスできるかを調べ，図書館がゲートウェイとしてどのような役割を果たしているかを考察しなさい。
(2) メタデータとはどのようなものか，また，私たちの生活のなかで身近に利用されているメタデータを見つけ，それがどのような機能をもっているかを調べ900字程度にまとめなさい。

参考文献

1. 田窪直規［ほか］『情報資源組織論』樹村房，2011年
2. 緑川信之・伊藤真理・松林麻実子『サブジェクトゲートウェイ：ネットワーク上の知識集積』筑波大学知的コミュニティ基盤研究センター，2003年

注）

1）パッケージ型データベースは，以前よりCD-ROMやDVD-ROMといった大容量の記録媒体で提供されてきたため，テキストデータ以外の画像，音声，映像といったデータ量の大きなファイルを扱うことができるという特徴をもつ。一方，ネットワーク型のデータベースでも，近年，比較的安価で高速なインターネット

回線が普及したことにより大容量のマルチメディアコンテンツが扱えるようになっている。

2) vendor は販売元，distributor は配信元の意味。DB を制作するには莫大な資金と労力が必要で，これを制作する組織を producer という。通常，データベース作成機関がそのまま提供事業までおこなうことはあまりない。DB の契約業務などの代行をおこなう機関をとくに agent（代理店，代行業者）という。user と producer の中間に入るのが，vendor や distributor や agent である。なお，DB の検索のみ代行する者を searcher ということがある。

3) とくに法律系の情報データベースでは，法改正，判例情報などの速報性が期待される。

4) パッケージ型 DB では，DVD ドライブなどの再生装置が必要であり，たとえば，過去に購入したパッケージを再生しつづけるためには，この再生装置をハード的にもソフト的（対応 OS のバージョンなど）も維持しなくてはならない。新しい機器に対応させるためには，メディア変換が必要になることもある。また，古いデータであっても，新しい機器に対応するために新たなパッケージを買い直さなければならないこともある。

5) 出版社が producer の場合も vendor や distributor の場合もある。また，agent の機能まで併せもつ場合もある。

6)「科学技術情報発信・流通総合システム（J-STAGE）」http://www.jstage.jst.go.jp/browse/-char/ja（'19.1.21 現在参照可）。

7) 人手によって構築された Web ディレクトリ内を検索するディレクトリ型サーチエンジンも広義のリンク集といえる（第 15 章参照）。

8) ネットワーク情報資源の収集，保存についても技術的には可能であり，国内では国立国会図書館によるインターネット情報資源のアーカイビングがすでに始まっている（第 15 章参照）。

9) たとえば，京都に住んでいる人が旅行に行こうと思って，"京都"，"旅行代理店" というキーワードで検索した場合，京都旅行を企画しているほかの都市の旅行代理店や，京都の旅行代理店の就職情報といった必要のない情報がノイズとして検索されることがある。セマンティックウェブの場合は，検索される情報に "京都"＜場所＞，"旅行代理店"＜職種＞＜営業日：月～金＞というように意味を付加することによって，「今日営業している住所が京都の旅行代理店」といった情報を効率よく的確に探し出せるようになる。これをメタデータの仕組みを使ってインターネットの世界で実現しようとするのがセマンティックウェブであり，すでに一部のサーチエンジン（Google など）の検索結果において応用される。

10) ダブリンコアをもとに国立国会図書館で独自に拡張したもの。「国立国会図書館サーチ」などで使われる。http://www.ndl.go.jp/jp/dlib/standards/meta/index.html（'19.1.21 現在参照可）。

11) XML は作成者が文書独自の構造を表現する規則を作成できるため，高い拡張性を実現している。そのため，データの交換など幅広い範囲を扱える。XML は World Wide Web Consortium（W3C）（http://www.w3.org/　'19.1.21 現在参照可）により策定・勧告されている。

　例）〈要素名 属性 = "値"〉内容〈/ 要素名〉という 1 つの要素を記述する基本的な構文を用意し，次のような XML 文書を記述する。〈書籍 出版日 = "2011-3-31"〉情報資源組織論〈/ 書籍〉

　これは，書籍という要素をもつ XML 文書である。出版日は書籍要素の属性である。「情報資源組織論」は書籍要素の内容となる。

12) 近年，SNS やほかのさまざまな Web サービスで利用される "タグ" もメタデータの範疇に入る（第 15 章参照）。

14 多様な情報資源の組織化

図書館には，図書以外にも多様な情報資源が存在している。この章では，地域資料と絵本ついて，組織化の観点から取り扱う。近年のインターネットの普及にともない，地域資料はとくに電子化され，インターネットを通じた公開が盛んにおこなわれている。

第1節　地域資料とは

地域資料[1]というと，全国的に流通するものではない特殊な情報資源というイメージがもたれ，ともすれば図書などの一般的な資料群（以下，一般資料）に対して例外的な情報源と見なされがちである。しかしながら，地域には多数の団体，組織，人物が活動しており，全国レベルではない多種多様な情報資源が生産され流通している。情報の価値という点では，一般資料に対して優劣をつけるべきものではない。むしろ，その地域の利用者にとって，この上なく重要であることも少なくない。地域資料には，おおよそ表14-1のようなものが含まれる[2]。

図書館にとって，こうした多様な情報資源を組織化するには，より高度な専門性が必要とされる。その理由は，①地域資料は，その地域の図書館のみが収集できる資料であること，②商業的な流通システムが存在する一般資料とは異なり，出版情報やマークなどで書誌情報が配布されることがほとんどないことである。地域資料は，当該図書館が責任をもって収集，組織化，保存，提供をおこなわなくてはならないのである。

第2節　収集と組織化

地域資料の組織化は，一般資料と同様，「日本目録規則」（NCR）や「日本十進分類法」（NDC）に準拠しておこなう方法と，地域資料のみを扱ったコーナーを設けて独自の目録法で別置する方法とがある。地域別年代別の配列方法なども考えられるが，自館の性格や利用者のニーズなどを勘案（かんあん）し，基本的に利用者が利用しやすい整理法をとるのが望ましい。また，地域資料には古文書などの歴史的貴重な資料も含まれるため，「資料保存」（本シリーズ第8巻『図書館情報資源概論』

表14-1　地域資料の範囲

歴史資料：古書，古地図，古文書，写真など
一般図書，雑誌，新聞など：地方史誌，県市町村誌，風俗・伝記資料，地方出版社の刊行物
住民資料：ミニコミ誌，パンフレットなど
行政資料：官報，予算書，地方議会会議録，統計書，各種事業の計画書・報告書，記念誌，施設案内，パンフレット，新聞記事など

参照）の動向なども考慮しつつ，コレクション構築をおこなう必要がある。こうして取り決めた組織化の方針は，スタッフマニュアル（以下，内規）に文書化しておく。

写真 14-1　小平市中央図書館の地域資料コーナー

a．収　集

情報資源の収集は，あらかじめ収集方針を決定して内規などに規定しておき，その範囲でおこなうことが重要である。「地域の伝統文化を網羅的に収集する」とか，「地域にゆかりの著名人についての資料を集める」などである。また，コミュニティー情報サービス[3]やビジネス支援サービス[4]を実施するために，地域に関する新聞記事や関連情報をまとめたファイル資料，あるいは，インフォメーションファイル[5]を作成する必要もある。地方行政資料の収集についても，あらかじめ行政担当者との調整が必要である[6][7]。

実際に資料を受け入れる際には，提供までの手順を明確にしておく必要がある。せっかく貴重な資料を入手しても整理が後回しになり，倉庫に山積みすることがないよう，あらかじめ内規などで，登録の優先順位や配架の時期などを規定しておく。とくに，地域資料は一般的な流通システムに乗らない反面，寄贈されるケースも多く，受入を決定する際には資料の内容に関する専門的な知識が必要とされることもある。場合によっては，博物館や文書館などの類縁機関へ照会しなければならないケースもでてくる。事前に協力体制を構築しておくことが重要である。

b．記述目録法

目録の方式としては，カード，コンピュータ（MARC），冊子[8]の各方式があげられる。一般に，地域資料の場合，1つの資料から多くの情報を「記述」に加えることが求められる。たとえば，内容を把握するのに有効な目次の情報をつけくわえたりする。また，複数の資料を合冊したものや全体の一部分しかないもの，一般的な書誌事項や目次が欠如しているものもあり，内容細目や図表の有無，書誌的来歴なども記述に加える必要がある。この場合，カード式では，多角的な検索を可能にする膨大な量のカードを作成することになり，管理も煩雑になるので職員の負担は大きくなる。その点，MARC なら，アクセスポイントを多数切り出し入力するだけでよい。たとえば，資料中に出現する人名や地名などの固有名詞，歴史上の重要語句，関連語などを切り出し，キーワード（索引語）とするなどである。先述したように，地域資料には既成のマークがない場合が多い。コンピュータに載せるためには，オリジナルカタロギングは避けられない。このとき，具体的な「記述」は NCR に従い，より詳細な書誌データの作成をめざす。すべての書誌的事項を網羅するにはたいへんな労力を要し，1件のデータ作成に相当な時間を費やすことになるが，図表の有無といった情報でも，地域資料を検索する際には重要な手がかりとなる。地域資料はレファレンスツールとしても威力を発揮するので，詳細なデータを作成することは業務上の要請でもある。そのため，地域の図書館で個別に作成するよりも，たとえば，県立図書館で県内地域資

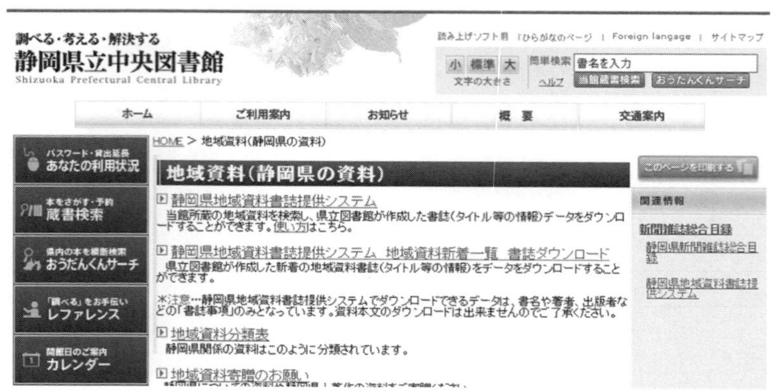

写真 14-2　静岡県立中央図書館「静岡県地域資料書誌提供システム」© 静岡県立中央図書館　http://www.tosyokan.pref.shizuoka.jp/contents/t-search/index_ 4. html（'19.1.21 現在参照可）

料のマークを一括して作成提供することも有効である。すなわち集中目録作業である（写真 14-2）[9]。地域資料は，県レベルでの目録政策の1つとして検討すべき課題である。

c．主題目録法（分類法）

分類の方法としては，NDC による方法と独自に分類表を作成する方法とがある。NDC では要目表の 090 が郷土資料にあたるが，ここに公共図書館が収集する大量の地域資料を収めるには，分類記号の展開に無理が生じる可能性がある。そのため，090 を用いず，たとえば，NDC の細目表にもとづいて付与した主題記号に「郷土」の“K”を冠して別置をおこなう方法もある。

また，地域資料の分類は，その性格から，扱う主題が「歴史」や「社会科学」に偏在することが予想されるが，NDC では，特定の主題単位の書架に資料が集中するような状況は好ましくない。したがって，多くの場合，独自の分類体系の構築を検討する必要が生じる。たとえば，東京都の小平市立図書館では，『地域資料分類表』とその補助表（地理区分）を作成している（巻末資料 17）。

d．主題目録法（件名法）

件名作業をおこなう場合も，『基本件名標目表』（BSH）にしたがって件名を付与していけばよいが，件名標目が決定しにくい場合には，BSH にない自然語を追加することも考えられる。その場合，追加した標目を典拠ファイルに整理しておく。典拠によらない件名標目の設定は，件名検索の際に混乱をきたすことになる。

第 3 節　電子化とインターネットでの公開

地域資料をデジタル化し，インターネットで公開する試みがおこなわれている。2016 年の調査[10] によると，古文献，古文書など地域資料のデジタル化をおこなっている，または過去に実施したことがあると回答した公立図書館は 338 館で，調査対象 1300 館のうち 26.0％であるが，都道府県立図書館（以下，県立図書館）だけでみると 93.6％である。このうちデジタル化した地域資料の公開の方法として自館の検索可能な画像データベースなどで公開している図書館は 18.3％であるが，県立図書館でみると 56.8％である。県レベルでの地域資料（歴史資料）の電子化（電子アーカイブ）が進んでいる。これは，県立図書館が所蔵している古文書や古地図のよう

写真 14-3　秋田県立図書館「デジタルアーカイブ」
https://da.apl.pref.akita.jp/lib/（'19.1.21 現在参照可）

な古い資料のデジタル化が，国の補助金事業で進められた背景がある[11)]。

秋田県立図書館は，1995（平成 7）年から所蔵資料のデジタル化を進め，1997～99（平成 9～11）年に文部省（当時）の「社会教育施設情報化活性化事業」で地域指定された。その事業の 1 つに，民話音声の収集がある。これは，県内の語り部の協力でデジタル録音をおこなったものである。また，県内の“祭”などの行事の静止画や動画，明治・大正期に出版された郷土雑誌などの電化もなされている。これらはホームページの「デジタルアーカイブ」で閲覧できる（写真 14-3)。

資料の電子化は，専門的な知識と資金と手間がかかるがメリットも大きい。とくに，紛失や汚損・破壊を気にせず貴重資料や古文書などを提供できることは，「資料保存」の考え方としても望ましい。しかしながら，ネットでの公開にあたっては，著作権をはじめ，個人情報やプライバシーの保護について留意する必要がある。

第 4 節　絵本の組織化

最後に，絵本の組織化について取り上げる。図書館で絵本を配架する場合は，通常の NDC の分類記号を与えずに，たとえば，別置記号“P”（picture book）や“E”（ehon）などを用いて別置されることが多い。これは，絵本が幼児やその保護者の目につきやすいよう，利便性を考慮してのことである。別置の形態は，館内に「絵本コーナー」を設けたり，分館として「絵本図書館」を設けたりするなどさまざまである。

絵本は数が多くなれば，「日本の絵本」「外国の絵本」とか，「くらし」「自然」「社会」などと大雑把に分類することもある。絵本に関する 2 次配列の基準は，いくつかの提案はあるものの，全国的に確定したものはとくにないので図書館ごとに決めてよいものである。「この作家の別な絵本を見たい」というアプローチが現実には多く見られることから，作家順に 2 次配列するのもよい。また，作家と同様，絵本画家（絵の作者）よって選びたいというニーズも存在する。これを実現するためには，絵本画家の情報を記述に加えて，書誌データを作成する必要がある。

島根県立大学松江キャンパスの「おはなしレストランライブラリー」[12]（カバー写真，写真 14-4）では，NDC の分類記号によらず，別置記号のみを用い，さらに，背ラベルの中段には，絵本の著者名の著者記号を音順で配列している（写真 14-5）。これは，この図書館の利用者が絵本を選ぶ際に，特定の作家の作品を読みたいという要望が多いからである。

写真 14-4 「おはなしレストランライブラリー」

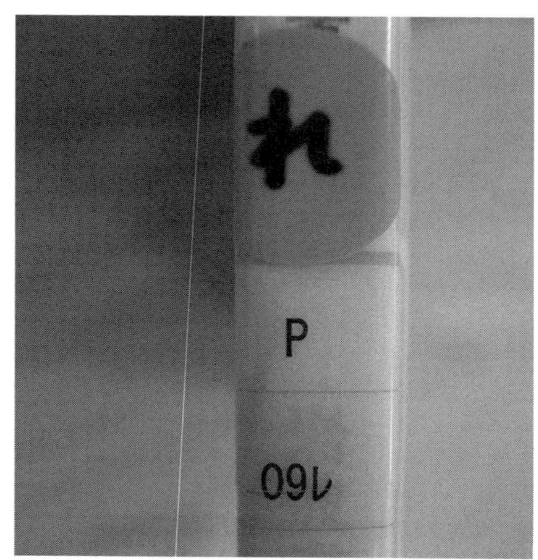

写真 14-5 絵本の背ラベルの例
島根県立大学松江キャンパス

「おはなしレストランライブラリー」では，通常の大学図書館の OPAC のほかに，利用者が各々のニーズに沿って絵本を検索できるよう，「絵本データベース」を公開していた（現在はサービス終了）。絵本 DB は，著者名からの検索のみならず，対象年齢，形態（紙芝居，大型絵本など），年中行事（節分，クリスマスなど）からも検索できるものであった。そのため，一冊一冊，絵本の内容を確認し，合議し，レコードに加えていく。手間はかかるが，こうすることで，たとえば，「2 歳の子どもに絵本を読んであげたい」といった要望に応えられるのである。絵本の実際の配架は，なお一層の工夫が必要となるが，この図書館では，「世界の絵本」「日本の絵本」「むかし話」「赤ちゃんの絵本」といった大まかなジャンルにわけ，それぞれの書架に色を割りあて，それに対応した色のシールを絵本に貼りつけることによって，子どもでもわかりやすいような工夫がされている。

設問

(1) 身近な公共図書館に行き，地域資料がどのような分類法（規則）によって分類されているか調べ，900 字程度にまとめなさい。
(2) 地域資料をインターネット上に閲覧可能な状態で公開している公共図書館を探し，どのような資料が公開されているのか調べ，900 字程度にまとめなさい。

参考文献

1. 全国公立図書館協議会編『公立図書館における地域資料サービスに関する実態調査報告書』全国公立図書館

協議会，2017 年
2. 志保田務，山本順一監修・編著『資料・メディア総論：図書館資料論・専門資料論・資料特論の統合化』（第 2 版）学芸図書，2007 年
3. 三多摩郷土資料研究会編『地域資料入門』（図書館員選書 14）日本図書館協会，1999 年

注）

1）地域資料は，郷土資料とも呼ばれ，その地域や自治体に関係する資料のことである。郷土資料というと，以前はその地域の歴史的な資料をさし，そこに地方行政資料などの最新の資料を含めると概念のずれが生じることが指摘されたことから，地域資料という言葉が提案されていった。三多摩郷土資料研究会編『地域資料入門』図書館員選書 14，日本図書館協会，1999 年，p.32。

2）図書館法第 3 条 1 号には「郷土資料，地方行政資料，美術品，レコード及びフィルムの収集にも十分留意して，図書，記録，視聴覚教育の資料その他必要な資料……を収集し，一般公衆の利用に供すること」と規定されている。収集の対象に「記録」が含まれていることに注意されたい。また，地域資料のなかでも，郷土資料と地方行政資料をわけて考えられたことは，注 1 で述べたとおりである。

3）市民のさまざまな問題解決のために，必要な団体や機関に関する情報を提供したり，地域にかかわるさまざまな情報を収集して提供したりするサービスのこと。

4）ビジネスに関する情報ニーズをもつ市民に対して，地域のビジネス情報の提供，ビジネス関連のレファレンスなどをおこなうサービスのこと。

5）レファレンスサービのために，ファイル資料から選択して作成されたもの。たとえば，地域の団体のことを調べられるよう，その団体が発行する 1 枚もののパンフレット類を綴じたりしたもの。

6）図書館法第 9 条には「政府は，都道府県の設置する図書館に対し，官報その他一般公衆に対する広報の用に供せられる独立行政法人国立印刷局の刊行物を二部提供するものとする」と規定されている。また，2 号には「国及び地方公共団体の機関は，公立図書館の求めに応じ，これに対して，それぞれの発行する刊行物その他の資料を無償で提供することができる」とも規定されている。ただし，この規程は任意規定であり政府刊行物が自動的に送られてくるような仕組みにはなっていないため，行政担当者への積極的な働きかけ必要である。収集に際しては情報公開制度や個人情報保護法にも留意する必要がある。

7）図書館は行政資料の収集をおこなうだけでなく，行政担当者への情報の提供をおこなうべきだという指摘もある。三多摩郷土資料研究会編，『地域資料入門』図書館員選書 14，日本図書館協会，1999 年，p.32.

8）冊子体の目録としては，『大阪府立図書館所蔵地方史誌目録』（1994）などがある。

9）静岡県立中央図書館では，「静岡県地域資料 MARC」として地域資料の全書誌をデジタルデータで無償でダウンロードできるサービスを提供している。データ形式はテキスト形式で，TRC マークに準拠した各種フォーマットと，J-BISC フォーマットが選択できる。これにより，市町立図書館における書誌作成業務の軽減化が図られるほか書誌の統一（標準化）などをめざしている。静岡県立中央図書館「『静岡県地域資料書誌提供システム』について」https://www.tosyokan.pref.shizuoka.jp/data/open/cnt/3/2176/6/BibliographyProvides.pdf（'19.1.21 現在参照可）。

10）参考文献 1, p.47。

11）全国公共図書館協議会編『公立図書館における電子図書館のサービスと課題に関する報告書』2002 年度，全国公共図書館協議会，2003 年，p.15.

12）「おはなしレストランライブラリー」（http://matsuec.u-shimane.ac.jp/campus/ohares/　'19.1.21 現在参照可）は，絵本を中心とした絵本図書館で，学生の利用のみならず，広く地域開放を行っている。読み聞かせなどの図書館活動を通じて，子どもと大人の，そして地域と大学との架け橋をめざすさまざまな活動をおこなっている。

15 展　望

図書館はこれまで情報資源を組織化し，統制することによって永続的で質の高いサービスを提供してきた。一方，高度情報ネットワーク社会のますますの進展と人々の情報行動の変化は，図書館における情報資源の組織化に一定の影響を及ぼしている。この章では，このような状況に対する図書館の対応と情報資源組織論の将来について，いくつかの例をみながら展望する。

第1節　情報資源組織論の現在

目録法における書誌記述の理論と運用に関し，国際レベルでは『パリ原則』，および，『国際標準書誌記述』（ISBD）が制定され，各国の目録規則整備における基準となってきた（主な書誌記述規則については第3章に詳述）。今日，書誌レコードの作成は，コンピュータを用いることが当たり前となっており，大規模に拡張された国際的な共同目録作業も展開されている（OCLC の WorldCat など）。さらには，前世紀後半におけるネットワーク情報資源や電子資料などの新しい情報資源の登場以来，目録規則も，それらへの対応に追われるようになった。このような状況のなかで，図書館では，目録作業の効率を高め多様な情報資源の管理を実現しつつ，利用者のニーズに対応する新たな基準が模索されるようになった。その代表的なものに IFLA によって提唱された FRBR（Functional Requirements for Bibliographic Records，書誌レコードの機能要件）がある。第4章でも述べたように，この FRBR による目録の概念モデルは，わが国における標準的な目録規則である『日本目録規則 2018 年版』に採用された。図書館はこれからもさまざまな情報資源を組織化し，統制することによって利用者に対し品質の優れた永続的なサービスの展開を続けていく。

一方，近年の高度情報ネットワーク社会の進展とインターネットの普及によって，私たちは非コントロール情報からも情報を取得し，日々の生活に活用している。インターネット上にはさまざまな形態の情報サービスが出現しており，サーチエンジンの進化や SNS（Social Networking Service）の普及によって人々は自宅にいながらにして情報を検索し，手軽に入手し，入手した情報を評価し，再発信（または拡散）できるようにもなった。こうした人々の情報行動の変化は，図書館における情報資源の組織化に一定の影響を及ぼしている。

第2節　非コントロール情報

非コントロール情報とは，図書館のように統制したり組織化したりしていない情報のことである。なかでも，インターネット情報資源の1つであるホームページ（homepage；以下，HP。web

ページというときもある)[1] 上の情報は，非コントロール情報の典型である。HPが主要な働きをなすWWW（World Wide Web；以下，単にwebと表すときもある)[2] では，人々が発信した情報が共有・拡散される。デジタルデータの特性として，物理的なカタチに起因する大きさや量に制限されないうえ，複製も容易である。また，検索も高速かつ容易におこなえ，サーチエンジンなどの性能次第で，瞬時に探しだし入手できる。インターネット情報資源は，現代では無視することができない重要な情報源の1つであるが，取り扱い上の留意点として，おおよそ次のような点があげられる。

- 情報源の質が玉石混淆（ぎょくせきこんこう）である。
- 情報源の内容の変更（更新），削除が頻繁におこなわれ，所在位置も変化するなど不安定で流動的である。このため，情報内容の検証に際して支障が生じる可能性がある（図15-1)。

こうした特性に留意するならば，たとえば，「旅先でその土地特有の郷土料理の美味しいレストランに行きたい」という旅行者にとって，不特定多数の地元の人々から寄せられる口コミ情報や，ランキング情報は，真っ先に必要なありがたい情報であろう[3]。こうした非コントロール情報は，使われる文脈によっては，人々にとって有益なのである。図書館の世界のように，厳密に統制された情報ばかりが有益なのではない。かといって，非コントロール情報だけ珍重（ちんちょう）するような世の中は何か“ウソっぽい”。要するに，情報の性質をきちんと理解し，使用する文脈を適切に判断するバランス感覚が重要なのである。

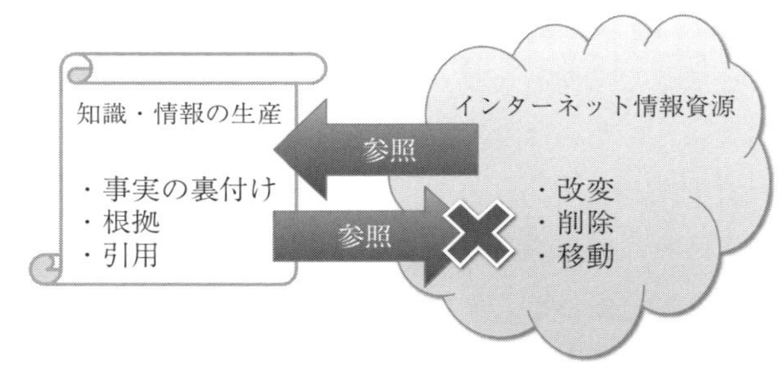

図15-1　不安定で流動的な情報資源

第3節　インターネットの進展と人々の情報行動

インターネット情報資源にはいくつかの特性が存在するものの，今日の高度情報ネットワーク社会において，もはや欠くことのできないものになった。ここでインターネット（以下，ネットと約すときもある）の普及期を少し振り返る。1995年以降，急激に大衆化したインターネットでは（シリーズ第2巻『図書館情報技術論』参照），HPの利用の仕方や発信方法にもさまざまな進展が起こった。その1つにブログ（Blog)[4] がある。ブログは，気に入ったWebページをURLとともに寸評などを書き添え，記録したWebサイトの一形態である[5]。ブログの画期的な機能として，1つひとつの記事（エントリーという）に付けられるコメント[6] とトラックバックがあり，ブログ人気を牽引した。トラックバックは，ブログのエントリーとエントリーをつなぐ仕組みである。通常のリンクとのちがいは，リンクしたことがエントリーの作者に通知されるとともに，参照元のエントリーにどこから参照されているのかのリストが自動的に生成され一覧できることである。すなわち，エントリーの作者は世界中のどこで自分の記事が参照されどのような意見が書かれているかがわかるようになっている[7]。このエントリー（情報）とエントリー（情報）をつなぐことでコミュニケーションを発展させ，そこに新たな情報の価値を生み出そうとする思想は，その後のSNSに引き継がれている。

もう1つ，今日普及しているWebの技術としてウィキ（Wiki）がある。WikiはWebブラウザからWebサーバ上のハイパーテキストを編集することができるシステムである。電子掲示板に近いシステムであるが，Wikiは基本的に誰でも内容の追加・編集・削除ができるコラボレーションツールとしての性格が強い。また，HTML（Hyper Text Mark-up Language）[8]の知識がなくとも編集作業ができるように簡潔な独自の整形ルールを備えている。このWikiのシステムを活用して世界的に有名になったプロジェクトに周知のウィキペディア（Wikipedia）がある。ウィキペディアは2001年に開始されたオンライン百科事典形成プロジェクトである。誰もが編集に参加できる画期的な試みである反面[9]，専門家による査読がなく，不特定多数の利用者によって編集されるために内容の信頼性や公平性は保証されていない。

21世紀に入り，こうしたWebサービスの進展は情報の送り手と受け手の関係を根源的に変えた。両者の間にあった明確な線引きはなくなり，ブログやSNS，Wikiでは不特定多数による情報の発信・編集によるコミュニケーションが可能になったのである。このような，インターネットの「超」大衆化ともいうべき段階を表わす言葉として，ティム・オライリー（Tim O'Reilly, 1954-）によって提唱され，2005年ごろから世界のIT業界やビジネス界で流行した言葉が"Web2.0"である[10]。

今や，非コントロール情報が大量に飛び交うインターネット空間だが，人々は，情報行動においても大きな変化にさらされようとしている。現代の若者の情報行動について，表15-1のような指摘がなされている[11]。日ごろから，非コントロール情報ばかりに接していると，表に掲げられる問題をクリアできないばかりか，それが問題だという意識も育たないだろう。一方で，生ま

表15-1　最近の若い世代の情報行動

①広範なテクノロジーに接することがないため，若い人々の情報リテラシーは改善されることはない。事実，コンピュータの見かけ上の便利さを好み，面倒くさい問題を嫌う
②若い世代のウェブサーチの時間を考えると，彼らは，ネットから得た情報の今日性，正確性，権威などの評価にほとんど時間を割かない。情報源から情報源へと素早く移動し，情報を読んだり，要約したりすることにほとんど時間を割かない，したがって，自分が検索したページの妥当性の判断に困難を覚える
③若い世代は自らの情報ニーズの理解が貧しい。それゆえ，探索戦略を発展させることが困難である
④結果として，彼らは，自然語による表現を強く好み，どのキーワードが効果的かといった分析をしない
⑤検索で多くのものがヒットした場合，彼らは資料の妥当性の評価に困難を覚える。また，資料をチラッとでも見ることもせず，ディスクに保存したりプリントアウトしたりする傾向がある
⑥物理的な図書館の利用が減っている。かつ，多くの若者は図書館が提供する情報源を直観的に認識できない
⑦若い人々は，インターネットとは何かというメンタルマップが貧弱で，さまざまな提供者によるネットワーク情報資源の集合体であることを正しく理解していない
⑧彼らは，先進的な探索方策をほとんど利用しない，サーチエンジンだけが自分たちの疑問を解決するものと思っている

れながらにしてインターネットやパソコンのある生活環境のなかで育ってきた現代の若者（デジタルネイティブ[12] 世代ということがある）に対して，単に「ネットの情報を使用することは控えるべきである」などと言い含めようとすることはほとんど無意味である。それどころか，これから ICT（情報通信技術）を主体的に使いこなす術を身につけていかなければならない若者に対して，必要以上にネットを忌避（きひ）させることはひどくバランスを欠く無責任な行為である。前節で述べたように，厳密に統制された情報ばかりが有益なのではない。情報の性質を理解し，使用ツールを適切に判断するバランス感覚をいかに身につけるかである。そのなかで，こういう人々にぜひとも図書館に目を向けてもらいたい。そのためにはどのような方策をめぐらしたらよいだろうか。

第4節　図書館の対応：知識としての情報提供サービスへ

a．Web アーカイビング

ネット上の情報は，利便性，迅速性，流通性，情報量のいずれにおいても非常に有力な情報資源である。なかでも，Web ページは 5500 億以上とも 1 兆以上ともいわれる[13] 情報量をもっている。しかしながら，ネットが不安定で流動的な情報空間であることはこの章の最初にも述べた。従来の出版物であれば，図書館の保存機能によって時代を超えて人類の知識・情報を蓄え，参照可能にしてきたが，インターネット情報資源は数十年，数百年という長期の視点から考えるといつかは消えてしまうという疑念はぬぐい去れない。そこで，このようなネット上の情報から，とくに WWW の情報資源を収集して蓄積し長期保存をおこなう Web アーカイビング（web archiving）[14] と呼ばれる取り組みが各国の国立図書館を中心におこなわれている。日本では，国立国会図書館が「インターネット資料収集保存事業」（WARP）[15] として，日本国内の公的機関が公開しているインターネット情報を中心に収集・保存をおこなっている。

b．Library 2.0

○○ 2.0 という表現は，コンピュータソフトウェアのバージョンになぞらえ，1.0 を旧世代とするならば，2.0 は新世代という意味を含んでいる。その大本（おおもと）は前節で述べた Web2.0 である。Library 2.0 という言葉が使われたのは，米国のケーシー（Michael Casey）[16] が 2005 年 9 月にブログに投稿したのが最初といわれている。インターネット上には Library 2.0 の賛否を含めさまざまな議論が展開されており，明確な定義はないが，ケーシーの論では，Library 2.0 とは，Web2.0 のツールを利用し，従来のツールに Web2.0 の思想を取り込み，オープンソースソフトウェアを作成・公開し，利用者からのフィードバックを反映してニーズを満たす新しいサービスを提供することだという[17]。すなわち，Web2.0 の「参加」や「協働」を基盤に，利用者の知恵を図書館に取り込みながら，新しいニーズに対応していくのが Library 2.0 ということである。

図書館に実際に Web2.0 を取り込んだ技法に，目録を利用者に開放し，キーワードによりタグ付け（ソーシャルタギング[18]）をおこなわせる例があげられる。利用者志向の目録として，共通のキーワードを付けた者同士によるコミュニケーションを発展させことができる。このソーシャルタギングによる情報の分類は人々による分類法という意味でフォークソノミー（folksonomy）[19]と呼ばれる。

フォークソノミーにおける利用者による情報資源へのタグ付けは，図書館情報学でいうならば，各々の情報資源に対する概念索引法[20]をおこなっていることにほかならない。この場合，すでに学んだように，統制語ではなく，非統制語（自然語，自由語）による索引法である。対して，図書館での索引作業は，主題組織法における統制語彙表である件名標目表を用いた付与索引法（件名法）がおこなわれる。そして，件名作業をおこなうには件名規程に則ったきわめて緻密で専門的な熟練した作業が要求される。

こうした従来の図書館目録の手法に加え，フォークソノミーの手法を取り入れた例として，2007年に米国ミシガン州のアナーバー地域図書館でサービスが開始されたSOPAC（Social OPAC）があげられる。この図書館では目録を利用者に開放し，書誌データに，利用登録をおこなった利用者による資料の評価，タグ，コメントなどをつけ[21]，ほかの利用者は最近付けられたタグやコメントを見ることができるようにしていた。Library 2.0は，Web2.0の“肝”であった「参加」や「協働」から生まれる利用者の知恵を図書館に取り込もうということであった。

c．APIの公開

図書館に部分的にWeb2.0を取り込もうとする動きがある一方，図書館がWeb2.0の枠組みに準拠し，これまで図書館が情報を統制し，組織化してきた良質なコントロール情報を外部のシステムから接続（参照）させることもおこなわれている。この仕組みはAPI（Application Programming Interface）と呼ばれ，図書館が自館のOPACやデータベースをWebに公開し，そのWeb APIを公開すれば，外部のシステムからコンテンツの共有が可能となるのである（図15-2）。たとえば，わが国において国立国会図書館が国内のあらゆるデジタル情報にアクセスするためのポータルサイト『国立国会図書館サーチ』[22]を公開しておりAPIが提供されている。外部のWebサービス提供者は，各種の規格にもとづいたAPIにリクエスト（要求）を送ることにより，国立国会図書館サーチの検索結果の取り込み，メタデータのダウンロード，書影の検索・表示などが可能になる。

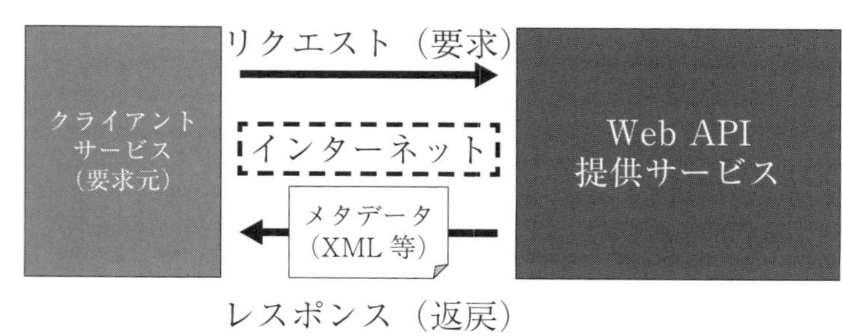

図15-2　Web APIの仕組み

第5節　情報資源組織論の将来

図書館目録はこれまでも技術の変化とともに発展してきた。歴史をさかのぼると，初期の図書館は所蔵資料の目録を粘土板やパピルスの巻物に記録していた。やがて，資料の形態が現在の冊子体になり，印刷機による大量生産の時代になると，保存と管理と利用の面から資料の検索ニーズが高まり，さまざまな情報資源組織化の手法が考案されてきた。さらには，1館だけでなく複数館を対象とした総合目録の登場や，国立図書館などによる集中目録作業の成果を利用できるようになった。そして，ICT（情報通信技術）の進展とコンピュータネットワークの高度化によって，図書館は蔵書目録をオンラインで提供するようになり，その結果，さまざまな書誌ユーティリティが整備され，書誌レコードが共有されるようにもなった。今や，こうしたオンライン目録は図書館システムにおいて不可欠なものとなっている。

このように，情報資源組織化の手法は時代により変遷してきたが，その目的が変わったことはない。一貫して課題とされてきたのは，書誌コントロールをいかにおこなうかということであった。厳密にコントロールすることにより，情報資源を組織化し，利用者によるさまざまな角度からの探索を可能にしてきたのである。

しかし，その一方で，非コントロール情報は，日々，生成消滅を繰り返している。このなかには，私たちの知識を増やしたり，意思決定の基本的要素となったり，学習を進展させたりするものがある。サーチエンジンの発展や新たな情報サービスの創出には目を見張るものがあり，情報資源の探索のみならず，情報のコラボレーションツールとしても重要な存在になっている[23)]。すでに，ネットワーク情報資源を組織化しようという動きは前世紀のうちに始まっており，これにかかわる図書館内外の取り組みについてふれた（第13章および本章）。図書館は，オンライン目録を発展させ，たとえば，サブジェクトゲートウェイのように，伝統的な図書館情報資源とともにネット上の電子情報へもアクセスできる“橋渡し機能”を獲得しようとしている。

一方，Web2.0またはインターネットの「超」大衆化の段階において，図書館界は，これまでのOPACにさまざまな機能を付加した「次世代OPAC」（第12章）の取り組みや，WebAPIの公開によってコントロール情報を積極的に外部と共有していく姿勢も見られる。これらは，高度情報ネットワーク社会における人々情報探索行動の変化，21世紀における利用者ニーズへの，図書館からの挑戦ととらえることができる。

インターネットはますます進展する。web3.0や4.0（これらの言葉を用いるかは別にして）という段階が必ずやってくる。非コントロール情報は，ますます生成消滅を繰返す。ネットの新たな段階において，こうした非コントロール情報をコントロールしながら図書館に取り込むのか，それとも，コントロールせずに図書館に取り込むのか，選択が分かれるところであろう。とくに，後者の場合は，図書館の完全なパラダイムシフトをもたらすことが予想される（本シリーズ第1巻『図書館の基礎と展望　第2版』第15章参照）。

こうした動きに際し，目先の変化に右往左往して大事なことを見失ってはならない。情報資源組織化における不易流行[24)]を考えるときである。1つだけ確かなことは，知識のスーパースターとしての図書館が，知識や情報の提供サービスを展開するときの基盤をなすものが情報資源組織論であり，その意義に変わりはないことである。

設問

(1) 参考文献2を参考にしながら『国立国会図書館サーチ』を使い任意の資料を選び出し，どのような情報が得られるかを調べなさい。

(2) 図書館における情報資源の組織化がなぜ重要なのかについて，サーチエンジン（Googleなど）による情報探索の利点と欠点とも比較したうえで，高度情報化社会の図書館における情報資源組織の意義を考察しなさい。

参考文献

1. 本シリーズ第2巻『図書館情報技術論』学文社，2012年
2. 『国立国会図書館サーチ』国立国会図書館，http://iss.ndl.go.jp（'19.1.21現在参照可）

注)

1) ホームページは，WWW（注2参照）に則って提供される情報の総称であり，また，個々のサイトが発信する情報の全体をいう。かつて，ある組織が情報発信をする際に，最初に送るページ（多くはここにインデックス—目次のようなものをこう呼んでいた—を載せた）をホームページといっていたが，次第に意味が拡張され，サイトが発信する情報の全体をいうようになった。

2) WWWは，①統一された書式（HTML，注8参照）②通信規約（http）③発信プログラム（httpdなど）④参照プログラム（一般にブラウザという）の4点セットからなる情報交換の仕組みともいうべきもの（シリーズ第2巻『図書館情報技術論』）である。

3) こうしたものを「集合知」と呼ぶ。第4節でふれるソーシャルタギングも集合知の技術の1つである。

4) Webをlog（記録）するという意味でWeblogと名付けられ，略されてBlogと呼ばれるようになった。また，We blog（私たちはブログする）という意味が込められているとする俗説もある。

5) 専用のツール（ソフトウェア）がつくられ，それらを利用したサービスが登場すると，HTMLの知識がなくともワープロ感覚で記事を書きWebサイトを更新できるようになり，本格的な普及がはじまった。有名なソフトウェアとしてMovable Type，WordPressなどがある。サービスとしては，GoogleによるBlogger（http://www.blogger.com/），WordPressのレンタルサービスのWordPress.com（http://wordpress.com/）などがあり，これ以外にもさまざまなものがある。

6) これまでも電子掲示板（BBS）によって管理人と閲覧者とのコミュニケーションは実現されていたがブログはそうした機能を取り込んでいる。

7) ブログの知名度が高まった出来事の1つに2001年9月11日のアメリカ同時多発テロがある。世界を震撼させたこの事件に，ネット上にさまざまなデマや噂が駆け巡ると同時に，世界中の人々が「今まさに感じたこと」をブログで書き綴った。その年のアフガニスタン紛争，2003年のイラク戦争では，戦地の兵士の生活を綴ったものや，記者によるレポート，まさに今ミサイルの降り注いでいる街の住民による便りがブログを通じて発信され，世界中の注目を集めることになった。

8) HPを記述するときに用いるコンピュータ言語の一種。ある種の文法をもっているのでLanguageといわれる。タグといわれる記（しるし）を文書中に埋め込む。タグの多くはレイアウト情報を制御する。

9) 前身のプロジェクトであったNupediaは執筆者を博士号取得の専門家のみに限定し，さらに非常に厳しい査読体制を敷いたために編集がなかなか進まなかった。

10) 次世代のWebサービスを総称する言葉。ここにあげたブログ，Wikiといった利用者の参加や相互の協調を基盤にサービスを展開するWebサイトがそれに当たる。Tim O'Reilly,"What Is Web 2.0 : Design Patterns and Business Models for the Next Generation of Software", O'Reilly, 2005-9-30, https://www.oreilly.com/pub/a/web2/archive/what-is-web-20.html（'19.1.21現在参照可）。

11) David Nicholas and Ian Rowlands, "Digital consumers : reshaping the information professions," London : Facet, 2008, pp.179-180。

12) Prensky, M, "Digital Natives, Digital Immigrants.", On the Horizon, 9（5), 2001, https://www.marcprensky.com/writing/Prensky%20-%20Digital%20Natives,%20Digital%20Immigrants%20-%20Part1.pdf（'19.1.21現在参照可）。

13) 多くはロボットによって収集されない深層部分に存在しているといわれている。廣瀬信己「国立国会図書館におけるウェブ・アーカイビングの実践と課題」『情報処理学会研究報告』(51), 2003年, pp.95-111。なお, Googleの発表によると, 同社が把握しているURLの数が2008年の段階で1兆を突破したといい, さらにWebページの数は1日あたり数十億ページの勢いで増加しつづけているという。 Jesse Alpert, Nissan Hajaj, "We knew the web was big...", The Official Google Blog, 2008-7-25, https://googleblog.blogspot.com/2008/07/we-knew-web-was-big.html ('19.1.21 現在参照可)。
14) アーカイブ (archive) とは, 一般には,「公文書館, 記録保管所, 官文庫」のことをいい, コンピュータ用語としては, 大量のファイルをまとめて保管してある記憶媒体上の領域などをいう。ここから転じて, 電子的な文書保存システムをカタカナで「アーカイブ」というようになった。
15) 国立国会図書館は2002年から「国立国会図書館インターネット情報選択的蓄積事業」(WARP) として, 国内発信のインターネット情報の発信者に個別に許諾を取ることで収集をおこなってきたが, 2009年7月の国立国会図書館法の改正によって公的機関が発信するインターネット情報を許諾無く収集できるようになった。それに伴い, 改正法が施行される2010年4月に「インターネット資料収集保存事業」(http://warp.ndl.go.jp) に改称した。
16) 米国ジョージア州グィネット郡公共図書館の図書館員。
17) 村上浩介「次世代の図書館サービス？—Library 2.0とは何か」『カレントアウェアネス』No.291, 2007年, pp.5-7。
18) たとえば, 各個人がWeb上で気に入ったブログのエントリー (記事), 写真, 動画などにタグ付けをおこない (ソーシャルタギング), 他者と共有することで"今"注目されている情報を知ることができる。代表的なサービスとしては, ソーシャルブックマーク (Social Bookmark, SBM) があげられる。ソーシャルブックマークは, オンライン上に任意のWebサイトのURLを登録し, 有益な情報を不特定多数の人間と共有することができる。利用者は, ブックマークを登録する際にタグ付けをおこなうことで, 同一タグのついた情報にアクセスすることができる。国内の代表的なサービスとしては, はてなブックマーク (http://b.hatena.ne.jp/) がある。はてなブックマークは, 2007年1月には朝日新聞のWebサイト「asahi.com」の記事での連携機能が搭載されるなど, 国内でのシェアを拡大している。「はてな, 朝日新聞社と提携『asahi.com』にはてなブックマーク連動機能搭載」(プレスリリース) 2007年1月9日, http://hatenacorp.jp/press/release/entry/2007/01/09/125520 ('19.1.21 現在参照可)。
19) folksonomyとは,「人々, 民衆」を意味するfolksと「分類法」を意味するtaxonomyから生まれた造語で「人々による分類法」を意味する。Web2.0以前では, Webサイトの管理者 (発信者) が情報資源の分類をおこない, 利用者 (受信者) はそれに直接関与することはできなかった。Web2.0では, 発信者と受信者という関係が根源的に変化した。不特定多数の参加と協働によってWebの空間からあたかも1つの知恵を紡ぎ出すような, いわゆる集合知 (collective intelligence) の世界である。
20) 概念索引法 (conceptual indexing) は, 抽出索引法のように, 情報資源中に用いられる語を用いるのではなく, それが表している概念に対して付与するもので, 手元にある統制語の用語リストから付与するものを付与索引法という。統制語を用いない (したがって, 自然語を用いる) 概念索引法もあり得るわけで, それがフォクソノミーということになる。
21)「アナーバー地域図書館, Social OPACをリリース！」カレントアウェアネス・ポータル, 2007年1月25日, http://current.ndl.go.jp/node/5310 ('19.1.21 現在参照可)。
22)『国立国会図書館サーチ』(http://iss.ndl.go.jp) では, 外部提供インタフェースとしてAPIが提供されている。「外部提供インタフェース (API)」http://iss.ndl.go.jp/information/api/ ('19.1.21 現在参照可)。
23) イギリスにおける大学の学部生を対象とした調査では, 学生は, 文献調査をおこなう際に, 図書館が提供する電子書籍やフルテキストのデータベースによる情報の探索はシステムが複雑で時間のかかるものであって, Googleなどのサーチエンジンを好むという実情が報告されている。「学生は有料の文献調査ツールより, 無料の検索エンジンを好むという研究報告 (英国)」カレントアウェアネス・ポータル, 2010年9月15日, http://current.ndl.go.jp/node/16815 ('19.1.21 現在参照可)。ただし, こうした結果の原因はさまざま考えられ, 図書館が提供するツールの優位性が低いと直ちに結論づけることはもちろんできない。
24) 不易流行とは, 江戸時代の俳諧の世界でとくに用いられた言葉である。時代が変わっても普遍的でなおかつ大事にしなければならない部分 (不易) と, 時代に応じて変わることに意義がある部分 (流行) がある。俳諧では, この流行のなかにも真実があるという考え方に立つ。

巻末資料

資料 1　日本目録規則の比較

○目次構成

■旧版（1987 年版）

序説
　第 0 章　総則
第Ⅰ部記述
　第 1 章　記述総則
　第 2 章　図書
　第 3 章　書写資料
　第 4 章　地図資料
　第 5 章　楽譜
　第 6 章　録音資料
　第 7 章　映像資料
　第 8 章　静止画資料
　第 9 章　電子資料
　第 10 章　博物資料
　第 11 章　点字資料
　第 12 章　マイクロ資料
　第 13 章　継続資料
　記述付則 1　記述の記載様式，2　記述の記載例
第Ⅱ部　標目
　第 21 章　標目総則
　第 22 章　タイトル標目
　第 23 章　著者標目
　第 24 章　件名標目
　第 25 章　分類標目
　第 26 章　統一タイトル
　標目付則 1 片かな表記法，2 単一記入制目録のための標目選定表
第Ⅲ部　排列
　第 31 章　排列総則
　第 32 章　タイトル目録
　第 33 章　著者目録
　第 34 章　件名目録
　第 35 章　分類目録
付録
　1 句読法・記号法，2 略語表，3 国名標目表，4 無著者名古典・聖典統一標目表，5 カード記入例，6 用語解説
索引

■新版（2018 年版）

序説
第 1 部　総説
　第 0 章　総説
第 2 部　属性
　第 1 章　属性総則
　第 2 章　体現形
　第 3 章　個別資料
　第 4 章　著作
　第 5 章　表現形
　第 6 章　個人
　第 7 章　家族
　第 8 章　団体
　第 9 章　概念（保留）
　第 10 章　物（保留）
　第 11 章　出来事（保留）
　第 12 章　場所
　第 21 章　アクセスポイントの構築総則
　第 22 章　著作
　第 23 章　表現形
　第 24 章　体現形（保留）
　第 25 章　個別資料（保留）
　第 26 章　個人
　第 27 章　家族
　第 28 章　団体
　第 29 章　概念（保留）
　第 30 章　物（保留）
　第 31 章　出来事（保留）
　第 32 章　場所（保留）
第 3 部　関連
　第 41 章　関連総則
　第 42 章　資料に関する基本的関連
　第 43 章　資料に関するその他の関連
　第 44 章　資料と個人・家族・団体との関連
　第 45 章　資料と主題との関連（保留）
　第 46 章　個人・家族・団体の間の関連
　第 47 章　主題間の関連
付録
　片仮名記録法，大文字使用法，略語使用法，語彙のリストの用語，三次元資料の種類を示す用語と用いる助数詞（追加分），関連指示子：資料に関するその他の関連，関連指示子：資料と個人・家族・団体との関連，関連指示子：資料と主題との関連（保留），関連指示子：個人・家族・団体の間の関連，関連指示子：主題間の関連（保留），用語解説
索引

○旧版と新版の相違点

＊『日本目録規則』2018 年版，pp.14-16 より作成。

1．新版は，準国際的な目録規則である RDA との整合性を可能な限り確保すべく目録規則を大幅に改めた。しかし，一部，日本の出版状況や目録慣行から旧版を継承した方がよいと判断された個所もある。RDA に準拠して変更した個所の多くで旧版の方式を別法とした。

2．記述ユニット方式を採用していた旧版に対して，FRBR などの概念モデルに密着した規則構造をとった。すなわち，書誌的世界を実体関連分析（E-R 分析）の手法で分析し，著作，表現形（内容的側面を表す），体現形（物理的側面を表す），個別資料という 4 実体（第 1 グループの実体）で表し，行為主体を個人，家族，団体の 3 実体（第 2 グループの実体），著作の主題を概念，物，出来事，場所の 4 実体（第 3 グループの実体）とした。

3．典拠データの比重が高められ，典拠データを作成・管理する典拠コントロール作業を規則上明確に位置づけた。

4．統一タイトルの適用を限定していた旧版から大きく進んで，すべての著作に対して典拠コントロールをおこなって典拠形アクセスポイントを構築するよう規定した。

5．著作に対する典拠形アクセスポイントは，著作の優先タイトルと創作者に対する典拠形アクセスポイントを結合した形をとることを原則とした。

6．従来の「資料種別」という考え方はとらず，資料の内容的側面と物理的側面を整理し，表現型の種類を表す「表現種別」，体現形の種類を表す「機器種別」「キャリア種別」，刊行方式を設定した。

7．「実体」の属性とは別に，「実体」間の関連を記録するよう規定した。一部の関連については「関連指示子」を設定し，詳細を付録で示した。

8．旧版の「書誌階層」の考え方を維持する。FRBR では書誌階層は「関連」の一種と規定される。

9．旧版まであった「記述の精粗」は規定に盛り込まない。代わりに RDA に準じて記録を必須とするものを「コアエレメント」とする。

10．旧版では，情報源からの「転記」を重視し，情報源に表示されている表記の優先順序を規定したが，新版では，情報源の範囲が広げられ，転記によらないものも大幅に認めるようになった。そのため，用語の統一をはかるための語彙のリスト（付録）が添付されている。

11．旧版まで全面採用していた ISBD 区切記号法は，エレメントの記録の範囲と方法に限定した。

12．従来，書誌的事項の記録の順序を厳密におこなっていたが，新版では，エレメントの記録の順序は規定しない。

13．エレメントのエンコーディングの方式，提供時の提示方式に関する規定は原則的におこなわない。すなわち，提供する目録の媒体や方式に縛られない。これは LOD（Linked Open Data，開放的相互運用性）を意識してのことである。結果的に機械可読性を高めることになる。

14．旧版では，カード目録での配列を考慮して，タイトル標目，著者標目は，カタカナまたはローマ字表記を原則としていた。新版では，日本語の優先タイトル，日本の個人・家族・団体，場所の優先名称を表示形とし，あわせて読みを記録することを原則とする。また，旧版にあった配列規則は設けない。

資料 2　記述の例

○カード目録の例（『日本目録規則』1987 年版の第 2 水準による）

※『日本目録規則』2018 年版では記述の精粗（第 1 水準～第 3 水準）という考え方はとらない。

本タイトル␣［資料種別］␣：␣タイトル関連情報␣／␣責任表示．␣－␣版表示␣／␣特定の版にのみ関係する責任表示．␣—␣資料（または刊行方式）の特性に関する事項．␣—␣出版地または頒布地等␣：␣出版者または頒布者等，␣出版年または頒布年等．␣—␣特定資料種別と資料の数量␣：␣その他の形態的細目␣；␣大きさ␣＋␣付属資料．␣—␣（本シリーズ名␣／␣シリーズに関係する責任表示，␣シリーズの ISSN␣；␣シリーズ番号．␣下位シリーズの書誌的事項）．␣—␣注記．␣—␣標準番号

␣；␣大きさ␣＋␣付属資料．␣—␣（本シリーズ名␣／␣シリーズに関係する責任表示，␣シリーズの ISSN␣；␣シリーズ番号．␣下位シリーズの書誌的事項）

注記

ISBN␣：␣入手条件

※␣ は空白を表す

○ OPACの出力例

Powered by Google

別画面でGoogleブックスを表示します。

書誌番号	SB01503471 (B00553914)
標題および責任表示	図書館の基礎と展望 / 二村健著
巻冊次等	ISBN: 9784762021916 PRICE: 1800円+税
巻次・年月次	
著者名	二村, 健(1953-) <典拠ID検索>
出版者名	学文社
出版地	東京
出版年月	2011.8

書誌詳細情報 | 非表示

版表示	
別書名・異誌名の種類	
統一書名標目形題	
親書誌標題	ベーシック司書講座・図書館の基礎と展望 / 二村健シリーズ監修 <シリーズ検索>
親書誌番号等	1
形態	135p ; 26cm
分類	010.8[総記] , 010.8[総記]
注記	参考文献: 各章末
内容注記	
変遷(継続誌)	
件名	BSH 図書館情報学//K BSH 図書館//K
ISSN	
書誌レコードID	BB06505099
URL	

資料3　『日本目録規則』2018年版（抄）

凡例

・＜＞は，省略して収録したことを表す
「○○は，エレメントである」→＜エレメント＞)
・エレメントとコアエレメントの双方の表記がある場合は＜コアエレメント＞とだけ表記
・(参照：○○を見よ。）は（○○をみよ）と表記
・英語から翻訳される際の単語間の区切りを表す「・」は省略。例）アクセス・ポイント→アクセスポイント
・和古書・漢籍に関する記述は割愛し，その部分に＜和古書・漢籍＞と記す。同様に，＜○○＞によって○○に関する規定があったことを示す。
・規則中の「別法」「任意追加」「任意省略」は割愛
・(　）は例示のなかで，記述対象に表示された形を示す場合，または，説明が必要な場合に用いる
・【　】は例示にエレメント名を示す必要がある場合に付加する

#0 総説

#0.1 本規則の目的

本規則は，日本における標準的な規則として策定された目録規則である。

本規則は，公共図書館，大学図書館，学校図書館など，多様なデータ作成機関における使用を想定している。また，国際的な標準に準拠する一方，日本語資料の特性や従来の規則との継続性にも配慮している。

#0.2 他の標準・規則との関係

1990年代後半以降，相次いで目録の新しい概念モデルであるFRBR，FRAD，FRSAD，それらに基づく国際標準であるICP，ISBD，および準国際的に普及しつつある目録規則RDAが刊行された。これらのモデル，標準，規則によって果たされる目録の機能改善の重要性と，書誌データ，典拠データの国際流通の必要性に鑑みて，本規則はこれらの標準・規則との整合性を保つものとする。

#0.2.1RDAとの相互運用性

本規則は，作成されたデータが国際的に流通可能であること，およびRDAに従って作成されたデータが日本でも利用可能であることを念頭に，RDAとの相互運用性を意識して策定している。

#0.3 本規則が依拠する概念モデル

本規則が依拠する概念モデルは，FRBR等の概念モデルを基本としている。FRBR等は実体関連分析の手法を使用した概念モデルであり，実体，関連，属性をその構成要素とする。

本規則が依拠する概念モデルの概要を，＜本文第4章図4-1＞に示す。

#0.3.1 実体

実体は，書誌データの利用者の主要な関心対象を表す単位である。目録は，各種の実体についての記述（属性および関連の記録）から成る。

本規則における実体は，第1グループ，第2グループ，第3グループの3種から成り，合わせて11個ある。

第1グループの実体は，知的・芸術的成果を表す。次の4つの実体があり，著作，表現形，体現形，個別資料の順に，順次具現化される構造をもつ。

a）著作

個別の知的・芸術的創作の結果，すなわち，知的・芸術的内容を表す実体である。例えば，紫式部による『源氏物語』の知的・芸術的内容は，著作である。著作には，法令等，音楽作品などを含む。また，雑誌など多くの著作を収録した資料も，その全体の知的・芸術的内容を，著作ととらえる。

b）表現形

文字による表記，記譜，運動譜，音声，画像，物，運動等の形式またはこれらの組み合わせによる著作の知的・芸術的実現を表す実体である。例えば，著作『源氏物語』の原テキスト（厳密には各系統がある），各種の現代語訳，各種の外国語訳，朗読（話声）などは，それぞれ表現形である。音楽作品の場合は，ある作品（著作）の記譜や個々の演奏が，それぞれ表現形である。

c）体現形

著作の表現形を物理的に具体化したものを表す実体である。例えば，著作『源氏物語』のある現代語訳のテキスト（表現形）の単行本，文庫本，大活字本，電子書籍などは，それぞれ体現形である。

d）個別資料

体現形の単一の例示を表す実体である。例えば，刊行された図書の，図書館等に所蔵された個別の一点一点は，それぞれ個別資料である。2巻組の辞書のように，複数のユニットから成ることもある。

本規則では，第1グループの実体の総称として，「資料」の語を用いる。また，体現形または表現形を種類分けする場合（例えば，更新資料，地図資料，三次元資料），情報源に言及する場合（例えば，資料自体，資料外）などに，必要に応じて「資料」の語を用いることがある。

第2グループの実体は，知的・芸術的成果を生み出す主体を表す。次の3つの実体がある。

e）個人

人を表す実体である。複数の人が共同で設定するアイデンティティ，または人が使用範囲を定めて使い分ける各アイデンティティの場合もある。また，伝説上または架空の人，人間以外の実体をも含む。

f）家族

出生，婚姻，養子縁組もしくは同様の法的地位によって関連づけられた，またはそれ以外の手段によって自分たちが家族であることを示す複数の個人を表す実体である。

g）団体

一体として活動し特定の名称によって識別される組織，あるいは個人および（または）組織の集合を表す実体である。会議，大会，集会等を含む。

第3グループの実体は，著作の主題となるものを表す。次の4つの実体がある。

h）概念

抽象的観念や思想を表す実体である。

i）物

物体を表す実体である。自然界に現れる生命体および非生命体，人間の創作の所産である固定物，可動物および移動物，もはや存在しない物体を含む。

j）出来事

行為や事件を表す実体である。

k）場所

名称によって識別される空間の範囲を表す実体である。

さらに，第1グループおよび第2グループの各実体を，著作の主題として，第3グループの実体とみなすことがある。

本規則では，第3グループの実体の総称として，「主題」の語を用いることがある。

#0.3.2 属性

属性は，実体の発見・識別等に必要な特性である。実体ごとに必要な属性を設定する。属性の記録は，関連の記録とともに，実体についての記述を構成する。

#0.3.3 関連

関連は，実体（資料，個人・家族・団体，主題）間に存在する様々な関係性である。異なる実体間に存在する関連（例えば，著作とそれを創作した個人との関連）と，同じ種類の実体間に存在する関連（例えば，ある著作とそれを映画化した別の著作との関連）とがある。関連の記録は，属性の記録とともに，実体についての記述を構成する。

#0.3.4 名称，識別子と統制形アクセスポイント

本規則における実体の識別には，名称および（または）識別子，名称を基礎とする統制形アクセスポイントが重要な役割を果たす。

名称は，それによって実体が知られている，語，文字および（または）その組み合わせである。本規則では，資料の名称には「タイトル」の語を使用する。

識別子は，実体を一意に表し，その実体と他の実体を判別するのに役立つ番号，コード，語，句などの文字列である。

目録の機能を実現するためには，典拠コントロールを行い，各実体に対して統制形アクセスポイントを設定する必要がある。統制形アクセスポイントは，一群の資料に関するデータを集中するために必要な一貫性をもたらす。統制形アクセスポイントには，典拠形アクセスポイントと異形アクセスポイントがある（#0.5.4を見よ)。統制形アクセスポイントは，名称またはタイトルを基礎として構築する。

#0.4 目録の機能（略）

#0.5.1 エレメント

本規則は，目録の機能の実現に必要となる，実体の属性および実体間の関連を「エレメント」として設定し，記録の範囲や方法を規定する。

#0.5.1.1 下位のエレメント

エレメントを細分する場合がある。この場合，下位のエレメントには，エレメントサブタイプとサブエレメントとがある。

エレメントサブタイプは，エレメントを種類によって区分したときの下位のエレメントである。例えば，エレメント「タイトル」における本タイトル，並列タイトル，タイトル関連情報などである。

サブエレメントは，エレメントの構成部分となる下位のエレメントである。例えば，エレメント「出版表示」における出版地，出版者，出版日付などである。

#0.5.1.2 コアエレメント

エレメントのうち，資料の発見識別に欠かせないものを「コアエレメント」とする。特定の条件を満たす場合にのみコアエレメントとするものもある。コアエレメントは，適用可能でかつ情報を容易に確認できる場合は，必ず記録するものとする。

（#0 末尾の付表を見よ）

当該のエレメントがコアエレメントであるとき，規定の冒頭においてその旨を明記した。明記していないエレメントは，任意のエレメントである。

#0.5.1.3 エレメントの記録の方法

記録の方法の観点から見て，エレメントには次の種類がある。

＜a）～ e）＞（#1.9を見よ）

#0.5.1.4 実体の記述

各実体について，その属性および関連のエレメントの記録を行ったデータの集合を，「記述」と呼ぶ。

#0.5.2 属性の記録

実体ごとに，その発見・識別等に必要な属性のエレメントを設定している。このうち，体現形に関する属性の記録が，資料の識別に根幹的な役割を果たす。（#1.3を見よ）

著作，表現形，個人・家族・団体，概念，物，出来事，場所に関する属性の記録の多くは，典拠コントロールに用いる。

#0.5.3 資料の種別

資料の種別について，表現形の種類を表す「表現種別」（#5.1を見よ)，体現形の種類を表す「機器種別」（#2.15を見よ）と「キャリア種別」（#2.16を見よ)，刊行方式の区分（#2.12を見よ）を設定して，多元的にとらえる。

従来の目録規則がとっていた資料種別による章立ては行わない。属性等の記録において，特定の種別の資料に適用される規定がある場合は，原則として一般的な規定の後に置く。

#0.5.4 アクセスポイントの構築

実体ごとに，規定に基づいて必要な属性を組み合わせ，実体に対する典拠形アクセスポイントと異形アクセスポイントを構築する。

#0.4に挙げた機能を実現するためには，典拠コントロールを行う必要がある。当該実体を他の実体と一意に判別する典拠形アクセスポイントは，典拠コントロールに根幹的な役割を果たし，関連の記録にも用いる。他方，異形アクセスポイントは，典拠形アクセスポイントとは異なる形から実体を発見する手がかりとなる。

両者は，ともに統制形アクセスポイントである。ほかに非統制形アクセスポイントがある。（#21を見よ）

#0.5.5 関連の記録

資料や実体の発見，識別に必要な，実体間の様々な関係性を表現する，関連のエレメントを規定している。

関連する実体の識別子，典拠形アクセスポイント等によって，関連の記録を行う。エレメントによっては，関連の詳細な種類を示す「関連指示子」を設け，用いる語彙のリストを提示する。

#0.5.6 書誌階層構造

体現形の構造を固有のタイトルを有する複数のレベルから成る書誌階層構造ととらえ，記述対象を任意の書誌レベルから選択できることとする。特に，形態的に独立した資料だけでなく，その構成部分も記述対象とできるよう規定した。一方で，記述対象として選択することが望ましい基礎書誌レベルについても規定している。書誌階層構造は，FRBRで規定する体現形における関連の一種（全体と部分）に相当する。一つの書誌レベルの記述において，上位書誌レベルの情報は属性の記録および関連の記録として規定し，下位書誌レベルの情報は専ら関連の記録として規定する。（#1.5.1を見よ）

#0.5.7 記録の順序等

規定対象をエレメントの記録の範囲と方法に限定し，エレメントまたはエレメントのグループの記録の順序，エンコーディングの方式，提供時の提示方式は，原則として規定しない。

ただし，典拠形アクセスポイントの構築については，優先タイトルまたは優先名称に付加する識別要素の優先順位を規定する。

#0.5.8 語彙のリスト等

本規則では，記録に用いる語彙のリストを提示しているエレメントがある。それらのエレメントでは，提示されたリストから用語を選択して記録することを原則とする。ただし，適切な用語がない場合に，データ作成機関がその他の簡略な用語を定めて記録することができるエレメントもある。

この種のエレメントについては，使用する語彙体系を明確に識別すれば，本規則が提示した語彙とは異なる体系を使用してもよい。

あるエレメントについて単一の名称や用語を入力すると規定している場合は，使用する語彙体系を明確に識別すれば，任意の体系に基づく値で代替してもよい（例：ISO3166-1 の国名コードの使用）。

#0.5.9 保留している部分

他の標準・規則の状況を勘案し，次の事項に関する部分は規定の策定を保留している。

a）概念，物，出来事の属性およびアクセスポイントの構築

b）名称（主に行政地名）を除く場所の属性およびアクセスポイントの構築

c）体現形，個別資料に対するアクセスポイントの構築

d）資料と主題との関連

e）主題間の関連

第 1 章以下では，全体構成を示す場合などを除き・保留している部分に言及しない。

#0.6 本規則の構成（略）

#0.7 別法と任意規定

本規則では，条項番号・条項名の末尾に「別法」，「任意追加」，「任意省略」を付していない条項は，すべて本則である。

#0.7.1 別法

別法は，本則と択一の関係にある条項であり，対応する本則の直後に置く。ただし，本則に対する任意規定がある場合は任意規定の後に，本則に表が付随する場合は表の直後に置く。対応する本則の条項番号・条項名の末尾に「別法」の語を付すことで本則との区別を示す。複数の別法がある場合は，「別法 1」，「別法 2」等の形で区別する。各データ作成機関は，本則と別法のいずれを採用するかについて，方針を定める必要がある。

別法を置く場合は，本則どおりの部分も繰り返し記した上で，本則と異なる部分（文を単位とする。）の始点と終点に「*」を付している。

#0.7.2 任意規定

任意規定には，本則または別法の内容を拡充する場合と限定する場合とがあり，いずれも対応する本則または別法の直後に置く。内容を拡充する場合は，対応する条項番号・条項名の末尾に 1 字空けて「任意追加」の語を付すことで本則または別法との区別を示す。内容を限定する場合は，対応する条項番号・条項名の末尾に「任意省略」の語を付すことで本則または別法との区別を示す。同じ本則または別法に対応する「任意追加」または「任意省略」が複数ある場合は，それぞれの後ろに 1，2 等の連番を付して区別する。各データ作成機関は，任意規定の採否について，方針を定める必要がある。

#0.8 例示

NCR における例は，各規定を理解するための例示であり，本文に明記のない規定を例が暗示することはない。

例は，通常は，当該エレメントに記録すべき情報をそのまま示す。ただし，記述対象に表示された形をあわせて示す必要がある場合，または説明が必要な場合などは，その情報を丸がっこに入れて添える。また，エレメント名を示す必要がある場合は，例示の前にエレメント名を隅付きかっこ（【】）に入れて添える。

また，特定のエレメントの例において，必要に応じて他のエレメントをあわせて示すことがある。例えば，タイトル関連情報の例に本タイトルも添えて示す場合などである。

#0.8.1 区切り記号法等

原則として，例には特定のエンコーディングの方式による区切り記号等は使用しない。ただし，例外的に次の場合などは使用することがある。この場合も，特定のエンコーディングの方式を規定するものではない。

a）読みを示す場合

湯川，秀樹 || ユカワ，ヒデキ

（#6.1.4.1 において，個人の優先名称を例示している。統制形の記録において，読みをあわせて記録することを規定しているが，二重縦線（||）の使用は規定していない。）

b）統制形アクセスポイントを構築する場合

園部，三郎 || ソノベ，サブロウ，1906-1980；山住，正己 || ヤマズミ，マサミ，1931-2003. 日本の子どもの歌 || ニホン　ノ　コドモ　ノ　ウタ

（#22.1.2 において，著作に対する典拠形アクセスポイントを例示している。優先タイトルと創作者に対する典拠形アクセスポイントを結合させることを規定しているが，結合の順序やピリオド，セミコロン等の使用は規定していない。）

c）複数のエレメントの対応関係を示す場合

土佐日記／紀貫之著；池田弥三郎訳．蜻蛉日記／藤原道綱母著；室生犀星訳（#2.2.1.2.2 において，総合タイトルのない資料の責任表示を例示している。個別のタイトルと責任表示の対応がわかるように記録することを規定しているが，ISBD 区切り記号法の使用は規定していない。）

d）複合記述または構造記述を使用して関連の記録を行う場合

異版：図解ギリシア神話／松村一男監修．一東京：西東社，2011

（#43.3.1 において，関連指示子に続けて，構造記述を使用した記録を例示している。標準的な表示形式の使用を規定しているが，ISBD 区切り記号法に限定した規定ではない。）

#0.9.1 表記の形

本規則の各条項では，エレメントの記録に用いる表記の形について次の用語を用いる。

a）表示形

情報源に表示された形。漢字（繁体字または簡体字を含む。），仮名，ハングル，ラテン文字，キリル文字，ギリシャ文字等や，数字，記号など，各種文字種を含む。

b）翻字形

ラテン文字以外の文字種をラテン文字に翻字して表記する形。データ作成機関が採用した翻字法に従って表記し，翻字法については，必要に応じて注記として記録する。ラテン文字だけでなく，数字，記号等の各種文字種を含むことがある。

c）片仮名表記形

日本語，中国語，韓国・朝鮮語以外の言語のタイトルまたは名称を片仮名で表記する形。片仮名だけでなく，数字，記号およびラテン文字等の各種文字種を含むこともある。

d）読み形

表示形等とあわせて，その読みを表記する形。読み形のみで記録を行うことはない。

（#1.12 を見よ）

＜①片仮名読み形，②ローマ字読み形，③ハングル読み形＞

#0.9.2 言語および文字種の選択

情報源における表示を転記するエレメントにおいては，情報源に表示されている言語および文字種（表示形）によることを原則とする。（#1.10 を見よ）

ただし，転記ができない言語および文字種の場合は，データ作成機関が採用した翻字法に従って翻字形を記録する。

その他のエレメントについては，データ作成機関が選択する優先言語および文字種ならびに目録用言語を用いる。（#0.9.3，#0.9.4 を見よ）

#0.9.3 優先言語および文字種

統制形による記録を行う場合は，使用する言語および文字種をデータ作成機関が定める。これを優先言語および文字種という。（#1.11 を見よ）

日本語のみを選択することも，資料の言語によって，日本語と日本語以外の言語を使い分けることも可能である。

#0.9.4 目録用言語

目録用言語は，情報源における表示からの転記または統制形による記録のいずれにもよらない場合のために，データ作成機関が定めて用いる言語である。データ作成機関は，目録用言語として，次のいずれかを選択する。

a）常に日本語を使用する。

b）日本語資料については，常に日本語を使用する。日本語以外の言語の資料については，データ作成機関が定めた言語を使用する。

本規則の各条項では，目録用言語を日本語とする場合および英語とする場合に対応している。他の言語を目録用言語とする場合は，語彙のリストや規定に指示された語句を，必要に応じて目録用言語による表現に置き換えて記録する。

付表　コアエレメント一覧示

体現形の属性

a）タイトル

本タイトル（#2.1.1 を見よ）

b）責任表示

本タイトルに関係する責任表示（複数存在する場合は最初に記録する一つ）（#2.2.1 を見よ）

c）版表示

①版次（#2.3.1 を見よ）

②付加的版次（#2.3.5 を見よ）

d）逐次刊行物の順序表示（順序の方式が変化した場合は，初号の巻次および（または）年月次については最初の方式のもの，終号の巻次および（または）年月次については最後の方式のもの）

①初号の巻次（#2.4.1 を見よ）

②初号の年月次（#2.4.2 を見よ）

③終号の巻次（#2.4.3 を見よ）

④終号の年月次（#2.4.4 を見よ）

e）出版表示

①出版地（複数存在する場合は最初に記録する一つ）（#2.5.1 を見よ）

②出版者（複数存在する場合は最初に記録する一つ）（#2.5.1 を見よ）

③出版日付（複数の種類によって表示されている場合は，優先する暦のもの）（#2.5.1 を見よ）

f）非刊行物の制作表示

非刊行物の制作日付（複数の種類の暦によって表示されている場合は，優先する暦のもの）（#2.8.5 を見よ）

g）シリーズ表示

①シリーズの本タイトル（#2.10.1 を見よ）

②シリーズ内番号（#2.10.8 を見よ）

③サブシリーズの本タイトル（#2.10.9 を見よ）

④サブシリーズ内番号（#2.10.16 を見よ）

h）キャリア種別（#2.16 を見よ）

i）数量（次の場合）（#2.17 を見よ）

・資料が完結している場合

・総数が判明している場合

j）体現形の識別子（複数ある場合は国際標準の識別子）（#2.34 を見よ）

著作の属性

a）著作の優先タイトル（#4.1 を見よ）

b）著作の形式（同一タイトルの他の著作または個人・家族・団体と判別するために必要な場合）（#4.3 を見よ）

c）著作の日付（次の場合）（#4.4 を見よ）

・条約の場合

・同一タイトルの他の著作または個人・家族・団体と判別するために必要な場合

d）著作の成立場所（同一タイトルの他の著作ま

たは個人・家族・団体と判別するために必要な場合）（#4.5 を見よ）
e）著作のその他の特性（責任刊行者など）（同一タイトルの他の著作または個人・家族・団体と判別するために必要な場合）（#4.6，#4.7 を見よ）
f）著作の識別子（#4.9 を見よ）
g）演奏手段（音楽作品において，同一タイトルの他の作品と判別するために必要な場合）（#4.14.3 を見よ）
h）音楽作品の番号（音楽作品において，同一タイトルの他の作品と判別するために必要な場合）（#4.14.4 を見よ）
i）調（音楽作品において，同一タイトルの他の作品と判別するために必要な場合）（#4.14.5 を見よ）

表現型の属性

a）表現種別（#5.1 を見よ）
b）表現形の日付（同一著作の他の表現形と判別するために必要な場合）（#5.2 を見よ）
c）表現型の言語（記述対象が言語を含む内容から成る場合）（#5.3 を見よ）
d）表現形のその他の特性（同一著作の他の表現形と判別するために必要な場合）（#5.4 を見よ）
e）表現形の識別子（#5.5 を見よ）
f）尺度
　①地図の水平尺度（#5.23.2 を見よ）
　②地図の垂直尺度（#5.23.3 を見よ）

個人の属性

a）個人の優先名称（#6.1 を見よ）
b）個人と結びつく日付
　①生年（#6.3.3.1 を見よ）
　②没年（生年，没年はいずれか一方または双方）（#6.3.3.2 を見よ）
　③個人の活動期間（生年，没年がともに不明な場合に，同一名称の他の個人との判別が必要なとき）（#6.3.3.3 を見よ）
c）称号（次の場合）（#6.4 を見よ）
　・王族，貴族，聖職者であることを示す称号の場合
　・同一名称の他の個人と判別するために必要な場合
d）活動分野（次の場合）（#6.5 を見よ）
　・個人の名称であることが不明確な場合に，職業を使用しないとき
　・同一名称の他の個人と判別するために必要な場合
e）職業（次の場合）（#6.6 を見よ）
　・個人の名称であることが不明確な場合
　・同一名称の他の個人と判別するために必要な場合
f）展開形（同一名称の他の個人と判別するために必要な場合）（#6.7 を見よ）
g）その他の識別要素（次の場合）（#6.8 を見よ）
　・聖人であることを示す語句の場合
　・伝説上または架空の個人を示す語句の場合
　・人間以外の実体の種類を示す語句の場合
　・同一名称の他の個人と判別するために必要な場合
h）個人の識別子（#6.18 を見よ）

家族の属性

a）家族の優先名称（#7.1 を見よ）
b）家族のタイプ（#7.3 を見よ）
c）家族と結びつく日付（#7.4 を見よ）
d）家族と結びつく場所（同一名称の他の家族と判別するために必要な場合）（#7.5 を見よ）
e）家族の著名な構成員（同一名称の他の家族と判別するために必要な場合）（#7.6 を見よ）
f）家族の識別子（#7.10 を見よ）

団体の属性

a）団体の優先名称（#8.1 を見よ）
b）団体と結びつく場所（次の場合）（#8.3 を見よ）
　・会議，大会，集会等の開催地の場合（#8.3.3.1 を見よ）
　・同一名称の他の団体と判別するために必要な場合
c）関係団体（次の場合）（#8.4 を見よ）
　・会議，大会，集会等の開催地より識別に役立つ場合
　・会議，大会，集会等の開催地が不明または容易に確認できない場合
　・同一名称の他の団体と判別するために必要な場合
d）団体と結びつく日付（次の場合）（#8.5 を見よ）
　・会議，大会，集会等の開催年の場合（#8.5.3.4 を見よ）
　・同一名称の他の団体と判別するために必要な場合
e）会議，大会，集会等の回次（#8.6 を見よ）
f）その他の識別要素
　①団体の種類（次の場合）（#8.7.1 を見よ）
　・優先名称が団体の名称であることが不明確な場合
　・同一名称の他の団体と判別するために必要な場合
　②行政区分を表す語（同一名称の他の団体と判別するために必要な場合）（#8.7.2 を見よ）
　③その他の識別語句（次の場合）（#8.7.3 を見よ）
　・優先名称が団体の名称であることが不明確な場合に，団体の種類を使用しないとき
　・同一名称の他の団体と判別するために必要な場合
g）団体の識別子（#8.12 を見よ）

資料に関する基本的関連

a）表現形から著作への関連（#42.2 を見よ）
b）体現形から表現形への関連（複数の表現形が一つの体現形として具体化された場合は，顕著にまたは最初に名称が表示されている体現形から表現形への関連）（#42.6 を見よ）
　ただし，著作と体現形を直接に関連づける場合は，次のものをコアエレメントとする。

c）体現形から著作への関連（複数の著作が一つの体現形として具体化された場合は，顕著にまたは最初に名称が表示されている体現形から著作への関連）（#42.4 を見よ）

資料と個人・家族・団体との関連

a）創作者（#44.1.1 を見よ）

b）著作と関連を有する非創作者（その個人・家族・団体に対する典拠形アクセスポイントを使用して，著作に対する典拠形アクセスポイントを構築する場合）（#44.1.2 を見よ）

#1 属性総則

#1.1 記録の目的（略）

#1.2 記録の範囲

書誌データおよび典拠データとして，著作，表現形，体現形，個別資料，個人・家族・団体，概念，物，出来事および場所という各実体の属性を記録する。

#1.2.1 構成（略） 1.2.2 コアエレメント（略）

#1.3 記述対象

書誌データの根幹は，体現形の記述である。当該の資料全体の刊行方式と書誌階層構造を把握した上で，その資料から特定の体現形を選択し，記述対象とする。（刊行方式については，#1.4～#1.4.4 を見よ。書誌階層構造については，#1.5.1 を見よ）

記述対象が複数の部分（巻号，部編など）から成る場合，または複数のイテレーション（更新資料における更新状態）をもつ場合は，#1.6～#1.6.2 に従う。

記述対象とする体現形の属性を記録し，あわせて個別資料の記述，その体現形が属する著作および表現形の記述を作成する。また，必要に応じて関連するその他の実体（個人・家族・団体，場所）の記述を作成する。

ただし，書写資料，肉筆の絵画，手稿譜等については，個別資料を記述対象として，体現形の記述を作成する。

#1.3 記述対象　別法（略）

#1.4 刊行方式

セクション２では，体現形の刊行方式ごとに規則を定めている場合がある。刊行方式による区分には，単巻資料，複数巻単行資料，逐次刊行物，更新資料がある。

#1.4.1 単巻資料

物理的に単一のユニットとして刊行される資料（例えば，１冊のみの単行資料）である。無形資料の場合は，論理的に単一のユニットとして刊行される資料（例えば，ウェブサイトに掲載されたPDF ファイル）である。

#1.4.2 複数巻単行資料

同時に，または継続して刊行される複数の部分から成る資料で，一定数の部分により完結する，または完結することを予定するものである。例えば，2 巻組の辞書１セット３巻組のオーディオカセット，複数巻から成る全集，終期を予定するシリーズがある。

#1.4.3 逐次刊行物

終期を予定せず，同一タイトルのもとに，部分に分かれて継続して刊行され，通常はそれぞれに順序表示がある資料である。雑誌，新聞，終期を予定しないシリーズなどがある。特定のイベントに関するニュースレターなど，刊行期間は限定されているが連続する巻号，番号，刊行頻度など逐次刊行物としての特徴を備えた資料や逐次刊行物の複製をも含む。

#1.4.4 更新資料

追加，変更などによって内容が更新されるが，一つの刊行物としてのまとまり維持される資料である。更新前後の資料は，別個の資料として存在するのではなく，更新箇所が全体に統合される。例えばページを差し替えることにより更新されるルーズリーフ形式のマニュアル，継続的に更新されるウェブサイトがある。

#1.5.1 書誌階層構造

体現形は，シリーズとその中の各巻，逐次刊行物とその中の各記事のように，それぞれが固有のタイトル有する複数のレベルとして，階層的にとらえることができる。これを書誌階層構造という。

書誌レベルは書誌階層構造における上下の位置づけを示す。記述対象として選択することが望ましい書誌レベルを，基礎書誌レベルという。その上下の書誌レベルを，それぞれ上位書誌レベル，下位書誌レベルと定める。

データ作成者は，任意の一つの書誌レベルを選択し，体現形の記述（包括的記述または分析的記述）を作成する。（#1.5.2.1，#1.5.2.2 を見よ）

複数の書誌レベル選択し，それらの記述を組み合わせた階層的記述を作成することもできる。（#1.5.2.3 を見よ）

一つの書誌レベルの記述において，上位書誌レベルの情報は，属性の記録（シリーズ表示），および（または）関連の記録（体現形間の上位・下位の関連）として記録することができる。下位書誌レベルの情報は，専ら関連の記録（体現形間の上位・下位の関連）として記録することができる。異なる書誌レベルにそれぞれ対応した複数の記述を作成し，関連の記録によって相互に結びつけることもできる。（#43.3 を見よ）

基礎書誌レベルについては，刊行方式に応じて，次のとおりに設定する。

a）単巻資料

それ自体を基礎書誌レベルとする。

b）複数巻単行資料

全体を構成する各部分が固有のタイトルを有する場合は，そのタイトルを有する部分（1 巻，複数巻）を基礎書誌レベルとする。各部分が固有のタイトルを有しない場合は，全体を基礎書誌レベルとする。

c）逐次刊行物

その全体を基礎書誌レベルとする。ただし，それぞれ独立した順序表示をもつ部編等に分かれている場合は，部編等を基礎書誌レベルとする。

d）更新資料

その全体を基礎書誌レベルとする。

なお，固有のタイトルを有しない物理的（または論理的）な単位に記述対象を分割して扱う場合は，その単位を物理レベルとよぶ。物理レベルで記述を作成してもよい。

#1.5.2 記述のタイプ

体現形の記述のタイプには，包括的記述，分析的記述，階層的記述がある。

データ作成の目的にあわせて，いずれかの記述のタイプを採用する。

#1.5.2.1 包括的記述

包括的記述は，体現形の全体を記述対象とする記述である。書誌階層構造でいえば，下位書誌レベルが存在する場合の上位書誌レベルの記述が該当する。また，単一の書誌レベルしか存在しない場合の記述も該当する。

包括的記述を採用するのは，次のような体現形の全体を記述対象とする場合である。

a）単巻資料
b）複数巻単行資料
c）逐次刊行物
d）更新資料
e）個人収集者，販売者，図書館，文書館等が収集した，複数の部分から成るコレクション

単巻資料，逐次刊行物，更新資料については，包括的記述が基礎書誌レベルのデータ作成に相当する。複数巻単行資料については，各部分が固有のタイトルを有しない場合に限り，包括的記述が基礎書誌レベルのデータ作成に相当する。

包括的記述を採用した場合は，資料の部分に関する情報（著作に関する情報をも含む）を次のいずれかの方法で記録することができる。

f）キャリアに関する記録の一部として（#2.14.0.4 を見よ）
g）関連する著作の記録として（#43.1 を見よ）
h）関連する体現形の記録として（#43.3 を見よ）

また，包括的記述とは別に，各部分を記述対象とする分析的記述を作成し，相互に関連づけることもできる。

#1.5.2.2 分析的記述

分析的記述は，より大きな単位の体現形の一部を記述対象とする記述である。複数の部分から成る体現形のうちの一つの部分を記述対象とする場合や，シリーズのうちの1巻を記述対象とする場合などがある。書誌階層構造でいえば，上位書誌レベルが存在する場合の下位書誌レベルの記述が該当する。また，物理レベルでの記述もこれに該当する。

分析的記述を採用するのは，次のような体現形の部分を記述対象とする場合である。部分の数は任意であり（一つの部分，選択した複数の部分，全部分のいずれの場合もある），それぞれに対するデータを作成することができる。

a）単巻資料の一部（1冊の歌曲集のうちの1曲など）
b）複数巻単行資料の一部（本編と索引から成る2巻組のうちの索引など）
c）逐次刊行物の一部（1号のうちの1記事，全号のうちの1号全体，選択した複数号など）
d）更新資料の一部
e）個人収集者，販売者，図書館，文書館等による，複数の部分から成るコレクションの一部

分析的記述を採用した場合は，より大きな単位の資料に関する情報（著作に関する情報をも含む）を，次の方法で記録することができる。

f）分析的記述におけるシリーズ表示の記録として（#2.10.0.4 を見よ）
g）関連する著作の記録として（#43.1 を見よ）
h）関連する体現形の記録として（#43.3 を見よ）

また，作成した分析的記述とは別に，より大きな単位の体現形を記述対象とする記述を作成し，相互に関連づけることもできる。

分析的記述を採用した場合に，さらに小さな単位の部分が存在するときは，小さな単位の部分に関する情報を次のいずれかの方法で記録することができる。

i）キャリアに関する記録の一部として（#2.14.0.4 を見よ）
j）関連する著作の記録として（#43.1 を見よ）
k）関連する体現形の記録として（#43.3 を見よ）

#1.5.2.3 階層的記述

包括的記述に一つまたは複数の分析的記述を連結した記述である。複数の部分から成るあらゆる体現形は，その全体と部分をそれぞれ包括的記述と分析的記述の双方によって記録することができる。分析的記述は，複数の階層に細分できる場合がある。

#1.6 識別の基盤

記述対象の体現形が複数の部分（巻号，部編など）から成る場合，または複数のイテレーションをもつ場合は，#1.6.1，#1.6.2 に従って，識別の基盤となる部分またはイテレーションを選定する。

単巻資料に対する包括的記述を作成する場合，または単一の部分に対する分析的記述を作成する場合は，記述対象全体を識別の基盤とする。

次のエレメントについては，識別の基盤となる部分またはイテレーションから情報源を選定して記録する。

a）タイトル（#2.1 を見よ）
b）責任表示（#2.2 を見よ）
c）版表示（#2.3 を見よ）
d）逐次刊行物の順序表示（#2.4 を見よ）
e）出版表示（#2.5 を見よ）
f）頒布表示（#2.6 を見よ）
g）製作表示（#2.7 を見よ）
h）非刊行物の制作表示（#2.8 を見よ）

#1.6.1 複数の部分から成る記述対象

複数巻単行資料または逐次刊行物に対する包括的記述など，記述対象が複数の部分（巻号，部編など）から成る場合は，次のように識別の基盤を選定する。

a）各部分に順序を示す番号付がある場合は，最も小さな番号が付された部分（逐次刊行物の初号など）を識別の基盤とする。それが入手できない場合は，入手できた範囲で最も小さな番号が付され

た部分を識別の基盤とし，識別の基盤とした部分について，注記として記録する。（#2.41.12.2.1～#2.41.12.2.1.3 を見よ）

刊行が終了した逐次刊行物の順序表示，出版日付，頒布日付，製作日付，非刊行物の制作日付については，最も大きな番号が付された部分（終号）も識別の基盤とする。

b）各部分に番号付がない場合，または番号付が部分の順序決定の役割を果たさない場合は，出版等の日付が最も古い部分を識別の基盤とする。それが入手できない場合は，入手できた範囲で出版等の日付が最も古い部分を識別の基盤とし，識別の基盤とした部分について，注記として記録する。（#2.41.12.2.1～#2.41.12.2.1.3 を見よ）

出版日付，頒布日付，製作日付，非刊行物の制作日付については，出版等の日付が最も新しい部分も識別の基盤とする。

c）セットとして扱う記述対象（同時に刊行された複数巻単行資料など）のうち，番号付がない場合，または番号付が順序を示していない場合は，記述対象全体を識別の基盤とする。（複数の情報源については，あわせて #2.0.2.2.4～#2.0.2.2.4.4 を見よ）

#1.6.2 更新資料

記述対象が更新資料である場合は，最新のイテレーションを識別の基盤とし，基盤としたイテレーションについて注記として記録する。（#2.41.12.2.2 を見よ）

出版日付，頒布日付，製作日付，非刊行物の制作日付については，出版等の日付が最も古いイテレーションおよび最も新しいイテレーションを識別の基盤とする。

#1.7 新規の記述を必要とする変化

実体の種類ごとに，新たな実体が生じたとみなして新規の記述を作成する変化について規定する。体現形については #2.0.5～#2.0.5C，著作については #4.0.4～#4.0.4.2B，個人については #6.1.3.1～#6.1.3.1B，家族については #7.1.3.1～#7.1.3.1A，団体については #8.1.3.2 に従う。著作に新規の記述を作成する変化があった場合は，表現形にも新規の記述を必要とするとみなす。

#1.8 情報源

資料に対する情報源は，資料自体の情報源と資料外の情報源に区分される。資料自体の範囲については，2.0.2.1 で規定する。また，資料自体の情報源から，#2.0.2.2～#2.0.2.2.4.4 に従って優先情報源を選定する。

#1.8.1 体現形，個別資料

体現形，個別資料の属性を記録するにあたっては，その情報源は，各エレメントの情報源の規定が異なっていない限り，#2.0.2.2～#2.0.2.3.2 別法を適用して選定する。

#1.8.2 著作，表現形

著作，表現形の属性を記録するにあたっては，どの情報源に基づいて記録してもよい。ただし，著作の優先タイトルの情報源については，#4.1.2 に従う。（著作の属性の情報源については，#4.0.2 を見よ。表現形の属性の情報源については，#5.0.2 を見よ）

#1.8.3 個人・家族・団体

個人・家族・団体の属性を記録するにあたっては，どの情報源に基づいて記録してもよい。ただし，個人・家族・団体の優先名称の情報源は，次のものをこの優先順位で採用する。

a）個人・家族・団体と結びつく資料の優先情報源

b）個人・家族・団体と結びつく資料に表示された，形式の整ったその他の情報

c）その他の情報源（参考資料を含む）

（個人の属性の情報源については，#6.0.2 を見よ。家族の属性の情報源については，#7.0.2 を見よ。団体の属性の情報源については，#8.0.2 を見よ）

#1.8.4 場所

場所の属性を記録するにあたっては，どの情報源に基づいて記録してもよい。ただし，場所の優先名称の情報源は，次のものをこの優先順位で採用する。

a）データ作成機関で定める言語による地名辞典等の参考資料

b）場所が属する法域で刊行された，その法域の公用語による地名辞典等の参考資料（#12.0.2 を見よ）

#1.9 記録の方法

属性は，#0.5.1.3 に示したエレメントの種類に応じて，次のように記録する。

a）情報源における表示の転記を原則とするエレメント

#1.10～#1.10.11 別法に従って，情報源における表示を転記する。

例外的に，当該エレメントの記録の方法の規定に従って，転記によらない記録を行う場合がある。その場合は，データ作成機関で定める目録用言語を用いて記録する。（#0.9.4 を見よ）

b）統制形による記録を行うエレメント

#1.11～#1.11.11 に従って記録する。典拠ファイルなどの手段で統制を行う。

c）本規則に提示された語彙のリストからの選択を原則とするエレメント

当該エレメントの記録の方法の規定に示された語彙のリストから，適切な用語を選択して記録する。リストに適切な用語がない場合に，データ作成機関がその他の簡略な用語を定めて記録することができるエレメントもある。

データ作成機関の定める目録用言語を用いて記録する。日本語または英語以外の言語を目録用言語とする場合は，リストの用語を目録用言語による表現に置き換えて記録する。（#0.9.4 を見よ）

データ作成機関の判断により，本規則で規定する語彙のリストとは異なる語彙体系を用いて記録することもできる。その場合は，データ作成機関が用いた語彙の体系を明らかにする必要がある。（#0.5.8 を見よ）

d）計数・計測した値（量や大きさなど）の記録を原則とするエレメント

当該エレメントの記録の方法の規定に従い，計数・計測した値とその単位を記録する。記録の一

部に，提示された語彙のリストからの選択を含む場合がある。

データ作成機関の定める目録用言語を用いて記録する。（#0.9.4 を見よ）

e）文章等により記録を行うエレメント

当該エレメントの記録の方法の規定に従い，データ作成機関の定める目録用言語を用いて記録する。（#0.9.4 を見よ）

#1.10 転記

#2 の次のエレメントでは，特に指示のある場合を除いて，情報源における表示を転記する。（#0.9.2 を見よ）

a）タイトル（#2.1.0.4 を見よ）
b）責任表示（#2.2.0.4 を見よ）
c）版表示（#2.3.0.4 を見よ）
d）逐次刊行物の順序表示（#2.4.0.4 を見よ）
e）出版表示（#2.5.0.4 を見よ）
f）頒布表示（#2.6.0.4 を見よ）
g）製作表示（#2.7.0.4 を見よ）
h）非刊行物の制作表示（#2.8.0.4 を見よ）
i）著作権日付（#2.9.2 を見よ）
j）シリーズ表示（#2.10.0.4 を見よ）

情報源における表示を転記する場合は，文字の大小の表示は再現せず，#1.10.1～#1.10.11 別法およびそれらの規定が参照する付録に従って記録する。

なお，他機関が作成したデータを使用する場合，または自動的なコピー，スキャン，ダウンロード，メタデータのハーベストなどによるデジタル情報源を使用する場合は，データを修正せずに使用してよい。

#1.10 転記　別法（略）

#1.10.1 漢字，仮名

漢字は，原則として情報源に使用されている字体で記録する。楷書以外の書体は楷書体に改める。入力できない漢字は，入力できる漢字に置き換えるか，読みや説明的な語句に置き換え，その旨が分かる方法（コーディングや角がっこの使用など）で示し，必要に応じて説明を注記として記録する。

仮名はそのまま記録するが，変体仮名は平仮名に改める。

#1.10.1 漢字，仮名　別法（略）

#1.10.2 ラテン文字

ラテン文字は，原則として情報源に表示されているとおりに記録する。大文字使用法については，当該言語の慣用に従う。発音符号は，情報源に表示されているとおりに記録する。（大文字使用法については，付録 #A.2 を見よ）

#1.10.2 ラテン文字　任意追加（略）

#1.10.3 漢字，仮名，ラテン文字以外の文字種

漢字，仮名，ラテン文字以外の文字種は，原則として情報源に使用されているとおりに記録する。入力できない文字は，入力できる文字に置き換えるか，説明的な語句に置き換え，その旨が分かる方法（コーディングや角がっこの使用など）で示し，必要に応じて説明を注記として記録する。大文字使用法については，当該言語の慣用に従う。（大文字使用法については，付録 #A.2 を見よ）

#1.10.3 漢字，仮名，ラテン文字以外の文字種　別法（略）

#1.10.4 句読記号

句読記号は，原則として情報源に表示されているとおりに記録する。句読記号を表示されているとおりに記録することで，かえって意味が不明確になる場合は，記録しないか，他の句読記号に置き換える。識別のために重要な場合は，その旨を注記として記録する。

【本タイトル】Companion animal
【タイトルに関する注記】Title appears within square brackets on both title page and cover.
（情報源の表示：[Companion ANIMAL]）

別のエレメントとして記録する情報との間に表示されている句読記号は，記録しない。

【本タイトル】The Lidov-Kozai effect
【タイトル関連情報】applications in exoplanet research and dynamical astronomy
（情報源の表示：The Lidov-Kozai Effect - Applications in Exoplanet Research and Dynamical Astronomy）

また，同一のエレメントとして記録する情報との間に表示されている句読記号は，記録しない。

【出版地】Amsterdam
【出版地】Boston
【出版地】Heidelberg
【出版地】London
（情報源の表示：Amsterdam・Boston・Heidelberg・London）

改行して表示されている情報を続けて記録する場合などに，必要に応じて句読記号を追加する。

【本タイトルに関係する責任表示】Peter Watts Jones, Peter Smith
（情報源では，1 名ずつ改行して表示されている。）

#1.10.5 句読記号以外の記号等

記号等は，原則として情報源に表示されているとおりに記録する。再現不能な記号等は，説明的な語句に置き換え，その旨が分かる方法（コーディングや角がっこの使用など）で示す。さらに必要がある場合は，説明を注記として記録する。記号を再現することで，かえって意味が不明確になる場合は，記録しないか，他の記号に置き換える。識別のために重要な場合は，その旨を注記として記録する。他の情報と分離するためなどレイアウトに使用した記号等は，記録しない。

#1.10.6 計量の単位

計量の単位は，情報源に表示されているとおりに記録する。

#1.10.7 イニシャル・頭字語

情報源に表示されているイニシャルや頭字語の間にスペースがある場合は，スペースを入れずに記録する。ピリオドは省略しない。

#1.10.8 再読を意図して表示された文字または語句

一度の表示で明らかに再読を意図して表示されて

いる文字または語句は，繰り返して記録する。

【本タイトル】視ることば聴くことば

（情報源の表示は，次のとおり。）

聴
く
こ
と
視ることば

#1.10.9 略語

略語は，付録 #A.3.2 に従って記録する。

#1.10.10 数，日付

数または日付は，数字で表示されている場合と，語句で表示されている場合がある。次のエレメントで数または日付を記録する場合は，特に指示のある場合を除いて，#1.10.10.1～#1.10.10.5 に従う。

a）逐次刊行物の順序表示（#2.4.0.4 を見よ）

①初号の巻次
②初号の年月次
③終号の巻次
④終号の年月次
⑤初号の別方式の巻次
⑥初号の別方式の年月次
⑦終号の別方式の巻次
⑧終号の別方式の年月次

b）出版日付（#2.5.5.2 を見よ）
c）頒布日付（#2.6.5.2 を見よ）
d）製作日付（#2.7.5.2 を見よ）
e）非刊行物の制作日付（#2.8.5.2 を見よ）
f）著作権日付（#2.9.2 を見よ）
g）シリーズ内番号（#2.10.8.2 を見よ）
h）サブシリーズ内番号（#2.10.16.2 を見よ）
i）学位授与年（#4.23.3 を見よ）

その他のエレメントで数または日付を転記する場合は，情報源に表示されているとおりに，#1.10.1～#1.10.9 に従って記録する。

（略）

#1.10.10.1 数字

数が，情報源に数字で表示されている場合に，アラビア数字に置き換えることで理解が困難にならないときは，アラビア数字で記録する。

【シリーズ内番号】 3

（情報源の表示：三）

【シリーズ内番号】 2

（情報源の表示：弐）

#1.10.10.1 数字　別法（略）

#1.10.10.2 語句で表示された数

数が，語句で表示されている場合は，アラビア数字に置き換えて記録する。

【初号の巻次】Volume 2

（情報源の表示：Volume two）

#1.10.10.3 省略された数

範囲を示す数または日付の一部が省略されている場合は，完全な形で記録する。

【シリーズ内番号】801-815

（情報源の表示：801-15）

#1.10.10.4 序数

序数は，数字と語句のいずれで表示されていても，当該言語の標準的な序数を示す表記の形式に従って，数字として記録する。

a）日本語，中国語または韓国・朝鮮語の場合

「第」を省略せずに「第 8」，「第 3 巻」などと記録する。

b）英語の場合

「1st」，「2nd」，「3rd」，「4th」などと記録する。

c）その他の言語の場合

（略）

当該言語の使用法が不明な場合は，「1.」，「2.」，「3.」などと記録する。

#1.10.10.5 日付

日付は，当該エレメントの記録の方法の規定に従った暦で記録する。

【初号の年月次】平成 8 年版

（情報源の表示平成八年版）

【出版日付】2013

（情報源の表示：平成 25 年　#2.5.5.2 本則を採用した場合）

西暦以外の暦で記録した場合は，必要に応じて西暦を付加することができる。この場合は，資料外の情報源から採用したことを注記またはその他の方法（コーディングや角がっこの使用など）で示す。

【出版日付】平成 2 年 [1990]

（情報源の表示：平成 2 年　#2.5.5.2 別法を採用した場合）

情報源に表示されていない日付を記録する必要がある場合は，資料外の情報源から採用したことを注記および（または）その他の方法（コーディングや角がっこの使用など）で示す。実際の日付が不明な場合，二つのいずれの年か不明な場合，日付が推測できる場合，ある期間のいずれかであることが推測できる場合，特定の時点より以前または以降であることのみ判明している場合等は，その旨が分かるように記録する。

【出版日付】[2015]
【出版日付】[2013 または 2014]
【出版日付】[2013 or 2014]
【出版日付】[2008?]
【出版日付】[1990 年代]
【出版日付】[2000 から 2009 の間]
【出版日付】[1881 から 1886 の間 ?]
【出版日付】[between 1846 and 1853?]

#1.10.11 誤表示

誤記または誤植は，当該エレメントに関する規定が特にない場合は，情報源に表示されているとおりに記録する。識別またはアクセスに重要な場合は，正しい表記について注記する。誤記または誤植がタイトル中に存在して，それが重要とみなされる場合は，正しい表記を異形タイトルとして記録する。（#2.1.0.4.1 を見よ）

#1.10.11 誤表示　別法（略）

#1.11 統制形の記録

統制形は，#4～#12 におけるタイトルおよび名称の記録に使用する。統制形の記録にあたっては，データ作成機関が優先する言語および文字種を定めておく必要がある。(#0.9.3 を見よ)

著作の優先タイトルおよび個人・家族・団体，場所の優先名称は，選択した言語および文字種で記録する。著作の異形タイトルおよび個人・家族・団体，場所の異形名称は，必要に応じて適切な言語および文字種で記録する。

統制形は，用いる言語および文字種によって，#1.11.1～#1.11.4.3 に従って記録する。(言語および文字種の選択については，#4.1.3C，#6.1.3.2A～#6.1.3.2B 別法，#8.1.3.1A～#8.1.3.1B を見よ)

統制形の記録にあたっては，文字の大小の表示は再現しない。略語については，付録 #A.3 に示すものを使用する。

情報源に誤表示がある場合は，正しい表記に改め優先タイトルまたは優先名称を記録する。誤表示が重要な場合は，これを異形タイトルまたは異形名称として記録する。

著作，表現形，個人・家族・団体における識別要素の記録の方法は，#4～#8 で規定する。(#4.0.3，#5.0.3，#6.0.3，#7.0.3，#8.0.3 を見よ)

#1.11.1 日本語

日本語のタイトルまたは名称の統制形は，日本語の表示形を用いて記録する。あわせて統制形の読みを，#1.12～#1.12.2 別法に従って片仮名読み形および（または）ローマ字読み形で記録する。(片仮名読み形については，#1.12.1，#1.12.1 別法を見よ。ローマ字読み形については，#1.12.2，#1.12.2 別法を見よ)

漢字は，原則として情報源に表示されている字体で記録する。楷書以外の書体は楷書体に改める。入力できない漢字は，入力できる漢字に置き換えるか，入力できないことを示す「げた記号」(〓)に置き換え，必要に応じて説明を注記として記録する。

仮名はそのまま記録するが，変体仮名は平仮名に改める。

その他の数字，記号，ラテン文字等の各種文字種は，情報源に表示されているとおりに記録する。これらのうち，入力できない文字は，入力できる文字に置き換え，必要に応じて説明を注記として記録する。

観覧車物語
龍馬の生きざま
ぐりとぐら
タモリ
現代詩 100 周年
クイズ 123
京都・奈良宿泊 & レジャーガイド

#1.11.1 日本語　別法（略）

#1.11.2 中国語（略）

#1.11.3 韓国・朝鮮語（略）

#1.11.4 ＜上記＞以外の言語（略）

#1.11.4.1 表示形

表示形は，原則として情報源に表示されているとおりに記録する。表示形では，読みは，原則として記録しない。入力できない文字は，入力できる文字に置き換え，必要に応じて説明を注記として記録する。

文字使用法，数，アクセント・発音符号等，冒頭の冠詞，ハイフン，イニシャル・頭字語の後のスペース，略語については，#1.11.5～#1.11.11 に従う。

Library of Congress
Толстой Лев Николаевич

#1.11.4.2 翻字形

翻字形は，情報源に表示されている形を，データ作成機関が採用した翻字法に従って，ラテン文字に翻字して記録する。翻字形では，読みは，原則として記録しない。翻字法については，必要に応じて注記として記録する。

大文字使用法，数，アクセント・発音符号等，冒頭の冠詞，ハイフン，イニシャル・頭字語の後のスペース，略語については，#1.11.5～#1.11.11 に従う。

ただし，翻字法によって規定されている場合は，そのまま記録する。

Ihya' maktabat al Iskandariyah
（情報源の表示：＜アラビア文字＞）

#1.11.4.3 片仮名表記形

片仮名表記形は，情報源に表示されている形を，その発音に従って，片仮名を用いて記録する。あわせて統制形の読みを，#1.12～#1.12.2 別法に従って片仮名読み形および（または）ローマ字読み形で記録することができる。(片仮名読み形については，#1.12.1，#1.12.1 別法を見よ。ローマ字読み形については，#1.12.2，#1.12.2 別法を見よ)

付録 #A.1 に従い，適切な単位に分かち書きして記録する。

その他の数字，記号等の各種文字種は，情報源に表示されているとおりに記録する。これらのうち，入力できない文字は，入力できる文字に置き換え，必要に応じて説明を注記として記録する。

#1.11.5 大文字使用法

著作のタイトルは大文字で始める。ただし，小文字を使用すべき語で始まる場合は，小文字で始める。

iPhone 6s 究極の快適設定

個人・家族・団体，場所の名称の大文字使用法については，次のとおりとする。

a) 各名称の冒頭の語は，原則として大文字で始める。
b) 各名称の 2 番目以降の語は，当該言語の慣用に従って大文字とするか小文字とするかを決定する。
c) 冒頭の語について，例外的に小文字とする場合がある。(付録 #A.2 を見よ)

#1.11.6 数

著作のタイトルに含まれる数は，語句で表示されているものもアラビア数字で表示されているものも，情報源に表示されているとおりに記録する。

著作の部分の優先タイトルにおける部分の順序を表す数は，情報源の表示にかかわらず，アラビア数字で記録する。

個人・家族・団体，場所の名称に含まれる数は，語句で表示されているものもアラビア数字で表示されているものも，情報源に表示されているとおりに記録する。

#1.11.7 アクセント，発音符号等

著作のタイトルに含まれるアクセント，発音符号等は，情報源に表示されているとおりに記録する。

個人・家族・団体，場所の名称に含まれるアクセント，発音符号等は，情報源に表示されているとおりに記録する。情報源で省略されている場合でも，それが名称に不可欠である場合は，付加して記録する。大文字使用法の規定によって，情報源に表示されている大文字を小文字で記録する場合に，当該言語の慣用ではアクセント，発音符号等が必要なときは，これを付加する。

#1.11.7 ＜上記＞　任意追加（略）

#1.11.8 冒頭の冠詞

著作のタイトル，団体および場所の名称の冒頭に冠詞がある場合は，それを省略せずに記録する。

#1.11.8 冒頭の冠詞　別法（略）

#1.11.9 ハイフン

個人の名称に含まれるハイフンは，当該名称の保持者が使用している場合は，そのまま記録する。

#1.11.10 イニシャル・頭字語の後のスペース

著作のタイトルにイニシャルや頭字語が含まれる場合は，次のように記録する。

a) イニシャルが続く場合は，その間のピリオドの後にスペースを空けない。

　　Buddhist remains in South India and early Andhra history, 225 A.D. to 610 A.D.

b) 独立した文字やイニシャルが間にピリオドをはさまずに続いている場合は，間にスペースを空けずに記録する。

　　WHO 分類による脳腫瘍の MRI

個人または家族の名称にイニシャルが含まれる場合は，次のように記録する。

c) 名または姓を表すイニシャルの後に続くピリオドと，次のイニシャルまたは名の間に，スペースを空けて記録する。

　　Keystone, J. S.

d) 名称が，全体としてまたは主として独立した文字から構成されている場合は，文字の後のピリオドの有無にかかわらず，間にスペースを空けて記録する。

　　X Y Z

e) 名称に称号や敬称の一部を形成するイニシャルまたは略語が含まれる場合は，そのイニシャルや略語と，それに続くイニシャル，略語，番号または語との間に，スペースを空けて記録する。

　　Dr. K

団体または場所の名称にイニシャルが含まれる場合は，次のように記録する。

f) イニシャルが続く場合は，その間のピリオドの後にスペースを空けずに記録する。

　　A.H. Belo Corporation

g) 独立した文字やイニシャルが，間にピリオドをはさまずに続く場合は，間にスペースを空けずに記録する。

　　NHK 出版

#1.11.11 略語

著作のタイトルの記録に際して，略語はそれがタイトルの不可欠な構成部分である場合に限って使用する。

　　現代アート etc

個人・家族・団体，場所の名称の記録に際して，略語はそれが名称の不可欠な構成部分である場合に限って使用する。

　　DJ Joe T

#1.12 読みの記録

統制形による記録を行うエレメントでは，使用する言語および文字種に応じて，あわせて統制形の読みを記録する。統制形をとらないエレメントにおいても，必要に応じてその読みを記録することができる。

読みは，読みの対象となる文字列との対応が分かるように，適切なコーディングを用いて記録する。

使用する言語および文字種により，表 1.12 に従って読みの有無および表記の形を選択する。

表 1.12 読みの文字種

対象となる文字列の言語および文字種	読みの表記の形
日本語	片仮名読み形および（または）ローマ字読み形
（片仮名のみ）	片仮名読み形および（または）ローマ字読み形，または記録しない
（ラテン文字のみ）	片仮名読み形および（または）ローマ字読み形，または記録しない
中国語	片仮名読み形および（または）ローマ字読み形，または記録しない
韓国・朝鮮語	片仮名読み形および（または）ローマ字読み形，またはハングル読み形，または記録しない
（ハングルのみ）	（原則として記録しない）
その他の言語	
（表示形）	（原則として記録しない）
（翻字形）	（原則として記録しない）
（片仮名表記形）	片仮名読み形および（または）ローマ字読み形，または記録しない

#1.12.1 片仮名読み形

片仮名読み形は，付録 #A.1 に従い，適切な単位に分かち書きして記録する。記号，アラビア数字，ラテン文字等は，情報源に読みが表示されている場合は，それを片仮名に置き換えて記録する。読みが表示されていない場合は，そのまま記録する。記号については，意味を損なわない限り，省略できる。対象となる文字列が，片仮名読み形と完全に一致する場合は，読みの記録を省略できる。

観覧車物語||カンランシャ　モノガタリ
ぐりとぐら||グリ　ト　グラ
現代詩 100 周年||ゲンダイシ　100　シュウネン
クイズ 123||クイズ　ワン　ツー　スリー
（情報源に読みが「ワンツースリー」と表示されている場合の例）
クイズ 123||クイズ 123
（情報源に読みが表示されていない場合の例）
新制度 Q&A||シンセイド Q & A
京都・奈良の寺社||キョウト ナラ ノ ジシャ
（記号を省略した例）
タモリ||タモリ
（読みを記録した例）
タモリ
（名称が片仮名読み形と一致し，読みの記録を省略した例）

#1.12.1 片仮名読み形　別法（略）

#1.12.2 ローマ字読み形

ローマ字読み形は，適切な単位に分かち書きして記録する。記号，アラビア数字，ラテン文字等は，情報源に読みが表示されている場合は，それをローマ字読みに変換して記録する。読みが表示されていない場合は，そのまま記録する。対象となる文字列が，ローマ字読み形と完全に一致する場合は，読みの記録を省略できる。

観覧車物語||Kanransha monogatari
ぐりとぐら||Guri to Gura
現代詩 100 周年||Gendaishi 100shunen
クイズ 123||Kuizu wan tsu suri
（情報源に読みが「ワンツースリー」と表示されている場合の例）
クイズ 123||Kuizu 1 2 3
（情報源に読みが表示されていない場合の例）
新制度 Q&A||Shinseido Q & A
京都・奈良の寺社||Kyoto・Nara no jisha

中国語の表示形に対するピンインを，ローマ字読み形として扱うことができる。

#1.12.2 ローマ字読み形　別法（略）

#1.12.3 ハングル読み形（略）

#1.13 注記

注記は，#1.13.1～#1.13.3 に従って記録する。

#1.13.1 引用

資料自体またはその他の情報源からの引用を行う場合は，かぎかっこまたは引用符で囲んで記録し，続けて情報源を示す。ただし，その情報源が優先情報源である場合は，情報源を示さない。

「本書の執筆編集は松田民俗研究所及び御殿場市教育委員会が行った」一凡例
“A two-volume set which is part of a project entitled ‘international relations theory and South Asia’”--Volume 1, preface.
“With a new preface by the author.”
（優先情報源（タイトルページ）の表示を引用した例。）

#1.13.2 参照

次のいずれかの場合は，資料自体またはその他の情報源にある情報および（または）参照先を記録する。

a）記録内容の裏付けを示す場合

Preface signed by David Darrow, John Meacham, and Benjamin S. Youngs, of whom the first two named “signed their names not as authors, but as counsellors, and as sanctioning the work”--Cf. p. xiv,4th ed.

b）その他の情報源を参照すれば情報を容易に得られるため，情報の内容そのものの記録を省略する場合

Detailed description in：A Jussi Bjoerling discography / by Jack W. Porter and Harald Henrysson.
Table of contents http：11d-nb. info110442 75677104

#1.13.3 対象部分の特定

注記の内容が記述対象全体に該当しない場合は，該当する部分またはイテレーションを識別できるように記録する。

下巻の責任表示：マイク・アシュレイ編；スティーヴン・バクスター［ほか］著；日暮雅通訳
Volume 4 has subtitle: Building resilient regions

（以下，略）

資料4　論理演算（ブール演算）

論理積（A and B）

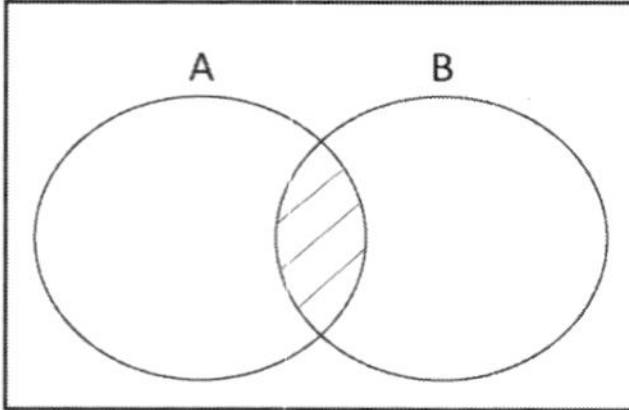

AもBも両方含む

論理和（A or B）

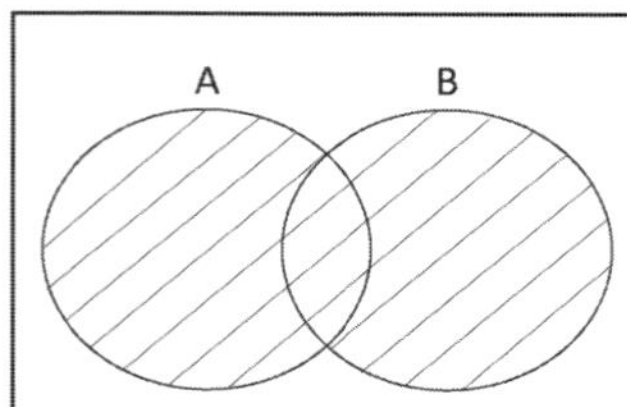

AかBかどちらかを含む

論理差（A not B）

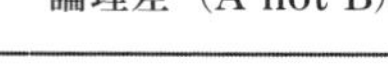

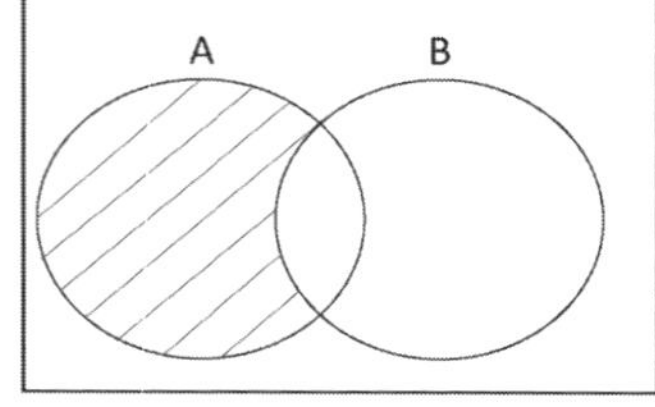

Aは含むがBは含まない

論理演算式　上の図に示される論理演算を，論理演算子を用いて式に表現したもの。代数演算式のように（　）を用いて演算の優先を指示することができる。

例）（国文学＋日本文学）＊（コンピュータ＋電子計算機）

資料5　小学校件名標目表の例

全国学校図書館協議会『小学校件名標目表』（第2版）2004年

テレビキョ ――― デンキセイ

テレビキョ	**テレビ局**　547.8；699.3 ⇨アナウンサー．記者．キャスター．ディレクター．テレビ．日本放送協会．ニュースキャスター．ネットワーク（放送）．番組．プロデューサー．編集（放送）．放送局	⇦テレビ．放送．放送局．民間放送
テロ	**テロ**　316.4	⇦政治
デンアツ	**電圧**　427.4；541.3 ⇨電流	⇦電気．電流
テンキ	**天気**　→気象	
デンキ	**伝記**　280；289 ◎伝記について書かれた著作，及び複数の人物の伝記（叢伝）に与える。 各主題のもとの形式細目としても使用する。 〔例〕科学者―伝記 特定地域の人物を扱った叢伝には，「伝記」を地理区分したものを与える。 〔例〕伝記―日本 個人の伝記には，個人名を与える。 〔例〕福沢諭吉．リンカーン，エイブラハム ⇨人名辞典	
デンキ	**電気**　427；540；592.4 ⇨磁気．情報通信．テレビ．電圧．電気機器．電気製品．電子．電子機器．電磁波．電車．電信．電池．電灯．電流．電話．発電．半導体．放送	⇦物理
デンキキカ	**電気機関車**　546.4	⇦機関車
デンキキキ	**電気機器**　542 ○個々の電気機器の名。 〔例〕発電機．変圧器 ⇨電気製品	⇦電気
デンキジド	**電気自動車**　537.25 ⇨ソーラーカー	⇦自動車
テンキズ	**天気図**　451.28 ⇨天気予報	⇦気象．気象観測．気象台．航海．天気予報
デンキセイ	**電気製品**　545.88；582.5；592.4 ○個々の電気製品名。 〔例〕洗濯機．テレビ	⇦家庭．電気．電気機器．リサイクル

※記号の意味：→直接参照（を見よ参照），←直接参照（を見よあり参照），⇨連結参照（をも見よ参照），⇦連結参照（をも見よあり参照）　○個々の名辞を例示するためにとどめたことを示す注記，◎件名付与作業のための注記，．複数の件名標目の区切り，；複数の分類記号の区切り，―　主標目に細目を付加する際に使用，（ ）件名標目の範囲・観点を説明，〔例〕件名の例示

資料6　中学校・高校件名標目表の例

全国学校図書館協議会編『中学・高校件名標目表』（第3版）1999年

デッサン ――― テンキカ

デッサン	**デッサン**　725

テツドウ　**鉄道**　516；686
テッポウ　**鉄砲**　559.1
　◎　歴史上の鉄砲について書かれた著作に与える。それ以外の鉄砲について書かれた著作には「銃砲」を与える。
テニス　**テニス**[+]　783.5
デパート　**デパート**　673.83　←百貨店
テーピン　**テーピング**[+]　780.19
テーブル　**テーブルマナー**　385.9；596.8
テープレ　**テープレコーダ**　547.333
デフレー　**デフレーション**　337.9
テーマパ　**テーマパーク**[+]　689
デモクラ　**デモクラシー**　→民主主義
テラコヤ　**寺子屋**　210.5；372.105
テレビ　**テレビ**　547.8；699
テレビド　**テレビドラマ**　778.8；901.27
テンキ　天気　→**気象**
デンキ　**伝記**　280
　＊　地理区分
　◎　叢伝〔3人以上の伝記〕に与える。ただし，必要に応じ被伝者名を分出する。
　各伝〔2人までの伝記〕には被伝者の個人名を与える。
　〔例〕福沢諭吉；ロラン，ロマン
　家伝には家名を与える。
　〔例〕ケネディ家；徳川家
　特定の主題についての叢伝には，主題をあらわす件名を与え，「伝記」を形式細目として用いる。
　〔例〕音楽家―伝記；農学者―伝記
　電気　427
デンキカ　**電気回路**　541.1

※記号の意味　→を見よ参照，←を見よあり参照，；項目間の区切り，＊地理区分を指示する，◎件名標目のあらわす概念の範囲を明確にするときの注記，[+]新たに加えた件名標目，―（ダッシュ）細目を付加する

資料7　基本件名標目表　第4版（BSH4）

日本図書館協会編『基本件名標目表』（第4版）1999年

■BSH4　音順標目表の例

※記号の意味：
　太字　件名標目
　→　直接参照（を見よ）
　名辞の後の（ ）　意味の限定
　≪ ≫ 説明つき参照を示す名辞
　―（ダッシュ）　細目の付加
　.（ピリオド）　名辞の区切り
　［ ］　細目を示す名辞
　＜ ＞　細目種別
　＊　第3版にもあった標目
　⑧　NDC 第8版での分類記号
　⑨　NDC 第9版での分類記号
　UF　直接参照あり（を見よ参照あり）
　SN　限定注記
　NT　下位標目
　BT　上位標目
　TT　最上位標目
　SA　参照

テンカンモク　展観目録　→**美術品―目録**
テンキ　天気　→**気象**
デンキ　≪伝記≫
　伝記および伝記に関する著作には，次の件名標目をあたえる。
　(1) 伝記に関する著作には，**伝記**の件名標目をあたえる。
　(2) 個人の伝記には，被伝者の個人名を件名標目としてあたえる。（例：**福沢諭吉**）
　(3) 一族，一家の家伝には，その氏，または家名の総称名を件名標目としてあたえる。（例：**藤原氏（奥州）．ケネディ家**）
　(4) 叢伝。
　a 国籍，職業ともに限定されていない多数人の伝記には，**伝記**を件名標目としてあたえる。
　b 一州，一国または一地方の人物を集めた叢伝は，**伝記**の件名標目のもとに，それぞれの地名を地名細目としてあたえる。（例：**伝記―日本．伝記―神戸市**）
　c 特定の職業，専門分野などの人物を集めた叢伝は，その職業，専門分野を表す件名標目のもとに，―伝記の一般細目をあたえる。同様の範囲について編集された人名辞典にも，―伝記の一般細目をあたえる。（例：**数学者―伝記．僧侶―伝記**）
　d 文学者の叢伝で，各国文学にわたるものには，**作家**または**劇作家**，**詩人**の件名標目をあたえる。
　e 一国の文学者の叢伝には，各国文学を表す件名標目のもとに，―作家の細目をあたえる。（例：**日本文学―作家**）
　f 一州，一国または一地方の人名辞典には，**人名辞典**の件名標目のもとに，それぞれの地名を地名細目としてあたえる。
　g 世界人名辞典には，**人名辞典**の件名標目をあたえる。
デンキ　［伝記］＜一般細目＞

特定の職業，専門分野に関する多数人の伝記に対して，その職業，分野を表す件名標目のもとに，一般細目として用いる。（例：**数学者—伝記．政治家—伝記．俳人—伝記．僧侶—伝記．俳優—伝記**）

デンキ　**伝記***　⑧280⑨280
SN：この件名標目は，多数人にわたる伝記にあたえる。
SN：個人の伝記は，各個人名を件名標目とする。
UF：偉人—伝記
NT：逸話．英雄—伝記．系譜．自叙伝．肖像．人名．生活記録．姓氏．墓誌．紋章

—アメリカ　**伝記—アメリカ合衆国***　⑧285.3⑨285.3
UF：アメリカ合衆国—伝記

—ニホン　**伝記—日本***　⑧281⑨281
UF：日本—伝記

—コウベシ　**伝記—神戸市***　⑧281.64⑨281.64
UF：神戸市—伝記

デンキ　**電気***　⑧427；592.4⑨427；592.4
TT：物理学 212
BT：電気磁気学
NT：静電気．電気泳動．電気伝導．電流．熱電気

デンキエイド　**電気泳動**　⑧427.4；433.4⑨427.4；433.4
TT：物理学 212
BT：電気

デンキオンキ　**電気音響機器***　⑧547.3⑨547.3
UF：オーディオ．オーディオ　セット
TT：物理学 212
BT：電気音響工学
NT：音響材料.拡声器.コンパクトディスク.再生装置．マイクロフォン

デンキオンキ　**電気音響工学***　⑧547.3⑨547.3
TT：物理学 212
BT：音響学
NT：電気音響機器．電子音楽

デンキカイロ　**電気回路***　⑧541.1⑨541.1
UF：配線図
TT：電気工学 169
BT：電気工学
NT：回路網．過渡現象．交流（電流）．磁気回路．電子回路

デンキカガク　**電気化学***　⑧431.7⑨431.7
TT：化学 27
BT：物理化学
NT：磁気化学．電池．電離．電離層．放電

デンキカガク　**電気化学工業***　⑧572⑨572
TT：化学工業 29
BT：化学工業
NT：カーバイド．電解工業

デンキガッキ　**電気楽器***　⑧763.9⑨763.99
TT：音楽 19
BT：楽器

デンキキカン　**電気機関車***　⑧546.4⑨546.4
TT：運輸 12．機械工学 42．交通機関 87
BT：機関車

デンキキキ　**電気機器***　⑧542⑨542
TT：電気工学 169
BT：電気工学
NT：インバータ．開閉器．継電器．コンデンサー．遮断器．整流器．直流機．抵抗器．電源装置．同期機．発電機．変圧器．変流機．誘導機
SA：その他個々の電気機器名も件名標目となる。

デンキケイキ　**電気計器***　⑧541.53⑨541.53
UF：電気計測
TT：電気工学 169
BT：電気工学
NT：デジタル計器
SA：その他個々の計器名も件名標目となる。

デンキケイソ　電気計測　→**電気計器．電気磁気測定**

デンキケッセ　電気結線　→**電線接続法**

■BSH4　階層構造標目表の例

- -

211 〈物産〉
物産
・水産物（以下，略）

- -

212 〈物理学〉
物理学
・エネルギー
・・太陽熱
・応用物理学
・・トランスジューサー
・・・アクチュエーター
・・・センサー
・音響学
・・音
・・音響工学
・・音響測定
・・・測深器
・・音波
・・振動
・・騒音
・・電気音響工学
・・・電気音響機器
・・・・音響材料
・・・・拡声器
・・・・コンパクトディスク
・・・・再生装置

・・・・・録音・録音機
・・・・・録画
・・・・・・ビデオ　ディスク
・・・・マイクロフォン
・・・電子音楽
・・フォノン
・原子物理学
・・宇宙線
・・原子核
・・・原子核反応
・・・・核分裂
・・・素粒子
・・・・クォーク
・・・・中間子
・・・・中性子
・・・・電子
・・・・・電子回折
・・・・・電子線
・・シンチレーション測定
・・放射能
・・・放射線
・・・・エックス線
・・・・放射線測定
・光学
・・幾何光学
・・蛍光
・・・エレクトロ　ルミネセンス
・・紫外線
・・色彩
・・写真光学
・・赤外線
・・分光学
・・・スペクトル
・低温科学
・・低温物理学
・電気磁気学
・・磁気
・・・原子核磁気共鳴
・・・磁気化学
・・・磁気光学
・・・磁気分析
・・・磁石
・・・・電磁石
・・・磁歪
・・・地磁気
・・・電子スピン共鳴
・・帯電防止
・・電気
・・・静電気
・・・電気泳動
・・・電気伝導
・・・電流
・・・熱電気
・・電気磁気測定
・・・オシログラフ
・・・回路計
・・・無線測定
・・電磁流体力学
・・電池
・・・乾電池
・・・蓄電池
・・・燃料電池
・・電波
・・・高周波
・・・・超短波
・・・・・マイクロ波
・・・電波障害
・・プラズマ物理学
・・放電
・統計力学
・熱学
・・温度
・・熱化学
・・熱交換
・・熱伝達
・・熱輻射
・・熱力学
・・・エントロピー（熱学）
・・・工業熱力学
・・・熱応力
・・熱量測定
・物質
・物性論
・・液体
・・・液晶
・・界面現象
・・・表面張力
・・・毛管現象
・・緩和現象
・・気体
・・・真空
・・・・真空技術
・・・水蒸気
・・金属電子論
・・高温物理学
・・高分子
・・固体
・・・アモルファス金属
・・・粉体
・・磁性体
・・超伝導
・・半導体
・・・サーミスタ
・・・ダイオード

・・・・エサキ　ダイオード
・・非晶質
・・表面物理学
・・分子間力
・・分子構造
・・メゾスコピック系
・・溶液
・・レオロジー
・物理学―実験
・物理学―定数表
・物理学者
・物理数学
・・数理物理学
・・・ソリトン
・・・非線型力学
・・テンソル
・・ベクトル
・力学
・・運動（物理学）
・・応用力学
・・・機械力学
・・・・機械振動学
・・・構造力学
・・・・建築力学
・・・・ラーメン（工学）
・・・材料力学
・・・弾道学
・・・土木力学
・・・・土質力学
・・・・・地すべり
・・・・・・土石流
・・解析力学
・・重力
・・・無重量
・・水力学
・・静力学
・・塑性
・・弾性
・・てこ
・・波動
・・・衝撃波
・・・超音波
・・摩擦
・・流体力学
・・・渦
・・・気体力学
・・・航空力学
・量子力学
・・場の量子論
・量子論
・理論物理学
・・カオス（物理学）
・・拡散（物理学）
・・空間（物理学）
・・散乱（物理学）
・・相対性理論
・・・時間（物理学）
・・輸送理論（物理学）

213　〈舞踊〉
舞踊
・社交ダンス（以下，略）

■BSH4　分類記号順標目表の例

〔426	熱学〕	
426	熱学	501.26
426.2	温度	451.35
	温度測定・測定器	501.22；535.3
	熱量測定	501.22
426.3	熱交換	571.7
	熱伝達	501.26
	熱輻射	
426.4	水蒸気	533.3
426.5	熱力学	431.6
	輸送理論（物理学）	421.4
426.55	エントロピー（熱学）	
426.7	低温科学	431.67
	低温物理学	
426.8	高温物理学	
〔**427**	**電磁気学**〕	
427	電気	592.4
	電気磁気学	
427.1	磁気光学	
	電子	549.1
427.3	静電気	
	帯電防止	
	誘電体	428.8；541.65
427.4	電気泳動	433.4
	電気伝導	541
	電流	
	熱電気	
427.45	超伝導	428.8
427.5	イオン	431.36；431.71
	イオンビーム	549.1
	放射線	429.4；431.59；539.6
	放電	572.5
427.53	空中電気	451.77
427.55	エックス線	425.5；431.58；549.96
	エックス線回折	425.5
427.56	電子回折	
	電子光学	549.97
	電子線	
	電子分光分析	433.57
427.6	電磁流体力学	

	プラズマ物理学	
427.7	電波	547.51
427.8	原子核磁気共鳴	431.14；433.5
	磁気	
	磁石	428.9；541.66
	電磁石	541.66
	電子スピン共鳴	
〔428	**物性物理学〕**	
428	緩和現象	431.3
	物質	112；431
	物性論	
428.1	高分子	
	分子	431.1
	分子間力	
	分子構造	431.1
428.2	気体	423.88
428.3	液体	
428.3	界面現象	
	表面張力	423.86；431.86
	毛管現象	423.86
	溶液	431.3
	レオロジー	501.33
428.35	液晶	
428.4	アモルファス金属	
	金属電子論	563.6
	固体	
	非晶質	459.9
	表面物理学	
	フォノン	
	メゾスコピック系	
428.8	超伝導	427.45
	半導体	549.8
	誘電体	427.3；541.65
428.9	磁石	427.8；541.66
	磁性体	
	磁歪	
〔429	**原子物理学〕**（以下，略）	

■BSH4　細目一覧（一部省略）

1　一般細目

一般細目は，いずれの標目のもとでも，共通して使用することができる。

エッセイ	学習書	研究法
索引	雑誌	辞典
写真集	条例・規則	抄録
書誌	史料※	資料集
随筆	図鑑	伝記
統計書	年鑑	年表※
判例	文献探索	便覧
法令	名簿	用語集
歴史		

※歴史を表す標目，および細目としての「一歴史」のもとに用いる。

2　分野ごとの共通細目

それぞれ指定された範囲の標目のもとで，必要に応じ共通に使用することができる。

〈医学・薬学共通細目〉

検査法	非臨床試験	副作用
臨床試験		

〈映画・演劇共通細目〉

演技	演出	制作

〈音楽共通細目〉

演奏	楽譜	作曲
編曲	名曲解説	

〈会議共通細目〉

会議録

〈科学共通細目〉

採集	実験	定数表
標本	捕獲	命名法

〈芸術・文学共通細目〉

作法	作家	評釈
評論		

〈工業・鉱業共通細目〉

採鉱	積算・仕様	腐食・防食

〈古典共通細目〉

古典名のもとに用いる。（本表中の「聖書」「平家物語」「万葉集」のもとに，使用例を示してある。）

研究	梗概	植物
諸本・諸版	撰抄	地理
動物	評釈	

〈災害・戦争共通細目〉

戦没者	遭難	被害

〈作品集成共通細目〉

各ジャンルおよび特定の題材に係わる文学・芸術作品の集成に用いる。

エッセイ集	歌集	画集
戯曲集	脚本集	句集
詩集	シナリオ集	小説集
随筆集	文集	

〈宗教共通細目〉

儀式	教義	殉教
布教		

〈商品・製品共通細目〉

カタログ

〈職業・資格共通細目〉

問題集

〈生物・農業・畜産業共通細目〉

育種	栽培	飼育
習性	知能	病虫害
分布	保護	

〈美術・文化財共通細目〉

鑑定	技法	材料
収集	図案	図集
標本目録	保存・修復	目録

〈文学形式共通細目〉

人物・事件名・動植物名などを題材とする文学作品に用いる。

戯曲　　シナリオ　　小説・物語

3　言語細目

各言語名のもとで，必要に応じて共通に使用することができる。(本表中の「英語」,「中国語」,「日本語」のもとに，言語細目の例を示してある。)

アクセント　　位相　　意味論
音韻　　音声　　解釈
外来語　　会話　　冠詞
感動詞　　慣用語句　　擬声語・擬態語
近世語　　敬語　　形態論
形容詞　　語彙　　口語
構文論　　語源　　古語
古代語　　作文　　時制
修辞法　　熟語　　書簡文
助詞　　助動詞　　数詞
正書法　　接続詞　　接頭語・接尾語
前置詞　　俗語　　代名詞
単語　　中世語　　同音異義語
動詞　　読本　　発音
反対語　　表記法　　標準語
副詞　　文節法　　文体
文法　　方言※　　名詞
略語　　類語

※日本語のもとでは，必要に応じて，地方名により区分することができる。

4　地名のもとの主題細目

以下に掲げる主題については，国名・地方名を問わず，原則として地名を優先させ，そのもとに主題を細目として用いる。(本表中の「アメリカ合衆国」,「日本」,「神戸市」の地名標目のもとに，主題細目の例が示してある。)

紀行・案内記　　教育　　行政
経済　　工業　　国防*
産業　　商業　　人口
政治　　対外関係**　　地域研究
地図　　地理　　農業
風俗　　貿易***

* 国名のもとに使用する。

** 国名のもとに使用する。必要に応じて，相手国により区分する。

*** 必要に応じて，相手国により区分する。国名のもとばかりでなく，地方名のもとにも用いることができる。

5　地名細目

〈地名のもとの主題細目〉において指定されている主題以外のすべての件名標目は，その主題に関する地域事情などについて記述されている場合，主題を表す主標目のもとに，対象となっている地名を細目としてあたえることができる。

細目が国名の場合は，国名標目表に掲げている表現形式を用いる。地方名の場合も，主標目として採用した表現形式と一致させる。

6　時代細目

歴史を表す標目，および「―歴史」の細目を用いている標目については，時代細目を重ねて用いることができる。

時代細目に用いる区分の名辞は，主標目である地域，主題ごとに，異なった表現を用いざるをえないが，同一地域，同一主題のもとでは，統一した時代区分の方式を採用する。

7　特殊細目

共通細目ではないので，すべて各標目のもとに示してある。

資料8　主要な分類法

■デューイ十進分類法（Dewey Decimal Classification, DDC）

＜歴史と経緯＞

米国のデューイ（Melvil Dewey, 1851-1931）により考案された十進記号法※を用いた書架分類法。初版は1876年。現在利用されている資料分類法のうち，最古の起源をもつ。英語圏を中心に135を越す国で採用され，世界で最も流通している（『図書館情報学用語辞典』丸善，2007年）。1954年以降，米国議会図書館（LC）の整理局が維持・管理してきたが，後にOCLCに移管委譲された。最新版は2011年の第23版である。日本では主に洋書の分類に用いられている。

＜特徴＞

①単純で理解しやすく，記憶しやすい。
②図書館の性格や蔵書数に応じて精粗を選べる。
③無限の展開の可能性を持つ。

＜問題点＞

主題を常に0から9までの区分肢に当てはめなければならない。

※十進記号法は米国のブレーク（William Phipps Blake, 1826-1910）が開発した。DDCは，ハリスの分類法（第8章注5参照）を発展させながら，この十進記号法を取り込んだ。

■展開分類法（Expansive Classification, EC）

DDCの配列順序などの問題点を改善して作成された分類法で，アルファベットと数字を用いた列挙型分類表である。

＜歴史と経緯＞

カッター（Charles Ammi Cutter, 1837-1903）により1891～93年に出版された。発行時には高い評価も受け，米国の図書館に広がったが，カッターの死後は改訂されることなく未完成のままで，現在はほとんど使われていない。しかし，その優れた体系はNDCにも影響を与えた。

<特徴>
理論的には優れている。
<問題点>
未完成のままになっている。

■国際十進分類法（Universal Decimal Classification, UDC）

従来の書架分類法ではなく，資料の内容を分析し，目録を作成するための書誌分類法。とくに世界的視野で科学技術の学術論文を分類することをめざした。

<歴史と経緯>
科学技術の著しい発展とともに，従来の分類法だけでは科学技術文献の分類に対応しきれなくなったことから考案された。ベルギーのオトレ（Paul Otlet, 1868-1944）とラ・フォンテーヌ（Henri La Fontaine, 1854-1943）が設立した国際書誌学会が，世界書誌編纂用として，当時のDDC第5版（1894）を拡張し，国際的に適合させた。1905年に初版。ヨーロッパを中心に科学技術を扱う専門図書館に普及している。

<特徴>
①DDCの100区分表を踏襲している。
②分類記号を「票数」と呼び，小数としての数字，記号のコロン，プラス，カッコなどを用いて，資料の持つ多様な主題を表現できるようにしている。

<問題点>
近年の科学技術の発展の勢いは止まることを知らず，UDCの分類法をもってしても，新しく現れる膨大な情報の主題を分類しきれなくなっている。

■アメリカ議会図書館分類表（Library Congress Classification, LCC）

標準分類法ではなく，米国議会図書館のための一館分類表である。

<歴史と経緯>
DDCの主題配列の順序や区分法を批判したECを基礎にして1904年に最終案が作成された。それをもとに，専門家により分野毎に分類表が作成され，その点では専門分類表の集合とみることもできる。また，分類項目は，実際の資料にもとづいたもので，列挙型分類法による分類表の典型といわれている。一館分類法ではあるが，アメリカやイギリスの大規模な学術図書館や大学図書館でも採用されている。米国議会図書館が維持・管理をおこなっている。

<特徴>
①ECを主区分のよりどころとし，分類記号はアルファベット1～2字に4桁までの数字を併用している。
②実用性に徹しているため，資料の量に応じた記号の分配をおこなっている。

<問題点>
①使用されている記号が混成記号で記憶しにくい。
②部門ごとの編集方針に統一性がなく，全体構成をとらえにくい。

■国立国会図書館分類表（National Diet Library Classification, NDLC）

米国議会図書館にならった，わが国の国立国会図書館（NDL）のための一館分類表である。

<歴史と経緯>
1962-67（昭和37-42）年に，国立国会図書館分類表作成委員会がLCCなどを参考にして，独自の分類表を作成した。蔵書実績を背景に構成が考えられ，最も新しく考案された分類表であることから，体系は合理的である。日本の大学図書館でも採用しているところがある。NDLが維持・管理をおこなっている。

<特徴>
①知識の全分野を社会科学，人文科学，科学技術，総記，形式類の順にまとめている。
②納本資料を網羅し，国会サービスを第一任務としている。
③過去15年の蔵書実績を主題別構成から調査して再構成している。

<問題点>
知識体系に準拠していない点が多々存在する。

■コロン分類法（Colon Classification, CC）

複合主題にも対応できる新しい原理に基づいた分析合成型分類法。分類記号をコロンで区切ったことからコロン分類法と呼ばれる。

<歴史と経緯>
世界的視野で学術文献の目録作成を目指したUDCも，ますます複雑化する資料の主題に対応しきれなくなり，それを受けて，インドのランガナータン（S.R. Ranganathan, 1892-1972）がこれまでの列挙型とはまったく異なった原理に基づく分類法を創出した。ファセット分類法ともいわれる合成型分類法である。1933年に初版が出版された。列挙型に比べると，複雑な主題を正確に分類するのに有効ではあるが，表記が煩雑で実用に向かず，むしろ理論としてのみ高い評価を受けている。この分類法をもとにしてランガナータン以後も新たな理論研究が試みられている。書架分類法に適用できないことから，インドの少数の大学図書館で利用されているほかには，あまり普及していない。

<特徴>
①主題区分と5種の基礎カテゴリー（P：パーソナリティ，M：物質，E：エネルギー，S：空間，T：時間）との組み合わせによって主題を表す分類法である。
②表に掲げられたクラス間には階層関係も序列関係も存在せず，単に分類の対象となっている資料・情報の持つ主題・テーマを表現するための記号として使用している。

<問題点>
①分類理論や表の使用法が難解である。
②度重なる改訂によって混乱し，統一感がなくなっている。

資料9　日本十進分類法第10版（NDC10）要約表

■NDC10　類目表

0　総記
1　哲学
2　歴史
3　社会科学
4　自然科学
5　技術
6　産業
7　芸術
8　言語
9　文学

■NDC10　綱目表

00総記
01　図書館．図書館情報学
02　図書．書誌学
03　百科事典．用語索引
04　一般論文集．一般講演集．雑著
05　逐次刊行物．一般年鑑
06　団体．博物館
07　ジャーナリズム．新聞
08　叢書．全集．選集
09　貴重書．郷土資料．その他の特別コレクション

10哲学
11　哲学各論
12　東洋思想
13　西洋哲学
14　心理学
15　倫理学．道徳
16宗教
17　神道
18　仏教
19　キリスト教．ユダヤ教

20歴史．世界史．文化史
21　日本史
22　アジア史．東洋史
23　ヨーロッパ史．西洋史
24　アフリカ史
25　北アメリカ史
26　南アメリカ史
27　オセアニア史．両極地方史
28　伝記

29地理．地誌．紀行

30社会科学
31　政治
32　法律
33　経済
34　財政
35　統計
36　社会
37　教育
38　風俗習慣．民俗学．民族学
39　国防．軍事

40自然科学
41　数学
42　物理学
43　化学
44　天文学．宇宙科学
45　地球科学．地学
46　生物科学．一般生物学
47　　植物学
48　　動物学
49医学．薬学

50技術．工学
51　建設工学．土木工事
52　建築学
53　機械工学．原子力工学
54　電気工学
55　海洋工学．船舶工学．兵器．軍事工学
56　金属工学．鉱山工学
57　化学工業
58　製造工業

59家政学．生活科学

60産業
61　農業
62　園芸．造園
63　蚕糸業
64　畜産業．獣医学
65　林業．狩猟
66　水産業
67　商業
68　運輸．交通．観光事業
69　通信事業

70芸術．美術
71　彫刻．オブジェ
72　絵画．書．書道
73　版画．印章．篆刻．印譜
74　写真．印刷
75　工芸
76　音楽．舞踊．バレエ
77　演劇．映画．大衆芸能
78スポーツ．体育
79諸芸．娯楽

80言語
81　日本語
82　中国語．その他の東洋の諸言語
83　英語
84　ドイツ語．その他のゲルマン諸語
85　フランス語．プロバンス語
86　スペイン語．ポルトガル語
87　イタリア語．その他のロマンス諸語
88　ロシア語．その他のスラブ諸語
89　その他の諸言語

90文学
91　日本文学
92　中国文学．その他の東洋文学
93　英米文学
94　ドイツ文学．その他のゲルマン文学
95　フランス文学．プロバンス文学
96　スペイン文学．ポルトガル文学
97　イタリア文学．その他のロマンス文学
98　ロシア・ソビエト文学．その他のスラブ文学
99　その他の諸言語文学

■NDC10　要目表　0類

000	**総記**	**050**	**逐次刊行物**
001		051	日本語
002	知識．学問．学術	052	中国語
003		053	英語
004		054	ドイツ語
005		055	フランス語
006		056	スペイン語
007	情報学．情報科学	057	イタリア語
008		058	ロシア語
009		**059**	**一般年鑑**
010	**図書館．図書館情報学**	**060**	**団体**
011	図書館政策．図書館行財政	061	学術・研究機関
012	図書館建築．図書館設備	062	
013	図書館経営・管理	063	文化交流機関
014	情報資源の収集・組織化・保存	064	
015	図書館サービス．図書館活動	065	親睦団体．その他の団体
016	各種の図書館	066	
017	学校図書館	067	
018	専門図書館	068	
019	読書．読書法	**069**	**博物館**
020	**図書．書誌学**	**070**	**ジャーナリズム．新聞**
021	著作．編集	071	日本
022	写本．刊本．造本	072	アジア
023	出版	073	ヨーロッパ
024	図書の販売	074	アフリカ
025	一般書誌．全国書誌	075	北アメリカ
026	稀書目録．善本目録	076	南アメリカ
027	特種目録	077	オセアニア．南極地方
028	選定図書目録．参考図書目録	078	
029	蔵書目録．総合目録	079	
030	**百科事典**	**080**	**叢書．全集．選集**
031	日本語	081	日本語
032	中国語	082	中国語
033	英語	083	英語
034	ドイツ語	084	ドイツ語
035	フランス語	085	フランス語
036	スペイン語	086	スペイン語
037	イタリア語	087	イタリア語
038	ロシア語	088	ロシア語
039	**用語索引**	089	その他の諸言語
040	**一般論文集．一般講演集**	**090**	**貴重書．郷土資料．その他の特別コレクション**
041	日本語	091	
042	中国語	092	
043	英語	093	
044	ドイツ語	094	
045	フランス語	095	
046	スペイン語	096	
047	イタリア語	097	
048	ロシア語	098	
049	**雑著**	099	

■NDC10　要目表　1類

100	**哲学**	**150**	**倫理学．道徳**
101	哲学理論	151	倫理各論
102	哲学史	152	家庭倫理．性倫理
103	参考図書［レファレンスブック］	153	職業倫理
104	論文集．評論集．講演集	154	社会倫理［社会道徳］
105	逐次刊行物	155	国体論．詔勅
106	団体	156	武士道
107	研究法．指導法．哲学教育	157	報徳教．石門心学
108	叢書．全集．選集	158	その他の特定主題
109		159	人生訓．教訓
110	**哲学各論**	**160**	**宗教**
111	形而上学．存在論	161	宗教学．宗教思想
112	自然哲学．宇宙論	162	宗教史・事情
113	人生観．世界観	163	原始宗教．宗教民族学
114	人間学	164	神話．神話学
115	認識論	165	比較宗教
116	論理学．弁証法．方法論	166	道教
117	価値哲学	167	イスラム
118	文化哲学．技術哲学	168	ヒンズー教．ジャイナ教
［119］	芸術哲学．美学　→701	169	その他の宗教．新興宗教
120	**東洋思想**	**170**	**神道**
121	日本思想	171	神道思想．神道説
122	中国思想．中国哲学	172	神祇・神道史
123	経書	173	神典
124	先秦思想．諸子百家	174	信仰録．説教集
125	中世思想．近代思想	175	神社．神職
126	インド哲学．バラモン教	176	祭祀
127		177	布教．伝道
128		178	各教派．教派神道
129	その他の東洋思想．アジア哲学	179	
130	**西洋哲学**	**180**	**仏教**
131	古代哲学	181	仏教教理．仏教哲学
132	中世哲学	182	仏教史
133	近代哲学	183	経典
134	ドイツ・オーストリア哲学	184	法話・説教集
135	フランス・オランダ哲学	185	寺院．僧職
136	スペイン・ポルトガル哲学	186	仏会
137	イタリア哲学	187	布教．伝道
138	ロシア哲学	188	各宗
139	その他の哲学	189	
140	**心理学**	**190**	**キリスト教**
141	普通心理学．心理各論	191	教義．キリスト教神学
142		192	キリスト教史．迫害史
143	発達心理学	193	聖書
144		194	信仰録．説教集
145	異常心理学	195	教会．聖職
146	臨床心理学．精神分析学	196	典礼．祭式．礼拝
147	超心理学．心霊研究	197	布教．伝道
148	相法．易占	198	各教派．教会史
［149］	応用心理学　→140	**199**	**ユダヤ教**

■NDC10 要目表 2類

200	**歴史**	**250**	**北アメリカ史**
201	歴史学	251	カナダ
202	歴史補助学	252	
203	参考図書［レファレンスブック］	253	アメリカ合衆国
204	論文集．評論集．講演集	254	
205	逐次刊行物	255	ラテンアメリカ［中南米］
206	団体	256	メキシコ
207	研究法．指導法．歴史教育	257	中央アメリカ［中米諸国］
208	叢書．全集．選集	258	
209	**世界史．文化史**	259	西インド諸島
210	**日本史**	**260**	**南アメリカ史**
211	北海道地方	261	北部諸国［カリブ沿海諸国］
212	東北地方	262	ブラジル
213	関東地方	263	パラグアイ
214	北陸地方	264	ウルグアイ
215	中部地方	265	アルゼンチン
216	近畿地方	266	チリ
217	中国地方	267	ボリビア
218	四国地方	268	ペルー
219	九州地方	269	
220	**アジア史．東洋史**	**270**	**オセアニア史．両極地方史**
221	朝鮮	271	オーストラリア
222	中国	272	ニュージーランド
223	東南アジア	273	メラネシア
224	インドネシア	274	ミクロネシア
225	インド	275	ポリネシア
［226］	西南アジア．中東［中近東］ →227	276	ハワイ
227	西南アジア．中東［中近東］	277	両極地方
［228］	アラブ諸国 →227	278	北極．北極地方
229	アジアロシア	279	南極．南極地方
230	**ヨーロッパ史．西洋史**	**280**	**伝記**
231	古代ギリシア	281	日本
232	古代ローマ	282	アジア
233	イギリス．英国	283	ヨーロッパ
234	ドイツ．中欧	284	アフリカ
235	フランス	285	北アメリカ
236	スペイン［イスパニア］	286	南アメリカ
237	イタリア	287	オセアニア．両極地方
238	ロシア	288	系譜．家史．皇室
239	バルカン諸国	289	個人伝記
240	**アフリカ史**	**290**	**地理．地誌．紀行**
241	北アフリカ	291	日本
242	エジプト	292	アジア
243	マグレブ諸国	293	ヨーロッパ
244	西アフリカ	294	アフリカ
245	東アフリカ	295	北アメリカ
246		296	南アメリカ
247		297	オセアニア．両極地方
248	南アフリカ	298	
249	インド洋のアフリカ諸島	299	海洋

■NDC10　要目表　3類

300	**社会科学**	**350**	**統計**
301	理論．方法論	351	日本
302	政治・経済・社会・文化事情	352	アジア
303	参考図書［レファレンスブック］	353	ヨーロッパ
304	論文集．評論集．講演集	354	アフリカ
305	逐次刊行物	355	北アメリカ
306	団体	356	南アメリカ
307	研究法．指導法．社会科学教育	357	オセアニア．両極地方
308	叢書．全集．選集	358	人口統計．国勢調査
309	社会思想	［359］	各種の統計書
310	**政治**	**360**	**社会**
311	政治学．政治思想	361	社会学
312	政治史・事情	362	社会史．社会体制
313	国家の形態．政治体制	363	
314	議会	364	社会保障
315	政党．政治結社	365	生活・消費者問題
316	国家と個人・宗教・民族	366	労働経済．労働問題
317	行政	367	家族問題．男性・女性問題．老人問題
318	地方自治．地方行政	368	社会病理
319	外交．国際問題	369	社会福祉
320	**法律**	**370**	**教育**
321	法学	371	教育学．教育思想
322	法制史	372	教育史・事情
323	憲法	373	教育政策．教育制度．教育行財政
324	民法．民事法	374	学校経営・管理．学校保健
325	商法．商事法	375	教育課程．学習指導．教科別教育
326	刑法．刑事法	376	幼児・初等・中等教育
327	司法．訴訟手続法	377	大学．高等・専門教育．学術行政
［328］	諸法	378	障害児教育［特別支援教育］
329	国際法	379	社会教育
330	**経済**	**380**	**風俗習慣．民俗学．民族学**
331	経済学．経済思想	381	
332	経済史・事情．経済体制	382	風俗史．民俗誌．民族誌
333	経済政策．国際経済	383	衣食住の習俗
334	人口．土地．資源	384	社会・家庭生活の習俗
335	企業．経営	385	通過儀礼．冠婚葬祭
336	経営管理	386	年中行事．祭礼
337	貨幣．通貨	387	民間信仰．迷信［俗信］
338	金融．銀行．信託	388	伝説．民話［昔話］
339	保険	389	民族学．文化人類学
340	**財政**	**390**	**国防．軍事**
341	財政学．財政思想	391	戦争．戦略．戦術
342	財政史・事情	392	国防史・事情．軍事史・事情
343	財政政策．財務行政	393	国防政策・行政・法令
344	予算．決算	394	軍事医学．兵食
345	租税	395	軍事施設．軍需品
346		396	陸軍
347	公債．国債	397	海軍
348	専売．国有財産	398	空軍
349	地方財政	399	古代兵法．軍学

■NDC10　要目表　4類

400	**自然科学**	**450**	**地球科学．地学**
401	科学理論．科学哲学	451	気象学
402	科学史・事情	452	海洋学
403	参考図書［レファレンスブック］	453	地震学
404	論文集．評論集．講演集	454	地形学
405	逐次刊行物	455	地質学
406	団体	456	地史学．層位学
407	研究法．指導法．科学教育	457	古生物学．化石
408	叢書．全集．選集	458	岩石学
409	科学技術政策．科学技術行政	459	鉱物学
410	**数学**	**460**	**生物科学．一般生物学**
411	代数学	461	理論生物学．生命論
412	数論［整数論］	462	生物地理．生物誌
413	解析学	463	細胞学
414	幾何学	464	生化学
415	位相数学	465	微生物学
416		466	
417	確率論．数理統計学	467	遺伝学
418	計算法	468	生態学
419	和算．中国算法	469	人類学
420	**物理学**	**470**	**植物学**
421	理論物理学	471	一般植物学
422		472	植物地理．植物誌
423	力学	473	葉状植物
424	振動学．音響学	474	藻類．菌類
425	光学	475	コケ植物［蘚苔類］
426	熱学	476	シダ植物
427	電磁気学	477	種子植物
428	物性物理学	478	裸子植物
429	原子物理学	479	被子植物
430	**化学**	**480**	**動物学**
431	物理化学．理論化学	481	一般動物学
432	実験化学［化学実験法］	482	動物地理．動物誌
433	分析化学［化学分析］	483	無脊椎動物
434	合成化学［化学合成］	484	軟体動物．貝類学
435	無機化学	485	節足動物
436	金属元素とその化合物	486	昆虫類
437	有機化学	487	脊椎動物
438	環式化合物の化学	488	鳥類
439	天然物質の化学	489	哺乳類
440	**天文学．宇宙科学**	**490**	**医学**
441	理論天文学．数理天文学	491	基礎医学
442	実地天文学．天体観測法	492	臨床医学．診断・治療
443	恒星．恒星天文学	493	内科学
444	太陽．太陽物理学	494	外科学
445	惑星．衛星	495	婦人科学．産科学
446	月	496	眼科学．耳鼻咽喉科学
447	彗星．流星	497	歯科学
448	地球．天文地理学	498	衛生学．公衆衛生．予防医学
449	時法．暦学	**499**	**薬学**

■NDC10　要目表　5類

500　技術．工学	550　海洋工学．船舶工学
501　工業基礎学	551　理論造船学
502　技術史．工学史	552　船体構造・材料・施工
503　参考図書［レファレンスブック］	553　船体艤装．船舶設備
504　論文集．評論集．講演集	554　舶用機関［造機］
505　逐次刊行物	555　船舶修理．保守
506　団体	556　各種の船舶・艦艇
507　研究法．指導法．技術教育	557　航海．航海学
508　叢書．全集．選集	558　海洋開発
509　工業．工業経済	**559　兵器．軍事工学**
510　建設工学．土木工学	**560　金属工学．鉱山工学**
511　土木力学．建設材料	561　採鉱．選鉱
512　測量	562　各種の金属鉱床・採掘
513　土木設計・施工法	563　冶金．合金
514　道路工学	564　鉄鋼
515　橋梁工学	565　非鉄金属
516　鉄道工学	566　金属加工．製造冶金
517　河海工学．河川工学	567　石炭
518　衛生工学．都市工学	568　石油
519　環境工学．公害	569　非金属鉱物．土石採取業
520　建築学	**570　化学工業**
521　日本の建築	571　化学工学．化学機器
522　東洋の建築．アジアの建築	572　電気化学工業
523　西洋の建築．その他の様式の建築	573　セラミックス．窯業．珪酸塩化学工業
524　建築構造	574　化学薬品
525　建築計画・施工	575　燃料．爆発物
526　各種の建築	576　油脂類
527　住宅建築	577　染料
528　建築設備．設備工学	578　高分子化学工業
529　建築意匠・装飾	579　その他の化学工業
530　機械工学	**580　製造工業**
531　機械力学・材料・設計	581　金属製品
532　機械工作．工作機械	582　事務機器．家庭機器．楽器
533　熱機関．熱工学	583　木工業．木製品
534　流体機械．流体工学	584　皮革工業．皮革製品
535　精密機器．光学機器	585　パルプ・製紙工業
536　運輸工学．車輌．運搬機械	586　繊維工学
537　自動車工学	587　染色加工．染色業
538　航空工学．宇宙工学	588　食品工業
539　原子力工学	589　その他の雑工業
540　電気工学	**590　家政学．生活科学**
541　電気回路・計測・材料	591　家庭経済・経営
542　電気機器	592　家庭理工学
543　発電	593　衣服．裁縫
544　送電．変電．配電	594　手芸
545　電灯．照明．電熱	595　理容．美容
(546　電気鉄道)	596　食品．料理
547　通信工学．電気通信	597　住居．家具調度
548　情報工学	598　家庭衛生
549　電子工学	599　育児

■NDC10　要目表　6類

600　産業	650　林業
601　産業政策・行政．総合開発	651　林業経済・行政・経営
602　産業史・事情．物産誌	652　森林史．林業史・事情
603　参考図書［レファレンスブック］	653　森林立地．造林
604　論文集．評論集．講演集	654　森林保護
605　逐次刊行物	655　森林施業
606　団体	656　森林工学
607　研究法．指導法．産業教育	657　森林利用．林産物．木材学
608　叢書．全集．選集	658　林産製造
609　度量衡．計量法	**659　狩猟**
610　農業	**660　水産業**
611　農業経済・行政・経営	661　水産経済・行政・経営
612　農業史・事情	662　水産業および漁業史・事情
613　農業基礎学	663　水産基礎学
614　農業工学	664　漁労．漁業各論
615　作物栽培．作物学	665　漁船．漁具
616　食用作物	666　水産増殖．養殖業
617　工芸作物	667　水産製造．水産食品
618　繊維作物	668　水産物利用．水産利用工業
619　農産物製造・加工	669　製塩．塩業
620　園芸	**670　商業**
621　園芸経済・行政・経営	671　商業政策・行政
622　園芸史・事情	672　商業史・事情
623　園芸植物学．病虫害	673　商業経営．商店
624　温室．温床．園芸用具	674　広告．宣伝
625　果樹園芸	675　マーケティング
626　蔬菜園芸	676　取引所
627　花卉園芸［草花］	677
628　園芸利用	678　貿易
629　造園	679
630　蚕糸業	**680　運輸．交通**
631　蚕糸経済・行政・経営	681　交通政策・行政・経営
632　蚕糸業史・事情	682　交通史・事情
633　蚕学．蚕業基礎学	683　海運
634　蚕種	684　内陸水運．運河交通
635　飼育法	685　陸運．道路運輸
636　くわ．栽桑	686　鉄道運輸
637　蚕室．蚕具	687　航空運輸
638　まゆ	688　倉庫業
639　製糸．生糸．蚕糸利用	**689　観光事業**
640　畜産業	**690　通信事業**
641　畜産経済・行政・経営	691　通信政策・行政・法令
642　畜産史・事情	692　通信事業史・事情
643　家畜の繁殖．家畜飼料	693　郵便．郵政事業
644　家畜の管理．畜舎．用具	694　電気通信事業
645　家畜．畜産動物．愛玩動物	695
646　家禽	696
(［647］みつばち．昆虫　→646)	697
648　畜産製造．畜産物	698
649　獣医学	699　放送事業

■NDC10　要目表　7類

700	**芸術．美術**	**750**	**工芸**
701	芸術理論．美学	751	陶磁工芸
702	芸術史．美術史	752	漆工芸
703	参考図書［レファレンスブック］	753	染織工芸
704	論文集．評論集．講演集	754	木竹工芸
705	逐次刊行物	755	宝石・牙角・皮革工芸
706	団体	756	金工芸
707	研究法．指導法．芸術教育	757	デザイン．装飾美術
708	叢書．全集．選集	758	美術家具
709	芸術政策．文化財	759	人形．玩具
710	**彫刻**	**760**	**音楽**
711	彫塑材料・技法	761	音楽の一般理論．音楽学
712	彫刻史．各国の彫刻	762	音楽史．各国の音楽
713	木彫	763	楽器．器楽
714	石彫	764	器楽合奏
715	金属彫刻．鋳造	765	宗教音楽．聖楽
716		766	劇音楽
717	粘土彫刻．塑造	767	声楽
718	仏像	768	邦楽
719	**オブジェ**	**769**	**舞踊．バレエ**
720	**絵画**	**770**	**演劇**
721	日本画	771	劇場．演出．演技
722	東洋画	772	演劇史．各国の演劇
723	洋画	773	能楽．狂言
724	絵画材料・技法	774	歌舞伎
725	素描．描画	775	各種の演劇
726	漫画．挿絵．児童画	776	
727	グラフィックデザイン．図案	777	人形劇
728	**書．書道**	**778**	**映画**
729		**779**	**大衆演芸**
730	**版画**	**780**	**スポーツ．体育**
731	版画材料・技法	781	体操．遊戯
732	版画史．各国の版画	782	陸上競技
733	木版画	783	球技
734	石版画［リトグラフ］	784	冬季競技
735	銅版画．鋼版画	785	水上競技
736	リノリウム版画．ゴム版画	786	戸外レクリエーション
737	写真版画．孔版画	787	釣魚．遊猟
738		788	相撲．拳闘．競馬
739	**印章．篆刻．印譜**	789	武術
740	**写真**	**790**	**諸芸．娯楽**
741		791	茶道
742	写真器械・材料	792	香道
743	撮影技術	793	花道［華道］
744	現像．印画	794	ビリヤード
745	複写技術	795	囲碁
746	特殊写真	796	将棋
747	写真の応用	797	射倖ゲーム
748	写真集	798	その他の室内娯楽
749	**印刷**	799	ダンス

■NDC10 要目表 8類

800 言語	850 フランス語
801 言語学	851 音声．音韻．文字
802 言語史・事情．言語政策	852 語源．意味［語義］
803 参考図書［レファレンスブック］	853 辞典
804 論文集．評論集．講演集	854 語彙
805 逐次刊行物	855 文法．語法
806 団体	856 文章．文体．作文
807 研究法．指導法．言語教育	857 読本．解釈．会話
808 叢書．全集．選集	858 方言．訛語
809 言語生活	**859 プロバンス語**
810 日本語	**860 スペイン語**
811 音声．音韻．文字	861 音声．音韻．文字
812 語源．意味［語義］	862 語源．意味［語義］
813 辞典	863 辞典
814 語彙	864 語彙
815 文法．語法	865 文法．語法
816 文章．文体．作文	866 文章．文体．作文
817 読本．解釈．会話	867 読本．解釈．会話
818 方言．訛語	868 方言．訛語
819	**869 ポルトガル語**
820 中国語	**870 イタリア語**
821 音声．音韻．文字	871 音声．音韻．文字
822 語源．意味［語義］	872 語源．意味［語義］
823 辞典	873 辞典
824 語彙	874 語彙
825 文法．語法	875 文法．語法
826 文章．文体．作文	876 文章．文体．作文
827 読本．解釈．会話	877 読本．解釈．会話
828 方言．訛語	878 方言．訛語
829 その他の東洋の諸言語	**879 その他のロマンス諸語**
830 英語	**880 ロシア語**
831 音声．音韻．文字	881 音声．音韻．文字
832 語源．意味［語義］	882 語源．意味［語義］
833 辞典	883 辞典
834 語彙	884 語彙
835 文法．語法	885 文法．語法
836 文章．文体．作文	886 文章．文体．作文
837 読本．解釈．会話	887 読本．解釈．会話
838 方言．訛語	888 方言．訛語
839	**889 その他のスラブ諸語**
840 ドイツ語	**890 その他の諸言語**
841 音声．音韻．文字	891 ギリシア語
842 語源．意味［語義］	892 ラテン語
843 辞典	893 その他のヨーロッパの諸言語
844 語彙	894 アフリカの諸言語
845 文法．語法	895 アメリカの諸言語
846 文章．文体．作文	896
847 読本．解釈．会話	897 オーストラリアの諸言語
848 方言．訛語	898
849 その他のゲルマン諸語	899 国際語［人工語］

■NDC10　要目表　9類

900　文学	950　フランス文学
901　文学理論・作法	951　詩
902　文学史．文学思想史	952　戯曲
903　参考図書［レファレンスブック］	953　小説．物語
904　論文集．評論集．講演集	954　評論．エッセイ．随筆
905　逐次刊行物	955　日記．書簡．紀行
906　団体	956　記録．手記．ルポルタージュ
907　研究法．指導法．文学教育	957　箴言．アフォリズム．寸言
908　叢書．全集．選集	958　作品集
909　児童文学研究	**959　プロバンス文学**
910　日本文学	**960　スペイン文学**
911　詩歌	961　詩
912　戯曲	962　戯曲
913　小説．物語	963　小説．物語
914　評論．エッセイ．随筆	964　評論．エッセイ．随筆
915　日記．書簡．紀行	965　日記．書簡．紀行
916　記録．手記．ルポルタージュ	966　記録．手記．ルポルタージュ
917　箴言．アフォリズム．寸言	967　箴言．アフォリズム．寸言
918　作品集	968　作品集
919　漢詩文．日本漢文学	**969　ポルトガル文学**
920　中国文学	**970　イタリア文学**
921　詩歌．韻文．詩文	971　詩
922　戯曲	972　戯曲
923　小説．物語	973　小説．物語
924　評論．エッセイ．随筆	974　評論．エッセイ．随筆
925　日記．書簡．紀行	975　日記．書簡．紀行
926　記録．手記．ルポルタージュ	976　記録．手記．ルポルタージュ
927　箴言．アフォリズム．寸言	977　箴言．アフォリズム．寸言
928　作品集	978　作品集
929　その他の東洋文学	**979　その他のロマンス文学**
930　英米文学	**980　ロシア・ソビエト文学**
931　詩	981　詩
932　戯曲	982　戯曲
933　小説．物語	983　小説．物語
934　評論．エッセイ．随筆	984　評論．エッセイ．随筆
935　日記．書簡．紀行	985　日記．書簡．紀行
936　記録．手記．ルポルタージュ	986　記録．手記．ルポルタージュ
937　箴言．アフォリズム．寸言	987　箴言．アフォリズム．寸言
938　作品集	988　作品集
［939］　アメリカ文学　→930/938	**989　その他のスラブ文学**
940　ドイツ文学	**990　その他の諸言語文学**
941　詩	991　ギリシア文学
942　戯曲	992　ラテン文学
943　小説．物語	993　その他のヨーロッパ文学
944　評論．エッセイ．随筆	994　アフリカ文学
945　日記．書簡．紀行	995　アメリカ先住民語の文学
946　記録．手記．ルポルタージュ	996
947　箴言．アフォリズム．寸言	997　オーストラリア先住民語の文学
948　作品集	998
949　その他のゲルマン文学	999　国際語［人工語］による文学

資料 10 日本十進分類法（NDC10）細目表の例

.9 応用熱学
　*熱工学→533
427 電磁気学 Electricity and magnetism →：540
［.01→427.1］
.1 電磁気の理論：陰電気，電子，陽電気 →：549
［.2］電気磁気測定 →541.5
.3 静電気学：電荷，誘電体，パイロ電気，ピエゾ電気
.4 動電気学，電気力学：電流，熱電気，界面動電現象
.45 超 電 導
.5 電子とイオンの現象．放電．放射線
.53 空中放電
.54 真空放電
.55 X 線［レントゲン線］ →：492.4；549.96
.56 電子線［陰極線］．電子光学
.57 陽極線．イオン光学
.6 電磁流体力学
　プラズマ．気体電離
.7 電気振動．電磁波 →：547
.8 磁気学：磁化現象，磁気共鳴
　*磁石→：428.9，541.66
［.9］地磁気→450.12
428 物性物理学 Physical properties of matter
　*化学物理学は，ここに収める
.1 分子論．分子物理学．高分子物理学 →：431.9
.2 気体論．気体の分子運動論
.3 液体論．レオロジー．溶液論 →：501.33
.35 液 晶
.4 固体論：電子論，原子論
［.41］結晶物理．格子論 →459.93
.8 誘電体．半導体
.9 磁性体．強磁性体．磁石 →：427.8；541.66

（凡 例）

分類記号	例）427
分類項目名	例）電磁気学 電磁気の理論
英文分類項目名	例）Electricity and magnetism
分類小項目名	例）陰電気，電子，陽電気
関連分類項目名	例）プラズマ，気体電離
参照	例）→：540（をも見よ） →541.5（を見よ）
注参照	例）*熱工学→533 *磁石→：428.9，541.66
注記	例）*化学物理学は，ここに収める
同義語	例）［レントゲン線］
不使用項目	例）［.01→427.1］
二者択一項目	例）［.2］電気磁気測定 →541.5

（記号の意味）
．（ピリオド）⇒名辞を列挙するときの区切り
　例）磁性体．強磁性体．磁石
＊（アスタリスク）⇒注記を示す
；（セミコロン）⇒ 連結参照中の分類記号の区切り
：（コロン）⇒ 分類小項目の細目を示す
　例）固体論：電子論，原子論
，（カンマ）⇒ ①分類小項目または関連連分類項目中の名辞の区切り
　②注参照中の分類記号の区切り
・（中点）⇒ 共通の語根をもつときの略
　例）温度・熱量測定
　　⇒ 温度測定．熱量測定 と同じ意味
＋（プラス）⇒ NDC10 版で新設の分類項目
　例）007.37⁺ 情報セキュリティ

資料 11 日本十進分類法（NDC10）相関索引の例

あい	（作物栽培）	617.8
	（植物学）	479.64
	（染料）	577.99
愛	（キリスト教）	191.7
	（心理学）	141.62
	（仏教）	181.6
	（倫理）	158
相生		*164
アイオワ州		*5352
愛玩動物		645.9
（獣医学）		645.96
合気道		789.25

注：表中の「相生 *164」と「アイオワ州 *5352」に付された*は，該当する記号が地理記号であることを表す（**で海洋記号を表す）。

資料 12 日本十進分類法（NDC10）補助表

■NDC10 形式区分
—01 理論．哲学
—012 学史．学説史．思想史
—016 方法論
—019 数学的・統計学的研究
　*年次統計→—059
—02 歴史的・地域的論述． *地理区分
—028 多数人の伝記
　*3人以上の伝記に，使用する
　*人名辞典→—033；名簿→—035
—029 地理学的論述．立地論
　*特定地域に限定されているものには，—02を使用する
—03 参考図書［レファレンスブック］

*逐次刊行される参考図書には，この記号を使用する
—031　書誌．文献目録．索引．抄録集
—032　年表
—033　辞典．事典．引用語辞典．用語集．用語索引［コンコーダンス］
*項目が五十音順など一定の音順に配列されているものに，使用する
—034　命名法［命名規則］
—035　名簿［ダイレクトリ］．人名録
*団体会員名簿→—06；研究調査機関の構成員の名簿→—076，教育・養成機関の構成員の名簿→—077
—036　便覧．ハンドブック．ポケットブック
—038　諸表．図鑑．地図．物品目録［カタログ］
*文献目録→—031
—04　論文集．評論集．講演集．会議録
*(1) 非体系的または非網羅的なものに，使用する；体系的または網羅的なものには—08 を，逐次刊行されるものには—05 を使用する；(2) 当該主題を他主題との関連から扱ったもの，または特定の概念・テーマから扱ったものに，使用する
—049　随筆．雑記
—05　逐次刊行物：新聞，雑誌，紀要
*逐次刊行される参考図書には，—03 を使用する；ただし，逐次刊行される論文集などには，この記号を使用する
—059　年報．年鑑．年次統計．暦書
—06　団体：学会，協会，会議
*概要，事業報告，会員名簿など，個々の団体自身を扱ったものに，使用する；ただし，研究調査機関を扱ったものには—076 を，教育・養成機関を扱ったものには—077 を使用する
*会議録，研究報告→—04，—05；紀要→—05
—067　企業体．会社誌
—07　研究法．指導法．教育
—075　調査法．審査法．実験法
—076　研究調査機関
*概要，事業報告，構成員の名簿など，個々の機関自身を扱ったものに，使用する
*会議録，研究報告→—04，—05；紀要→—05
—077　教育・養成機関
*概要，事業報告，構成員の名簿など，個々の機関自身を扱ったものに，使用する
*会議録，研究報告→—04，—05；紀要→—05
—078　教科書．問題集
—079　入学・検定・資格試験の案内・問題集・受験参考書
—08　叢書．全集．選集
*体系的または網羅的なものに，使用する；非体系的または非網羅的なものには，—04を使用する
*単冊の全集などにも使用する
—088　資料集

■NDC10　地理区分（抜粋）

—1　日本
—11　北海道地方　*蝦夷には，この記号を使用する
—111　道北：宗谷総合振興局，オホーツク総合振興局［北見国］
—112　道東：根室総合振興局，釧路総合振興局［根室国．釧路国］
—113　十勝総合振興局［十勝国］
—114　上川総合振興局．日高振興局［日高国］旭川，士別，名寄，富良野
—115　道央：石狩振興局，空知総合振興局［石狩国］札幌，千歳
—116　道西：留萌振興局［天塩国］
—117　後志総合振興局．胆振総合振興局［後志国．胆振国］小樽，室蘭
—118　道南：渡島総合振興局，檜山振興局［渡島国］函館，北斗
—119　千島列島［千島国］
*北方四島には，この記号を使用する
*樺太→—292
—12　東北地方　*奥羽には，この記号を使用する
—121　青森県［陸奥国］
—122　岩手県［陸中国］
—123　宮城県［陸前国］
—124　秋田県［羽後国］
—125　山形県［羽前国］
—126　福島県［岩代国．磐城国］
—13　関東地方　*坂東には，この記号を使用する
—131　茨城県［常陸国］
—132　栃木県［下野国］
—133　群馬県［上野国］
—134　埼玉県［武蔵国］　*武相地方→—137
—135　千葉県［上総国．下総国．安房国］
—136　東京都
—1361　区部
—1365　市部．郡部
—1369　島部：小笠原諸島，伊豆諸島
—137　神奈川県［相模国］
—14　北陸地方
—141　新潟県［越後国．佐渡国］
—142　富山県［越中国］
—143　石川県［加賀国．能登国］
—144　福井県［越前国．若狭国］
—15　中部地方：東山・東海地方　*北陸→—14
—151　山梨県［甲斐国］
—152　長野県［信濃国］
—153　岐阜県［飛騨国．美濃国］
—154　静岡県［伊豆国．駿河国．遠江国］
—155　愛知県［尾張国．三河国］
—156　三重県［伊勢国．伊賀国．志摩国］

—16 近畿地方 *畿内，上方，関西には，この記号を使用する
—161 滋賀県［近江国］
—162 京都府［山城国．丹波国．丹後国］
—163 大阪府［和泉国．河内国．摂津国］
—164 兵庫県［播磨国．但馬国．淡路国．西摂．西丹］
—165 奈良県［大和国］
—166 和歌山県［紀伊国］
—17 中国地方
—171 山陰地方
—172 鳥取県［因幡国．伯耆国］
—173 島根県［出雲国．石見国．隠岐国］
—174 山陽地方 *瀬戸内地方には，この記号を使用する
—175 岡山県［備前国．備中国．美作国］
—176 広島県［安芸国．備後国］
—177 山口県［周防国．長門国］
—18 四国地方 *南海道には，この記号を使用する
—181 徳島県［阿波国］
—182 香川県［讃岐国］
—183 愛媛県［伊予国］
—184 高知県［土佐国］
—19 九州地方 *西海道には，この記号を使用する
—191 福岡県［筑前国．筑後国．豊前国］
—192 佐賀県［肥前国］
—193 長崎県［壱岐国．対馬国．西肥］
—194 熊本県［肥後国］
—195 大分県［豊後国．北豊］
—196 宮崎県［日向国］
—197 鹿児島県［薩摩国．大隅国］
—199 沖縄県［琉球国］
—2 アジア．東洋
*東アジア，ユーラシア大陸，シルクロード全域には，この記号を使用する
—21 朝鮮
—214 京畿地方：京畿道，ソウル
—219 済州島
—22 中国
—221 華北．黄河流域
—2221 江蘇省［蘇］．上海
—2238 マカオ
—2239 香港．九竜
—224 台湾
—225 東北地区
—226 蒙古：内モンゴル自治区
—229 チベット
<—23／—24 東南アジア>
—23 東南アジア
—231 ベトナム［越南］
—235 カンボジア
—237 タイ［シャム］
—238 ミャンマー［ビルマ］
—239 マレーシア．マライ半島．クアラルンプール
—2399 シンガポール
—24 インドネシア
—241 スマトラ
—242 ジャワ．ジャカルタ
—243 ボルネオ［カリマンタン］
—2437 ブルネイ
—248 フィリピン
—2481 ルソン．マニラ
—25 インド *南アジアには，この記号を使用する
—257 パキスタン
—2576 バングラデシュ
—258 ヒマラヤ地方
—2587 ネパール
—2588 ブータン
—259 スリランカ［セイロン］．インド洋諸島
—2597 モルディブ
—27 西南アジア．中東［中近東］
*イスラム圏<一般>には，この記号を使用する
*別法：—26
<—271／—278 アラブ諸国> *別法：—28
—271 アフガニスタン *別法：—262
—272 イラン［ペルシア］ *別法：—263
—273 イラク［メソポタミア］ *別法：—281
—274 トルコ
*小アジア，アナトリア半島には，この記号を使用する
*別法：—266
—278 アラビア半島 *別法：—286
—2781 サウジアラビア *別法：—2861
—2782 クウェート *別法：—2862
—2783 カタール *別法：—2863
—2784 アラブ首長国連邦 *別法：—2863
—2785 オマーン *別法：—2864
—2789 バーレーン *別法：—289
—279 イスラエル *別法：—285
—2799 パレスチナ *別注：—2859
—29 アジアロシア
—291 北アジア．シベリア
—292 極東地方
—296 中央アジア
—2961 カザフスタン
—2964 ウズベキスタン
—2991 グルジア
—2992 アルメニア
—3 ヨーロッパ．西洋
—33 イギリス．英国 *イギリス連邦にはこの記号を使用する
—332 スコットランド
—3333 ロンドン
—339 アイルランド［エール］
—34 ドイツ．中欧 *東欧→—39
—343 ベルリン

<—345／—349 中欧諸国>
—345　スイス　*アルプスには，この記号を使用する
—346　オーストリア
—347　ハンガリー
—348　チェコ
—3483　スロバキア
—349　ポーランド
—35　フランス
—353　パリ
—357　モナコ
—358　ベネルックス．ベルギー
—3589　ルクセンブルク
—359　オランダ
—36　スペイン［イスパニア］
　*南欧には，この記号を使用する
—369　ポルトガル
—37　イタリア
—378　バチカン
—38　ロシア
　*独立国家共同体[CIS]には，この記号を使用する
—386　ウクライナ
—388　バルト3国
—389　北ヨーロッパ
　*スカンジナビアには，この記号を使用する
—3892　フィンランド
—3893　スウェーデン
—3894　ノルウェー
—3895　デンマーク *フェロー諸島には，この記号を使用する
—39　バルカン諸国 *東欧には，この記号を使用する
—391　ルーマニア
—392　ブルガリア
—3933　マケドニア
—3934　ボスニア・ヘルツェゴビナ
—3935　クロアチア
—395　ギリシア
—4　アフリカ
<—41／—43 北アフリカ>
—41　北アフリカ
—42　エジプト
—428　スエズ運河
—431　リビア
—432　チュニジア
—434　モロッコ
　*スペイン領メリリャ，セウタには，この記号を使用する
—435　西サハラ［旧スペイン領サハラ］
—446　カメルーン
—45　東アフリカ
—451　エチオピア［アビシニア］
—454　ケニア
—456　タンザニア［タンガニーカ．ザンジバル］
—458　モザンビーク
—48　南アフリカ
—487　南アフリカ共和国
—491　マダガスカル
<—5／—6 アメリカ大陸>
—5　北アメリカ
　*アメリカ大陸全般に関するものには，この記号を使用する
—51　カナダ
—517　ブリティッシュコロンビア州
—53　アメリカ合衆国
—5314　マサチューセッツ
—5321　ニューヨーク
—5341　オハイオ
［—5396］　ハワイ→—76
—55　ラテンアメリカ［中南米］
—56　メキシコ
—578　パナマ．運河地帯
—591　キューバ
—592　ジャマイカ
—596　プエルトリコ
—6　南アメリカ
—613　ベネズエラ
—614　コロンビア
—62　ブラジル *アマゾンには，この記号を使用する
—65　アルゼンチン
—66　チリ　*イースター島→—759
—68　ペルー
—7　オセアニア．両極地方
<—71／—76 オセアニア>
—71　オーストラリア
—711　クイーンズランド州
—715　ニューサウスウェールズ州
—718　タスマニア州
—72　ニュージーランド
—73　メラネシア
—734　フィジー
—735　ニューカレドニア．ローヤルティ諸島
—74　ミクロネシア
　*内南洋［裏南洋］には，この記号を使用する
—741　北マリアナ諸島
　サイパン，テニアン
—742　グアム
—744　パラオ
—76　ハワイ　*別法：—5396
—769　ミッドウェー諸島
—77　両極地方
—78　北極．北極地方
　グリーンランド，スバールバル諸島［スピッツベンゲル諸島］
—79　南極．南極地方

■NDC10　海洋区分

—1 太平洋
—2　北太平洋

—21　ベーリング海
—22　オホーツク海
—23　日本海
—24　黄海
—25　東シナ海
—26　南シナ海
—28　カリフォルニア湾
—3　南太平洋
—31　スル海
—32　セレベス海
—33　ジャワ海
—34　バンダ海
—35　アラフラ海
—36　珊瑚海
—37　タスマン海
—4　インド洋
—41　ベンガル湾
—42　アラビア海
—45　ペルシア湾
—46　紅海
—5　大西洋
—51　北大西洋
—52　北海
—53　バルト海
—55　ハドソン湾
—56　メキシコ湾．カリブ海
—57　南大西洋；ギニア湾
—6　地中海
—61　リグリア海
—62　チレニア海
—63　イオニア海
—64　アドリア海
—65　エーゲ海
—67　黒海
—68　カスピ海［裏海］
—69　アラル海
—7　北極海［北氷洋］
グリーンランド海，バレンツ海，白海，カラ海，バフィン湾
—8　南極海［南氷洋］

■NDC10　言語区分（抜粋）

—1　日本語
—2　中国語
—29　その他の東洋の諸言語
*中国語→2；日本語→1
—291　朝鮮語［韓国語］
—292　アイヌ語
—2929　古アジア諸語［極北諸語］：ギリヤーク語，チュクチ語
*エスキモー・アレウト諸語→—951
—293　チベット・ビルマ諸語
*シナ・チベット諸語には，この記号を使用する
—2931　ヒマラヤ諸語　*西夏語には，この記号を使用する
—2932　チベット語．ゾンカ語
—2935　ビルマ語［ミャンマー語］．ロロ語［彝語］
*アッサム語→—2985
—2936　カム・タイ諸語：タイ語［シャム語］
—29369　ラオ語［ラオス語］．シャン語．アホム語．カレン語群．*ミャオ・ヤオ諸島には，この記号を使用する
<—2937／—2939　オーストロ・アジア諸語>
—2937　モン・クメール諸語：ベトナム語［安南語］
—2938　クメール語［カンボジア語］．モン語
—2939　ムンダー諸語．ニコバル島諸語
—294　オーストロネシア諸語［マライ・ポリネシア諸語］
—2941　高山族諸語
—2942　ムラユ語［マレー語．マライ語］．インドネシア語
—2943　ジャワ語．パラオ語．スンダ語．マラガシ語［マダガスカル語］．テトゥン語
—2944　フィリピノ語［タガログ語］
—2945　ポリネシア諸語：マオリ語，ヌクオロ語，サモア語，ツバル語，トンガ語
—2946　メラネシア諸語：フィジー語
—2947　ミクロネシア諸語：キリバス語，ナウル語，マーシャル語
—295　アルタイ諸語
*ウラル・アルタイ諸語には，この記号を使用する
*ウラル諸語→—936；朝鮮語［韓国語］→—291
—2953　ツングース諸語：女真語，満州語
—2955　モンゴル諸語：モンゴル語［蒙古語］，カルムイク語，ブリヤート語
—2957　チュルク諸語：トルコ語，アゼルバイジャン語，ウズベク語，カザフ語，キルギス語，トルクメン語
—2958　ウイグル語．突厥語
—296　ドラビダ諸語：タミル語，テルグ語
*インド諸語→—298
—2969　カフカース諸語：グルジア語
—297　セム・ハム諸語［アフロ・アジア諸語］
*セム諸語には，この記号を使用する
*ハム諸語→—942
—2971　アッカド語：アッシリア語，バビロニア語
—2972　カナン語群．フェニキア語
—2973　ヘブライ語
*イディッシュ語→—499
—2974　アラム語
—2975　シリア語
—2976　アラビア語
—2978　エチオピア諸語：アムハラ語，ティグリニャ語
—298　インド諸語　*ドラビダ諸語→—296
—2983　ヒンディー語
—2984　ウルドゥー語
—2986　ネパール語
—2987　シンハラ語．ディベヒ語
—2988　サンスクリット［梵語］．ベーダ語
—2989　パーリ語．プラークリット
—299　イラン諸語
—2993　ペルシア語
—2998　その他のイラン諸語：アベスタ語，オセット語，パシュトー語，クルド語，タジク語
—2999　アルメニア語．ヒッタイト語．トカラ語
<—3／—4　ゲルマン諸語>
*ゲルマン諸語<一般>→—49
—3　英語　*アメリカ英語には，この記号を使用する
—4　ドイツ語
—49　その他のゲルマン諸語
*ゲルマン諸語<一般>，ルクセンブルク語には，この記号を使用する
—491　低地ドイツ語．フリジア語［フリースランド語］
—492　フラマン語
—493　オランダ語［蘭語］
—4939　アフリカーンス語

—494　北欧語
—495　アイスランド語．古ノルド語
—496　ノルウェー語
—497　デンマーク語
—498　スウェーデン語
—499　イディッシュ語
—4999　ゴート語
＜—5／—7　ロマンス諸語＞
　*ラテン語→—92；ロマンス諸語＜一般＞→—79
—5　フランス語
—59　プロバンス語　*オック語には，この記号を使用する
—599　カタロニア語
—6　スペイン語
—69　ポルトガル語
　*ブラジル語には，この記号を使用する
—699　ガリシア語
—7　イタリア語
—79　その他のロマンス諸語
　*ロマンス諸語＜一般＞には，この記号を使用する
—791　ルーマニア語．モルドバ語
—799　レト・ロマンス語
—8　ロシア語　　　　　*スラブ諸語＜一般＞→—89
—89　その他のスラブ諸語
　*スラブ諸語＜一般＞には，この記号を使用する
—891　ブルガリア語．マケドニア語
—892　セルビア語．クロアチア語．ボスニア語．モンテネグロ語
—893　スロベニア語
—894　ウクライナ語．ベラルーシ語
—895　チェコ語［ボヘミア語］
—896　スロバキア語
—897　ソルブ語［ベンド語］
—898　ポーランド語
—899　バルト諸語：古プロシア語，ラトビア語［レット語］，リトアニア語
—9　その他の諸言語
—91　ギリシア語
—919　近代ギリシア語
—92　ラテン語　　　　*ロマンス諸語→—5／—7
—93　その他のヨーロッパの諸言語
—931　ケルト諸語
—932　アイルランド語．スコットランド・ゲール語
—933　ブルトン語．ウェールズ語．コーンウォール語
—934　アルバニア語
—935　バスク語
—936　ウラル諸語　　　　*アルタイ諸語→—295
—9361　フィンランド語［スオミ語］
　*フィン・ウゴル諸語には，この記号を使用する
—9362　エストニア語
—9363　サーミ語［ラップ語］
—937　ウゴル諸語：ハンガリー語［マジャル語］
—938　サモエード諸語
—94　アフリカの諸言語
　*アフリカーンス語→—4939；セム諸語，セム・ハム諸語［アフロ・アジア諸語］→—297；マラガシ語→—2943
—942　古代エジプト語．コプト語
　*ハム諸語には，この記号を使用する
—943　ベルベル諸語
—944　クシ諸語：ソマリ語
—945　チャド諸語：ハウサ語
—946　ナイル・サハラ諸語
—947　ニジェール・コルドファン諸語：バントゥ諸語，スワヒリ語
—948　コイサン諸語：コイ語，サン語
—95　アメリカの諸言語
—951　エスキモー・アレウト諸語：エスキモー語［イヌイット語］，アレウト語
　*古アジア諸語→—2929
—952　北米インディアン諸語．南米インディアン諸語：カリブ諸語
—97　オーストラリアの諸言語
　　オーストラリア先住民語，タスマニア諸語
—979　パプア諸語
—99　国際語［人工語］
—991　エスペラント
—993　イード．ボラピューク．オクツィデンタル．ノビアル

■NDC10　文学共通区分（固有補助表）

—1　詩歌　　　　　　　　　*詩劇→—2
—18　児童詩．童謡
　*日本語の児童詩・童謡→911.58
—2　戯曲
　*小説を戯曲化したものは，脚色者の戯曲として扱う
　*劇詩→—1
—28　児童劇．童話劇
—3　小説．物語
　*映画・テレビシナリオ，演劇台本，漫画などを小説化したもの（ノベライゼーション）は，小説として扱う
　*詩または戯曲の筋を物語化したものには，原作の文学形式の記号を使用する；ただし，児童向けに物語化したものは，物語として扱う
—38　童話
—4　評論．エッセイ．随筆
　*文学形式が不明のものにも，使用する
—5　日記．書簡．紀行
　*いわゆる文学作品とみなされるもの，または文学者の著作に，使用する；ただし，文学者の著作であっても，特定の主題を有するものは，その主題の下に収める
　*一般の紀行→29△09；一般の日記・書簡→280；日記体・書簡体小説→9□3

—6　記録．手記．ルポルタージュ
　*体験や調査に基づいて書かれているものに，使用する
—7　箴言．アフォリズム．寸言
　*短文形式のものに，使用する
　*狂歌→911.19；風刺詩→9□1；ユーモア小説→9□3
—8　作品集：全集，選集
　*個人または複数作家の文学形式を特定できない作品集に，使用する；特定できるものは，その形式の記号を使用する
*作品集ではない研究の叢書などは，形式区分—08を使用する
—88　児童文学作品集：全集，選集

資料13　図書記号法

図書記号を付与するための方法を図書記号法と呼ぶが，いくつもの方法が考案されている。以下に代表的なものをあげる。

①受入順記号法：同一分類記号の資料に対して，受け入れた順に1，2，3，4と数字で番号を付与する方法である。閉架制の時代によく用いられていたが，開架制のもとではあまり用いられない。単純で能率的で，しかも資料を完全に個別化できるが，著者が同じでも受入時期が違えば分散してしまうなどの欠点もある。

②年代順記号法：出版年を記号化し，年代順に配列する方法である。

ランガナータン年代記号法の例

1970年代：L	1970年出版	⇒	L0
1980年代：M	1983年出版	⇒	M3
1990年代：N	1999年出版	⇒	N9

③著者記号法：同一著者の資料ごとにまとめて配列する方法である。簡単な方法としては，著者の初めの1〜2文字を使用する方法がある。また，著者記号表を用いる方法もあり，日本では「日本著者記号表」などが主に用いられている。

日本著者記号表（抜粋）とその適用例

Ah	21	Bar
Ai	22	Barm
Aichi	23	Barne
Aid	24	Barr
Aik	25	Bars
Aiz	26	Bas
Aj	27	Bat
Ak	28	Bau
Akag	29	Bay

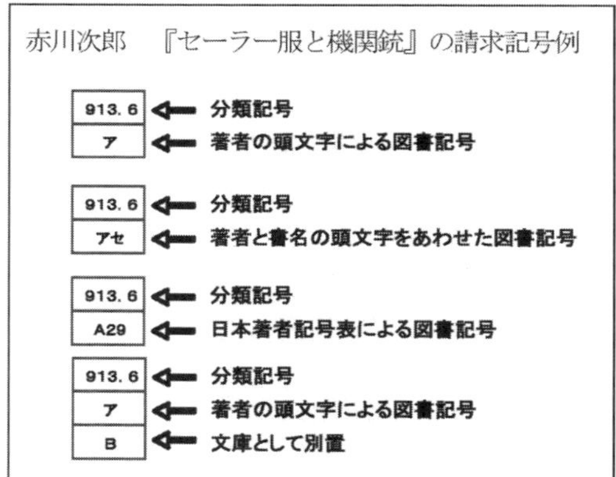

資料14　MARC（MARC21フォーマット）の例

■NDL−OPAC　MARC形式の出力

※「|」はサブフィールドの導入または区切りを示す。

FMT	BK
LDR	cam a2200481 i 4500
001	000011251585
003	JTNDL
005	20110829154619.0
007	ta
008	110815s2011　　ja ||||g |||| ||||||jpn
015	|a 21970994 |2 jnb
020	|a 978-4-7620-2191-6：|c 1800円
035	|a（JP-ItNTS）123923800
040	|a JTNDL |b jpn |c JTNDL |e ncr/1987
084	|a UL11 |2 kktb
084	|a 010 |2 njb/09
090	|a UL11-J42
245 00	|6 880-01 |a 図書館の基礎と展望 / |c 二村健 著.
260	|6 880-02 |a 東京：|b 学文社，|c 2011.8.
300	|a 135p；|c 26cm.
490 0	|6 880-03 |a ベーシック司書講座・図書館の基礎と展望；|v 1
500	|a シリーズの監修者：二村健.
504	|a 索引あり.
650 7	|6 880-04 |a 図書館 |2 ndlsh |0 00573385
700 1	|6 880-05 |a 二村，健，|d 1953- |0 00215104
880 00	|6 245-01/$1 |a トショカン ノ キソ ト テンボウ.
880 00	|6 245-01/（B |a Toshokan no kiso to tenbo.
800 1	|6 880-06 |a 二村，健，|d 1953- |0 00215104
880	|6 260-02/$1 |b ガクブンシャ.
880	|6 260-02/（B |b Gakubunsha.
880 0	|6 490-03/$1 |a ベーシック シショ コウ

ザ トショカン ノ キソ ト テンボウ；|v 1
880 0 |6 490-03/（B |a Beshikku shisho koza toshokan no kiso to tenbo；|v 1
880 7 |6 650-04/$1 |a トショカン |0 00573385
880 7 |6 650-04/（B |a Toshokan |0 00573385
880 1 |6 700-05/（B |a Nimura, Ken, |d 1953- |0 00215104
880 1 |6 700-05/$1 |a ニムラ，ケン，|d 1953- |0 00215104
880 1 |6 800-06/（B |a Nimura, Ken, |d 1953- |0 00215104
880 1 |6 800-06/$1 |a ニムラ，ケン，|d 1953- |0 00215104
SYS 002620677

■NDL－OPAC　標準形式の出力

資料種別　図書
請求記号　UL11-J42
タイトル　図書館の基礎と展望 /
タイトルよみ　トショカン ノ キソ ト テンボウ.
責任表示　二村健 著.
出版事項　東京：学文社，2011.8.
形態/付属資料　135p；26cm.
シリーズ　ベーシック司書講座・図書館の基礎と展望；1
注記　シリーズの監修者：二村健.
注記　索引あり.
ISBN　978-4-7620-2191-6：
価格等　1800 円
全国書誌番号　21970994
他 MARC 番号　（JP-ItNTS）123923800
個人著者標目　二村，健，1953- ‖ ニムラ，ケン
シリーズ著者　二村，健，1953- ‖ ニムラ，ケン
普通件名　図書館
NDLC　UL11
NDC（9）　010
本文の言語　jpn
国名コード　ja
書誌 ID　0000112515

資料 15　国立国会図書館ダブリンコアメタデータ記述（DC-NDL）フォーマット仕様

2011 年 12 月 26 日　Simple 版　ver.1.1
http://iss.ndl.go.jp/information/wp-content/uploads/2011/12/dcndl_simple_format_ver.1.1_20111226.pdf

凡例

入力レベル	意　味
◎	必須
○	あれば必須
空欄	任意
●	入力不要（当館の提供用データでのみ使用）

※大項目・細目に対し，それぞれ入力レベルを示す。

最小出現回数	最大出現回数	意味
0	-	制約なし（「任意」又は「あれば必須」で，何回出現してもよい）
0	1	「任意」又は「あれば必須」で，最大 1 回だけ出現する
1	-	必須で，何回記述してもよい
1	1	必須で，最大 1 回だけ出現する

※大項目に対してのみ，最小出現回数・最大出現回数を示す。

項番	タグ名			大項目	記述例	入力レベル	最小出現回数	最大出現回数
	第 1 階層	第 2 階層	属性	細目				
1	xml			XML 文書であることを宣言	<?xml version="1.0"encoding="utf-8"?>	◎	1	1
2	dcndl_simple:dc			文書のルート要素	<dcndl_simple:dcxmlns:dcndl_simple="http://ndl.gojp/dcndl/dcndl_simple/"xmlns:dc="http://purl.org/dc/elements/1.1/"xmlns:dcterms="http://purl.org/dc/terms/"xmlns:dcndl="http://ndl.go.jp/dcndl/terms/"xmlns:foaf="http://xmlns.com/foaf/0.1/"xmlns:owl="http://www.w3.org/2002/07/owl#"xmlns:rdf="http://www.w3.org/1999/02/22-rdf-syntax-ns#"xmlns:rdfs="http://www.w3.org/2000/01/rdf-schema#">	◎	1	1
3		dc:title		タイトル	<dc:title>値</dc:title>	◎	1	1
4		dcndl:titleTranscription		タイトルよみ	<dcndl:titleTranscription>値</dcndl:titleTranscription>		0	1
5		dcterms:alter native		別タイトル	<dcterms:alternative>値</dcterms:alternative>		0	1
6		dcndl:alternative Transcription		別タイトルよみ	<dcndl:alternativeTranscription>値</dcndl:alternativeTranscription>		0	1
7		dcndl:volume		巻次・部編番号	<dcndl:volume>値</dcndl:volume>		0	1
8		dcndl:volumeTranscription		巻次・部編番号よみ	<dcndl:volumeTranscription>値</dcndl:volumeTranscription>		0	1
9		dcndl:volume Title		部編名	<dcndl:volumeTitle>値</dcndl:volumeTitle>		0	1
10		dcndl:volumeTitle Transcription		部編名よみ	<dcndl:volumeTitleTranscription>値</dcndl:volumeTitleTranscription>		0	1
11		dcndl:seriesTitle		シリーズタイトル	<dcndl:seriesTitle>値</dcndl:seriesTitle>		0	1
12		dcndl:seriesTitle Transcription		シリーズタイトルよみ	<dcndl:seriesTitleTranscription>値</dcndl:seriesTitleTranscription>		0	1

13		dcndl:partTitle		内容細目	<dcndl:partTitle>値</dcndl:partTitle>		0	-
14		dcndl:partTitle Transcription		内容細目よみ	<dcndl:partTitleTranscription>値 </dcndl:partTitleTranscription>		0	-
15		dc:creator		著者	<dc:creator>値</dc:creator>	○	0	-
16		dcndl:creator Transcription		著者よみ	<dcndl:creatorTranscription>値 </dcndl:creatorTranscription>		0	-
17		dcndl:seriesCrector		シリーズ著者	<dcndl:seriesCreator>値</dcndlseriesCreator>		0	-
18		dcndl:partCreator		内容細目著者	<dcndl:partCreator>値</dcndl:partCreator>		0	-
19		dcndl:edition		版	<dcndl:edition>値</dcndl:edition>		0	-
20		dc:publisher		出版者	<dc:publisher>値</dc:publisher>	○	0	-
21		dcndl:publicationPlace		出版地	<dcndl:publicationPlace>値</dcndl:publicationPlace>		0	-
22		dcndl:publicationPlace	xsi:type="dcterms: ISO3166"	出版地（国名コード）	<dcndl:publicationPlace xsi:type="dcterms:ISO3166">値 </dcndl:publicationPlace>		0	-
23		dc:date		出版年月日等	<dc:date>値</dc:date>		0	-
24		dcterms:issued	xsi:type="dcterms: W3CDTF"	出版年月日	<dcterms:issued xsi:type="dcterms:W3CDTF">値 </dcterms:issued>	○	0	-
25		dcndl:digitized Publisher		デジタル化した製作者	<dcndl:digitizedPublisher>値</dcndl:digitizedPublisher>		0	-
26		dcndl:dateDigitized	xsi:type="dcterms: W3CDTF"	デジタル化した日	<dcndl:dateDigitized xsi:type="dcterms:W3CDTF">値 </dcndl:dateDigitized>		0	-
27		dc:subject		主題	<dc:subject>値</dc:subject>		0	-
27-1			xsi:type="dcndl: NDLSH"	国立国会図書館件名標目表（NDLSH）	<dc:subject xsi:type="dcndl:NDLSH">値</dcsubject>			
27-2			xsi:type="dcndl:NDLC"	国立国会図書館分類表（NDLC）	<dc:subject xsi:type="dcndl:NDLC">値</dcsubject>			
27-3			xsi:type="dcndl:NDC9"	日本十進分類法（NDC）第9版	<dc:subject xsi:type="dcndl:NDC9">値</dc:subject>			
27-4			xsi:type="dcndl:NDC8"	日本十進分類法（NDC）第8版	<dc:subject xsi:type="dcndl:NDC8">値</dc:subject>			
27-5			xsi:type="dcndl:NDC"	日本十進分類法（NDC）第8，9版以外	<dc:subject xsi:type="dcndl:NDC">値</dc:subject>			
27-6			xsi:type="dcterms: DDC"	デューイ十進分類法（DDC）	<dc:subject xsi:type="dcterms:DDC">値</dc:subject>			
27-7			xsi:type="dcterms: UDC"	国際十進分類法（UDC）	<dc:subject xsi:type="dcterms:UDC">値</dc:subject>			
27-8			xsi:type="dcterms: LCC"	米国議会図書館分類法（LCC）	<dc:subject xsi:type="dcterms:LCC">値</dc:subject>			
27-9			xsi:type="dcndl: GHQSCAP"	GHQ/SCAP 分類表	<dc:subject xsi:type="dcndl:GHQSCAP">値</dc:subject>	●		
27-10			xsi:type="dcndl: USCAR"	USCAR 資料分類表	<dc:subject xsi:type="dcndl:USCAR">値</dc:subject>	●		
27-11			xsi:type="dcndl:MCJ"	MCJ 地理コード	<dc:subject xsi:type="dcndl:MCJ">値</dc:subject>	●		
28		dc:language	xsi:type="dcterms: ISO639-2	言語（ISO639-2 形式）	<dc:language xsi:type="dcterms:ISO639-2">値 </dc:language>		0	-
29		dcterms:description		注記			0	-
30		dcterms:abstract		要約・抄録			0	-
31		dcterms:tableOf Contents		目次	<dcterms:tableOfContents>目次 1</dcterms: tableOfContents><dcterms:tableOfContents>目次 2 </dcterms:tableOfContents><dcterms:tableOfContents> 目次 3</dcterms:tableOfContents>		0	-
32		dc:format	xsi:type="dcterms: IMT"	記録形式（IMT 形式）	<dc:format xsi:type="dcterms:IMT">値</dcformat>		0	-
33		dcterms:extent		形態に関する情報	<dcterms:extent>値</dcterms:extent>		0	-
34		dcndl:materialtype		資料種別	<dcndl:materialtype>値</dcndl:materialtype> ※NDL タイプ語彙の日本語表示名から値を選択する。		0	-
35		dcndl:price		価格	<dcndl:price>値</dcndl:price>		0	-
36		dc:identifier		識別子		○	0	-
36-1			xsi:type="dcndl:JPNO"	JP（日本全国書誌）番号	<dc:identifier xsi:type="dcndl:JPNO">値</dc:identifier>			
36-2			xsi:type="dcndl: NDLBibID"	国立国会図書館書誌 ID	<dc:identifier xsi:type="dcndl:NDLBibID">値</dc:identifier>			
36-3			xsi:type="dcndl: NDLJP"	国立国会図書館で付与した永続的識別子	<dc:identifier xsi:type="dcndl:NDLJP">値</dc:identifier>			
36-4			xsi:type="dcndl: USMARCNO"	USMARC 番号	<dc:identifier xsi:type="dcndl:USMARCNO">値</dc:identifier>			
36-5			xsi:type="dcndl: OCLCNO"	OCLC 番号	<dc:identifier xsi:type="dcndl:OGLGNO">値</dc:identifier>			
36-6			xsi:type="dcndl: UKMARCNO"	UKMARC 番号	<dc:identifier xsi:type="dcndl:UKMARCNO">値 </dc:identifier>			

36-7			xsi:type="dcndl:TRCMARCNO"	TRCMARC 番号	<dc:identfier xsi:type="dcndl:TRCMARCNO">値</dc:identifier>			
36-8			xsi:type="dcndl:GPOBibNO"	GPO 番号	<dc:identifier xsi:type="dcndl:GPOBibNO">値</dc:identifier>			
36-9			xsi:type="dcndl:BRNO"	点字図書・録音図書全国総合目録番号	<dc:identifier xsi:type="dcndl:BRNO">値</dc:identifier>			
36-10			xsi:type="dcndl:RLINNO"	RLIN 番号	<dc:identifier xsi:type="dcndl:RLINNO">値</dc:identifier>			
36-11			xsi:type="dcndl:NSMARCNO"	NS-MARC 番号	<dc:identifier xsi:type="dcndl:NSMARCNO">値</dc:identifier>			
36-12			xsi:type="dcndl:OPLMARCNO"	OPL-MARC 番号	<dc:identifier xsi:type="dcndl:OPLMARGNO">値</dc:identifier>			
36-13			xsi:type="dcndl:KNMARCNO"	紀伊国屋マーク番号	<dc:identifier xsi:type="dcndl:KNMARCNO">値</dc:identifier>			
36-14			xsi:type="dcndl:NIIBibID"	NACSIS - CAT レコードID	<dc:identifier xsi:type="dcndl:NIIBibID">値</dc:identifier>			
36-15			xsi:type="dcndl:ISBN"	ISBN	<dc:identifier xsi:type="dcndl:ISBN">値</dc:identifier>			
36-16			xsi:type="dcndl:ISSN"	ISSN	<dc:identifier xsi:type="dcndl:ISSN">値</dc:identifier>			
36-17			xsi:type="dcndl:ISSNL"	ISSN-L	<dc:identifier xsi:type="dcndl:ISSNL">値</dc:identifier>			
36-18			xsi:type="dcndl:ErrorISBN"	ISBN（エラーコード）	<dc:identifier xsi:type="dcndl:ErrorISBN">値</dc:identifier>			
36-19			xsi:type="dcndl:IncorrectISSN"	ISSN（エラーコード）	<dc:identifier xsi:type="dcndl:IncorrectISSN">値</dc:identifier>			
36-20			xsi:type="dcndl:IncorrectISSNL"	ISSN-L（エラーコード）	<dc:identifier xsi:type="dcndl:IncorrectISSNL">値</dc:identifier>			
36-21			xsi:type="dcndl:CODEN"	CODEN	<dc:identifier xsi:type="dcndl:CODEN">値</dc:identifier>			
36-22			xsi:type=" dcndl:ISRN"	ISRN	<dc:identifier xsi:type="dcndl:ISRN">値</dc:identifier>			
36-23			xsi:type="dcndl:ISMN"	ISMN	<dc:identifier xsi:type="dcndl:ISMN">値</dc:identifier>			
36-24			xsi:type="dcndl:PBNO"	出版者番号（楽譜）	<dc:identifier xsi:type="dcndl:PBNO">値</dc:identifier>			
36-25			xsi:type="dcndl:PLNO"	プレート番号（楽譜）	<dc:identifier xsi:type="dcndl:PLNO">値</dc:identifier>			
36-26			xsi:type="dcndl:RIS502"	発売番号（録音・映像番号）	<dc:identifier xsi:type="dcndl:RIS502">値</dc:identifier>			
36-27			xsi:type="dcndl:GPOCN"	GPO 管理番号	<dc:identifier xsi:type="dcndl:GPOCN">値</dc:identifier>			
36-28			xsi:type="dcndl:SUPTDOC"	SUPTDOC 番号	<dc:identifier xsi:type="dcndl:SUPTDOC">値</dc:identifier>			
36-29			xsi:type="dcndl:KAKENHINO"	科研費課題番号	<dc:identifier xsi:type="dcndl:KAKENHINO">値</dc:identifier>			
36-30			xsi:type="dcndl:UNDS"	国連ドキュメント番号	<dc:identifier xsi:type="dcndl:UNDS">値</dc:identifier>			
36-31			xsi:type="dcndl:UNSN"	国連セールス番号	<dc:identifier xsi:type="dcndl:UNSN">値</dc:identifier>			
36-32			xsi:type="dcndl:StandardNO"	規格番号	<dc:identifier xsi:type="dcndl:StandardNO">値</dc:identifier>			
36-33			xsi:type="dcndl:TRNO"	テクニカルリポート番号	<dc:identifer xsi:type="dcndl:TRNO">値</dc:identfier>			
36-34			xsi:type="dcndl:SICI"	SICI	<dc:identifer xsi:type="dcndl:SICI">値</dc:identfier>			
36-35			xsi:type="dcndl:DOI"	DOI	<dc:identifer xsi:type="dcndl:DOI">値</dc:identfier>			
36-36			xsi:type="dcndl:ISBN13"	機械的に付与した 13 桁のISBN	<dc:identifier xsi:type="dcndl:ISBN13">値</dc:identifier>	●		
36-37			xsi:type="dcterms:URI"	国立国会図書館サーチの書誌詳細画面 URL	<dc:identifier xsi:type="dcterms:URI">http://iss.ndl.gojp/books/R123456789-I123456789-00</dc:identifier>	●		
37		dcndl:sourceIdentifier	xsi:type="dcndl:NDLBibID"	原資料の識別子（国立国会図書館書誌 ID）	<dcndl:sourceldentifier xsi:type="dcndl:NDLBiblD">値</dcndl:sourceIdentifier>		0	-
38		dc:relation	xsi:type="dcndl:DOI"	関連資料の DOI	<dc:relation xsi:type="dcndl:DOI>関連資料の DOI の値</dc:relation>		0	-
39		dc:relation	xsi:type="dcterms:URI"	関連資料の URl	<dc:relation xsi:type="dcterms:URI">関連資料の UR1</dc:relation>		0	-
40		dcterms:replaces	rdf:resource rdfs:label	改題前誌	<dcterms:replaces rdf:resource="http://iss.ndl.gojp/books/R111111111-I111111111-00"rdfs:label="改題前誌タイトル"/>	●	0	-
41		dcterms:isReplacedBy	rdf:resource rdfs:label	改題後誌	<dcterms:isReplacedBy rdf:resource="http://iss.ndl.gojp/books/R222222222-I222222222-00"rdfs:label="改題後誌タイトル"/>	●	0	-
42		rdfs:seeAlso	rdf:resource	提供元書誌詳細画面の URL	<rdfs:seeAlso rdf:resource="提供元書誌詳細画面の URL"/>	○	0	-
43		owl:sameAs	rdf:resource	一次資料へのリンク URL	<owl:sameAs rdf:resource="一次資料へのリンク URL"/>	○	0	-

44		foaf:thumbnail	rdf:resource	資料のサムネイル画像 URL	<foaf:thumbnail rdf:resource="資料のサムネイル画像 URL"/>	○	0	-
45		dcterms:spatial		空間的範囲（地図資料）			0	-
45-1			xsi:type="dcndl:UTMNO"	UTM 区画番号	<dcterms:spatial xsi:type="dcndl:UTMNO">値</dcterms:spatial>			
45-2			xsi:type="dcndl:JISXO402"	全国地方公共団体コード	<dcterms:spatial xsi:type="dcndl:JISXO402">値</dcterms:spatial>			
45-3			xsi:type="dcndl:ICNO"	国際海図番号	<dcterms:spatial xsi:type="dcndl:ICNO">値</dcterms:spatial>			
45-4			xsi:type="dcndl:NCNO"	各国国内海図番号	<dcterms:spatial xsi:type="dcndl:NCNO">値</dctermsspatial>			
46		dcterms:temporal		時間的範囲（地図資料）			0	-
46-1			xsi:type="dcterms:W3CDTF"	W3CDTF 形式	<dcterms:temporal xsi:type="dcterms:W3CDTF">値</dctermsaemporal>			
46-2			xsi:type="dcterms:Period"	DCMI Period Encoding Scheme	<dcterms:temporal xsi:type="dcterms:Period">値</dctermsaemporal>			
47		dcndl:publicationName		掲載誌名	<dcndl:publicationName>値</dcndl:publicationName>		0	-
48		dcndl:publicationVolume		掲載巻	<dcndl:publicationVolume>値</dcndl:publicationVolume>		0	-
49		dcndl:number		掲載号	<dcndl:number>値</dcndl:number>		0	-
50		dcndl:issue		掲載通号	<dcndl:issue>値</dcndl:issue>		0	-
51		dcndl:pageRange		掲載ページ	<dcndl:pageRange>値</dcndl:pageRange>51		0	-
52		dc:rights		著作権に関する情報	<dc:rights>値</dc:rights>		0	-
53		dcterms:accessRights		アクセス制限	<dcterms:accessRights>値</dcterms:accessRights>		0	-
54		dcterms:rightsHolder		著作者情報	<dcterms:rghtsHolder>値</dctermsrightsHolder>		0	-

■DC-NDL　RDF 形式による出力例

<rdf:RDF><dcndl:BibAdminResource rdf:about="http://iss.ndl.go.jp/books/R100000002-I000011251585-00"><dcndl:catalogingStatus>C7</dcndl:catalogingStatus><dcndl:bibRecordCategory>R100000002</dcndl:bibRecordCategory><dcndl:record
rdf:resource="http://iss.ndl.go.jp/books/R100000002-I000011251585-00#material"/></dcndl:BibAdminResource><dcndl:BibResource
rdf:about="http://iss.ndl.go.jp/books/R100000002 - I000011251585 - 00#material"><dcterms:identifier rdf:datatype="http://ndl.go.jp/dcndl/terms/JPNO">21970994</dcterms:identifier><dcterms:identifier
rdf:datatype="http://ndl.go.jp/dcndl/terms/NSMARCNO">123923800</dcterms:identifier><dcterms:identifier rdf:datatype="http://ndl.go.jp/dcndl/terms/ISBN">9784762021916</dcterms:identifier><rdfs:seeAlso
rdf:resource="http://id.ndl.go.jp/jpno/21970994"/><rdfs:seeAlso rdf:resource="http://iss.ndl.go.jp/isbn/9784762021916"/><dcterms:title>図書館の基礎と展望</dcterms:title><dc:title><rdf:Description><rdf:value>図書館の基礎と展望</rdf:value><dcndl:transcription>トショカン ノ キソ ト テンボウ</dcndl:transcription></rdf:Description></dc:title><dcndl:seriesTitle><rdf:Description><rdf:value>ベーシック司書講座・図書館の基礎と展望；1</rdf:value></rdf:Description></dcndl:seriesTitle><dcterms:creator><foaf:Agent rdf:about="http://id.ndl.go.jp/auth/entity/00215104"><foaf:name>二村，健，1953-</foaf:name><dcndl:transcription>ニムラ，ケン</dcndl:transcription></foaf:Agent></dcterms:creator><dcterms:creator><foaf:Agent rdf:about="00215104"><foaf:name>二村，健，1953-</foaf:name><dcndl:transcription>ニムラ，ケン
</dcndl:transcription></foaf:Agent></dcterms:creator><dc:creator>二村健 著</dc:creator><dcterms:publisher><foaf:Agent><foaf:name>学文社</foaf:name><dcndl:transcription>ガクブンシャ
</dcndl:transcription><dcndl:location>東京</dcndl:location></foaf:Agent></dcterms:publisher><dcndl:publicationPlace
rdf:datatype="http://purl.org/dc/terms/ISO3166">JP</dcndl:publicationPlace><dcterms:date>2011.8</dcterms:date><dcterms:issued
rdf:datatype="http://purl.org/dc/terms/W3CDTF">2011</dcterms:issued><dcterms:description>シリーズの監修者：二村健</dcterms:description><dcterms:description>索引あり
</dcterms:description><dcterms:subject><rdf:Description rdf:about="http://id.ndl.go.jp/auth/ndlsh/00573385"><rdf:value>図書館</rdf:value></rdf:Description></dcterms:subject><dcterms:subject
rdf:resource="http://id.ndl.go.jp/class/ndlc/UL11"/><dcterms:subject rdf:resource="http://id.ndl.go.jp/class/ndc9/010"/><dcterms:language
rdf:datatype="http://purl.org/dc/terms/ISO639-2">jpn</dcterms:language><dcterms:extent>135p ; 26cm</dcterms:extent><dcndl:price>1800 円</dcndl:price><dcterms:audience>一般
</dcterms:audience><dcndl:materialType rdf:resource="http://ndl.go.jp/ndltype/Book" rdfs:label="図書"/><dcndl:accessRight>S01P99U99</dcndl:accessRight></dcndl:BibResource><dcndl:BibResource
rdf:about="http://iss.ndl.go.jp/books/R100000002 - I000011251585 - 00#material"><dcndl:record rdf:resource="http://iss.ndl.go.jp/books/R100000002 - I000011251585 - 00#item"/><dcndl:record
rdf:resource="http://iss.ndl.go.jp/books/R100000001 - I040130418 - 00#item"/><dcndl:record rdf:resource="http://iss.ndl.go.jp/books/R100000001 - I040392760 - 00#item"/><dcndl:record
rdf:resource="http://iss.ndl.go.jp/books/R100000001 - I040396035 - 00#item"/><dcndl:record rdf:resource="http://iss.ndl.go.jp/books/R100000001 - I040872962 - 00#item"/><dcndl:record
rdf:resource="http://iss.ndl.go.jp/books/R100000001-I040887741-00#item"/></dcndl:BibResource><dcndl:Item

rdf:about="http://iss.ndl.go.jp/books/R100000002-I000011251585-00#item"><dcndl:holdingAgent><foaf:Agent><foaf:name>国立国会図書館</foaf:name><dcterms:identifier
rdf:datatype="http://ndl.go.jp/dcndl/terms/NDLLibCode">0000</dcterms:identifier></foaf:Agent></dcndl:holdingAgent><rdfs:seeAlso rdf:resource="http://id.ndl.go.jp/bib/000011251585"/><dcterms:identifier
rdf:datatype="http://ndl.go.jp/dcndl/terms/NDLBibID">000011251585</dcterms:identifier><dcndl:callNumber>UL11 - J42</dcndl:callNumber><dcndl:localCallNumber>棚
29a/UL11</dcndl:localCallNumber></dcndl:Item><dcndl:Item rdf:about="http://iss.ndl.go.jp/books/R100000001 - I040130418 - 00#item"><dcndl:holdingAgent><foaf:Agent><foaf:name>東京都立中央図書館
</foaf:name><dcterms:identifier rdf:datatype="http://ndl.go.jp/dcndl/terms/NDLLibCode">1311</dcterms:identifier></foaf:Agent></dcndl:holdingAgent><dcterms:identifier
rdf:datatype="http://ndl.go.jp/dcndl/terms/somokuBibID">TW93484208</dcterms:identifier><dcterms:identifier
rdf:datatype="http://ndl.go.jp/dcndl/terms/somokuSubID">5020949007</dcterms:identifier><dcndl:callNumber>010.0 - 5035 - 2011</dcndl:callNumber></dcndl:Item><dcndl:Item
rdf:about="http://iss.ndl.go.jp/books/R100000001-I040392760-00#item"><dcndl:holdingAgent><foaf:Agent><foaf:name>香川県立図書館</foaf:name><dcterms:identifier
rdf:datatype="http://ndl.go.jp/dcndl/terms/NDLLibCode">3711</dcterms:identifier></foaf:Agent></dcndl:holdingAgent><dcterms:identifier
rdf:datatype="http://ndl.go.jp/dcndl/terms/somokuBibID">1000000459516</dcterms:identifier><dcterms:identifier
rdf:datatype="http://ndl.go.jp/dcndl/terms/somokuSubID">1108245646</dcterms:identifier><dcndl:callNumber>0108／N3／1 - 1</dcndl:callNumber><dcndl:availability>帯出可
</dcndl:availability></dcndl:Item><dcndl:Item rdf:about="http://iss.ndl.go.jp/books/R100000001-I040396035-00#item"><dcndl:holdingAgent><foaf:Agent><foaf:name>埼玉県立熊谷図書館
</foaf:name><dcterms:identifier rdf:datatype="http://ndl.go.jp/dcndl/terms/NDLLibCode">1112</dcterms:identifier></foaf:Agent></dcndl:holdingAgent><dcterms:identifier
rdf:datatype="http://ndl.go.jp/dcndl/terms/somokuBibID">1000001688308</dcterms:identifier><dcterms:identifier
rdf:datatype="http://ndl.go.jp/dcndl/terms/somokuSubID">102443710</dcterms:identifier><dcndl:callNumber>010／トシ／</dcndl:callNumber><dcndl:availability>帯出可</dcndl:availability><dcterms:description>
配置場所：貸出閲覧公開</dcterms:description></dcndl:Item><dcndl:Item rdf:about="http://iss.ndl.go.jp/books/R100000001-I040872962-00#item"><dcndl:holdingAgent><foaf:Agent><foaf:name>奈良県立図書情報館</foaf:name><dcterms:identifier rdf:datatype="http://ndl.go.jp/dcndl/terms/NDLLibCode">2911</dcterms:identifier></foaf:Agent></dcndl:holdingAgent><dcterms:identifier
rdf:datatype="http://ndl.go.jp/dcndl/terms/somokuBibID">111201872</dcterms:identifier><dcterms:identifier
rdf:datatype="http://ndl.go.jp/dcndl/terms/somokuSubID">111201872</dcterms:identifier><dcndl:callNumber>010．8-ヘシツ</dcndl:callNumber></dcndl:Item><dcndl:Item
rdf:about="http://iss.ndl.go.jp/books/R100000001-I040887741-00#item"><dcndl:holdingAgent><foaf:Agent><foaf:name>香川県立図書館</foaf:name><dcterms:identifier
rdf:datatype="http://ndl.go.jp/dcndl/terms/NDLLibCode">3711</dcterms:identifier></foaf:Agent></dcndl:holdingAgent><dcterms:identifier
rdf:datatype="http://ndl.go.jp/dcndl/terms/somokuBibID">1100459516</dcterms:identifier><dcterms:identifier
rdf:datatype="http://ndl.go.jp/dcndl/terms/somokuSubID">1108245646</dcterms:identifier><dcndl:callNumber>0108／N3／1 - 1</dcndl:callNumber><dcndl:availability>帯出可
</dcndl:availability><dcterms:description>配置場所：一般資料</dcterms:description></dcndl:Item></rdf:RDF>

資料 16　junii2 メタデータフォーマット

http://www.nii.ac.jp/irp/archive/system/pdf/junii2_elements_guide_ver2.pdf

メタデータフォーマット（junii2）　各データ要素の入力内容一覧

凡例：青=必須，黄色=あれば必須　左記以外=各機関リポジトリのポリシーによる

通番	大項目	項目	element	内容	必須	繰返し可否	min Occurs	maxOccurs	書式（空白の場合は文字列）	oai_dcにダムダウンさせるときの行き先	オプションの属性
1	タイトル	タイトル	title		必須	×	1	1		title	lang
2		その他（別言語等）のタイトル	alternative	別言語のタイトルやタイトルのヨミ			0	unbounded		title	lang
3		作成者	creator		あれば必須		0	unbounded		creator	lang
4	主題	著者キーワード	subject				0	unbounded		subject	
5		国立情報学研究所 メタデータ主題語彙集	NIIsubject	下記 URL 参照 http://www.nii.ac.jp/metadata/manual/NII-category.pdf			0	unbounded		subject	version
6		日本十進分類法	NDC				0	unbounded		subject	version
7		国立国会図書館分類表	NDLC				0	unbounded		subject	version
8		日本件名標目	BSH				0	unbounded		subject	version

通番	大項目	項目	element	内容	必須	繰返し可否	min Occurs	maxOccurs	書式（空白の場合は文字列）	oai_dcにダムダウンさせるときの行き先	オプションの属性
9		国立国会図書館件名標目表	NDLSH				0	unbounded		subject	version
10		医学件名標目表	MeSH				0	unbounded		subject	version
11		デューイ十進分類法	DDC				0	unbounded		subject	version
12		米国議会図書館分類表	LCC				0	unbounded		subject	version
13		国際十進分類法	UDC				0	unbounded		subject	version
14		米国議会図書館件名標目表	LCSH				0	unbounded		subject	version
15		内容記述	description	論文の抄録 学位論文にあっては，授与年度，論文/課程の種別等 会議発表論文にあっては，会議名，開催地，日時等 その他コンテンツの内容を示すことを記述			0	unbounded		description	
16		公開者	publisher	コンテンツ本体の公開を行った個人，組織，団体			0	unbounded		publisher	lang
17		寄与者	contributor	コンテンツ本体の作成に関わりを持つ，個人，組織，団体			0	unbounded		contributor	lang
18		日付	date	コンテンツの作成日付			0	unbounded	YYYY-MM-DD, YYYY-MM, YYYY	date	
19		資源タイプ	type	コンテンツの種類（自由記述）			0	unbounded		type	
20		国立情報学研究所 メタデータ主題語彙集（資源タイプ）	NIItype		必須	×	1	1	[Journal Article | Thesis or Dissertation | Departmental Bulletin Paper | Conference Paper | Presentation | Book | Technical Report | Research Paper | Article | Preprint | Learning Material | Data or Dataset | Software | Others]	type	
21		フォーマット	format	Internet Media Type で規定されるファイル形式			0	unbounded		format	
22		その他の資源識別子	identifier	23 項，24 項以外の資源識別子			0	unbounded		identifier	
23	資源識別子	資源識別子 URI（アイテム表示画面へのリンク）	URI	コンテンツ本体を表示する画面への URL	必須	×	1	1	URI	identifier	
24		本文フルテキストへのリンク	fullTextURL	コンテンツ本体への URL	あれば必須		0	unbounded	URI	identifier	
25		ISSN	issn		あれば必須		0	unbounded	\d{4}\-?\d{3} [\dXx]	折りたたみ編集の上，identifier	
26		書誌レコード ID（総合目録 DB）	NCID		あれば必須		0	unbounded			
27	掲載誌情報	雑誌名	jtitle	本タイトルのみ	あれば必須		0	1			lang
28		巻	volume		あれば必須		0	1			
29		号	issue		あれば必須		0	1			
30		開始ページ	spage	論文の開始ページ	あれば必須		0	1			
31		終了ページ	epage	論文の終了ページ	あれば必須		0	1			
32		刊行年月	dateofissued		あれば必須		0	1	YYYY-MM-DD, YYYY-MM, YYYY		
33		情報源	source				0	unbounded		source	
34		言語	language	コンテンツ本文の言語			0	unbounded	ja, jpn, ja JP	language	
35		他の資源との関係	relation				0	unbounded		relation	
36	ID	PubMed 番号	pmid				0	1	URI（info:pmid/で記述すること）	relation	
37		DOI	doi				0	1	URI（info:doi/で記述すること）	relation	
38	版に関する情報	異版である	isVersionOf	当該コンテンツに対して，参照先のコンテンツを主たる版とみなすことができる。			0	unbounded	URI	relation	
39		異版あり	hasVersion	当該コンテンツが参照先のリソースを別なる版として持つ			0	unbounded	URI	relation	

通番	大項目	項目	element	内容	必須	繰返し可否	min Occurs	maxOccurs	書式（空白の場合は文字列）	oai_dcにダムダウンさせるときの行き先	オプションの属性
40		置換される	isReplacedBy	当該コンテンツが参照先のリソースによって置き換わる			0	unbounded	URI	relation	
41		置換する	replaces	当該コンテンツが参照先のコンテンツを新しく置き換える			0	unbounded	URI	relation	
42		要件とされる	isRequiredBy	参照先のコンテンツを利用するにあたり，当該コンテンツを必要とする			0	unbounded	URI	relation	
43		要件とする	requires	当該コンテンツを利用するにあたり，参照先のコンテンツを必要とする			0	unbounded	URI	relation	
44		部分である	isPartOf	当該コンテンツが参照先コンテンツの部分をなす			0	unbounded	URI	relation	
45		部分を持つ	hasPart	当該コンテンツが参照先のコンテンツを部分として持つ			0	unbounded	URI	relation	
46		参照される	isReferenced By	当該コンテンツが参照先のコンテンツから関連づけられる			0	unbounded	URI	relation	
47		参照する	references	当該コンテンツが参照先のコンテンツを関連付けている			0	unbounded	URI	relation	
48		別フォーマットである	isFormatOf	当該コンテンツが参照先のコンテンツと内容的に同じであるが，Format は異なる			0	unbounded	URI	relation	
49		別フォーマットあり	hasFormat	当該コンテンツが参照先コンテンツに異なるフォーマットを持つ			0	unbounded	URI	relation	
50		範囲	coverage				0	unbounded		coverage	
51	地理的範囲	空間的	spatial				0	unbounded		coverage	
52		国立情報学研究所 メタデータ主題語彙集（地域）	NIIspatial				0	unbounded		coverage	
53	時系列範囲	時間的	temporal				0	unbounded		coverage	
54		国立情報学研究所 メタデータ主題語彙集（時代）	NIItemporal				0	unbounded		coverage	
55		権利	rights	コンテンツ本体に関する権利規定			0	unbounded		rights	
56		著者版フラグ	textversion	コンテンツ本体のバージョン author:著者版 publisher:出版社版 none:上記以外			0	1	［author｜publisher｜none］		

		オプション属性	書式
		lang	RFC1766
		version	実数

資料17　小平市立図書館地域資料分類表

小平市立図書館ホームページ　https://library.kodaira.ed.jp/reference/local.html#local（'19.1.21 現在参照可）

地域分類表

	0	1	2	3	4	5	6	7	8	9
A		図書館	書誌・目録	事典	論文・雑著	年鑑・雑誌	団体・機関	新聞	叢書・全集	
B	歴史総記	通史	史料集・古文書	原始時代・考古学	古代・中世	近世	近代	昭和史	戦後史	
C										
D	歴史地理	地理（地誌）	案内記・紀行	地名	地図	街道	史跡	文化財		伝記・自分史
E	民俗総記	風俗誌	衣食住の習俗	社会習俗	祭礼・年中行事	民話・伝説	民謡・わらべ唄	方言・ことわざ	民間信仰	宗教
F	議会総記	議会史	法規・先例集	議会報	議事録		政党・政策	選挙	選挙記録	
G	行政総記	行政組織・機構	基本構想・沿革	事務報告書	行政事務・監査	広報	世論調査・広聴	公務員・人事行政		
H										
I	財政総記	財政政策	予算・決算	租税	公債・地方債	公有財産				

	0	1	2	3	4	5	6	7	8	9
J	経済総記	経済政策	所得	人口・土地	物価	金融・保険				
K	統計総記	一般統計書	人口統計・調査	国勢調査						
L	社会・生活総記	地域社会	生活・消費者問題	家庭問題	家政・料理	社会病理	警察	消防	基地・平和問題	
M	労働総記	労働行政	労働条件・賃金	労働運動						
N	福祉厚生総記	福祉行政	生活保護	老人福祉	心身障害者福祉	児童福祉	社会保険			
O	教育総記	教育行政	教育史・学校史	学校名簿・要覧	学校経営・管理	学校保健・給食	教育課程	社会教育	障害者教育	
P	文化施設総記	公民館	児童館	コミュニティーセンター	博物館・文書館	美術館	体育施設			
Q	自然科学総記	数学	天文	地学・気象	生物	植物	動物			
R	土木・建物総記	道路・橋梁	河川	建築						
S	都市施設総記	都市政策・生活	上下水道	エネルギー	公園・緑地					
T	保健衛生総記	保険衛生行政	医療施設・活動	防疫	食品衛生・栄養					清掃
U	公害総記	大気汚染	水質汚濁	土壌汚染	騒音・振動	産業廃棄物			災害	防災
V	産業総記	産業行政	公共事業	社史（誌）	農水産業等	林業	商業	工業		
W	交通総記	交通史・事情	交通行政	道路交通	鉄道交通	観光	通信			
X										
Y	文学総記	詩歌	小説	随筆	文集	特定文学者			美術	写真
Z		玉川上水	新田開発	鷹場	代官	戦災	新選組			

地理区分表

00　東京(江戸)	28　立川市	43　八王子市	60　区部	72　杉並区	85　島しょ部	90　日本
01　武蔵	29　西東京市	44　日野市	61　足立区	73　墨田区	87　埼玉県	91　北海道
02　武蔵野	30　調布市	45　町田市	62　荒川区	74　世田谷区	88　神奈川県	92　東北
03　多摩	31　東久留米市	50　西多摩	63　板橋区	75　台東区	89　山梨県	93　関東
09　姉妹都市	32　東村山市	51　あきる野市	64　江戸川区	76　中央区		94　北陸
10　小平市	33　東大和市	53　青梅市	65　大田区	77　千代田区		95　中部
20　北多摩	34　府中市	54　奥多摩町	66　葛飾区	78　豊島区		96　近畿
21　昭島市	36　三鷹市	55　羽村市	67　北区	79　中野区		97　中国・四国
22　清瀬市	37　武蔵野市	56　日の出町	68　江東区	80　練馬区		98　九州・沖縄
23　国立市	38　武蔵村山市	57　檜原村	69　品川区	81　文京区		99　外国
24　小金井市	40　南多摩	58　福生市	70　渋谷区	82　港区		
25　国分寺市	41　稲城市	59　瑞穂町	71　新宿区	83　目黒区		
27　狛江市	42　多摩市					

凡例
- 地域資料分類表と地理区分表の2種類を組み合わせる。
- 分類記号は地域資料分類表の縦列のアルファベットと横列の数字を交差させてつくる（例：昭和史＝B7，民話・伝説＝E5）
- 地理区分はその資料が記述している地域として最もふさわしい，と判断されるものを地理区分表の中から選んで与える。（例：10＝小平，00＝東京全体）
- 地域資料は分類記号順に並べ，同じ分類記号のなかは，地理区分によって二次配列する。

記号の合成例　「市内の史跡について書かれた資料」

分類記号：D6（史跡）　＋　10（小平市）　→　D6-10

所在記号：K（配架記号：地域資料）　＋　D6-10　→　KD6-10

資料 18　図書館システムの例

提供：株式会社リコー

■　図書館システム　操作メニュー（業務ポータル）画面

■　図書館システム　貸出返却処理　画面

■ 図書館システム 目録管理 画面

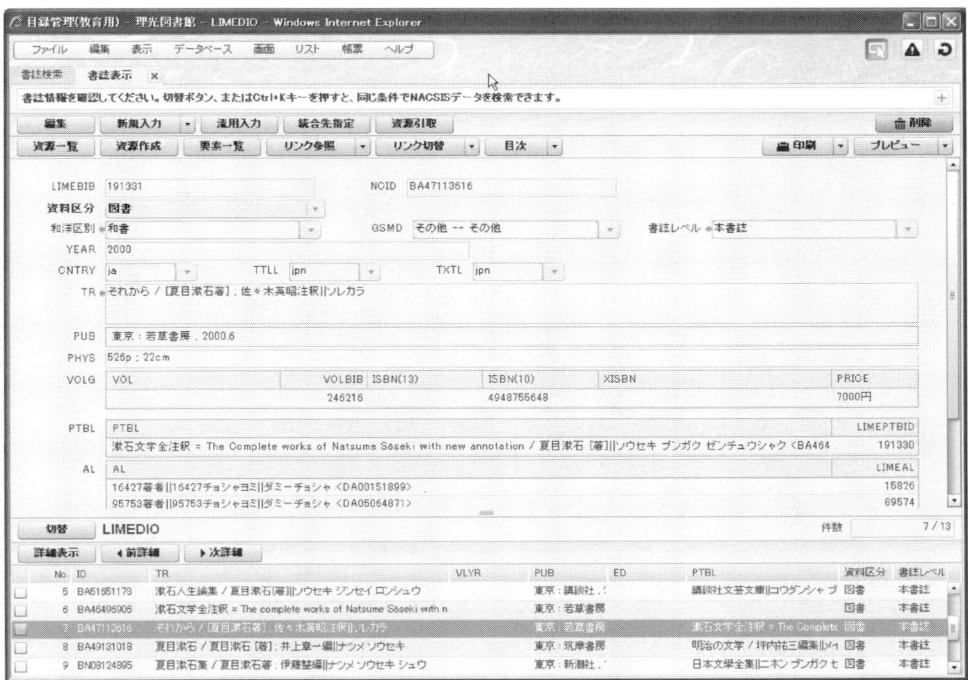

■ 図書館システム 雑誌受入 画面

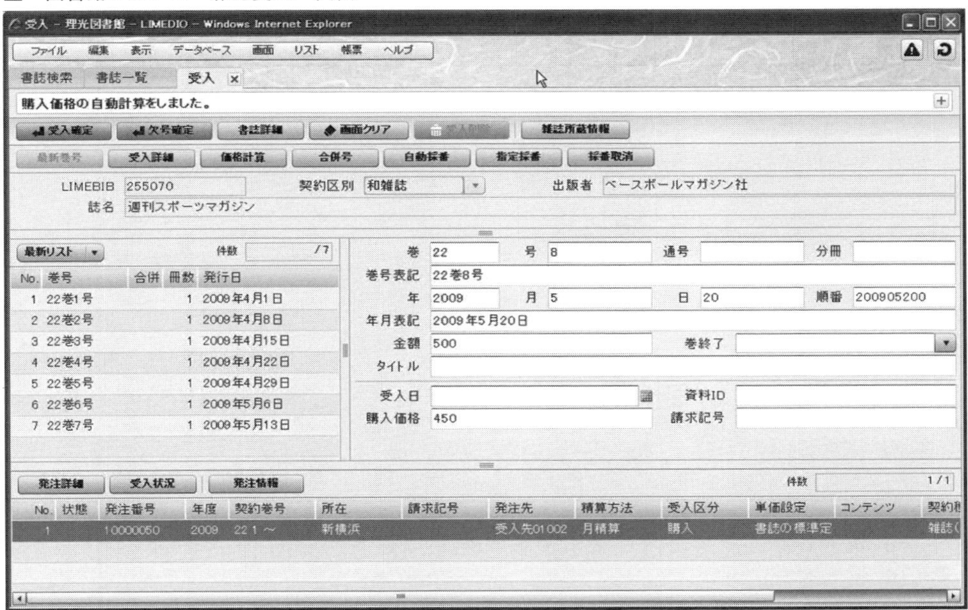

■　図書館システム　発注作成　画面

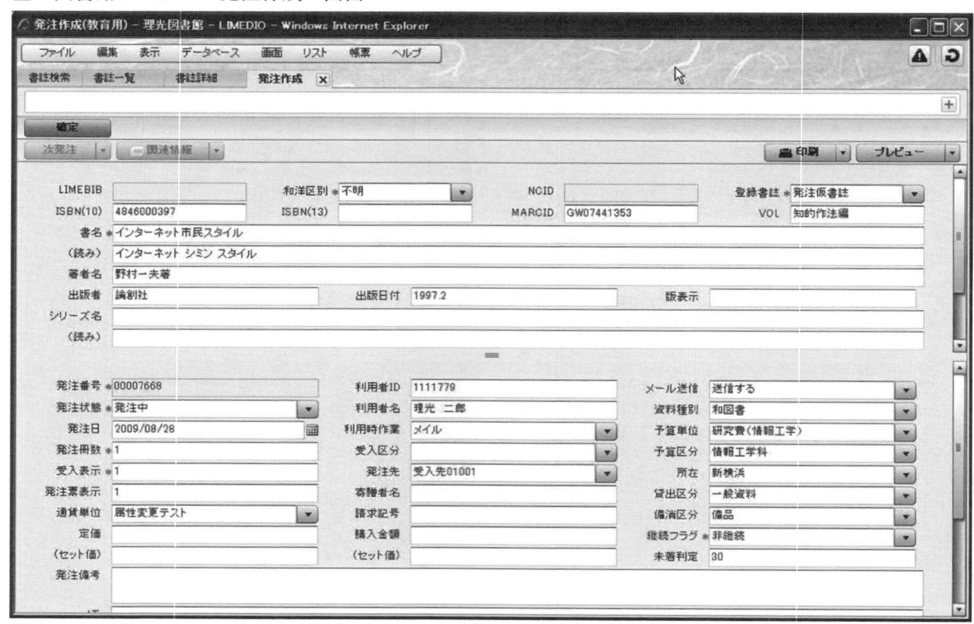

■　図書館システム　相互貸借依頼作成　画面

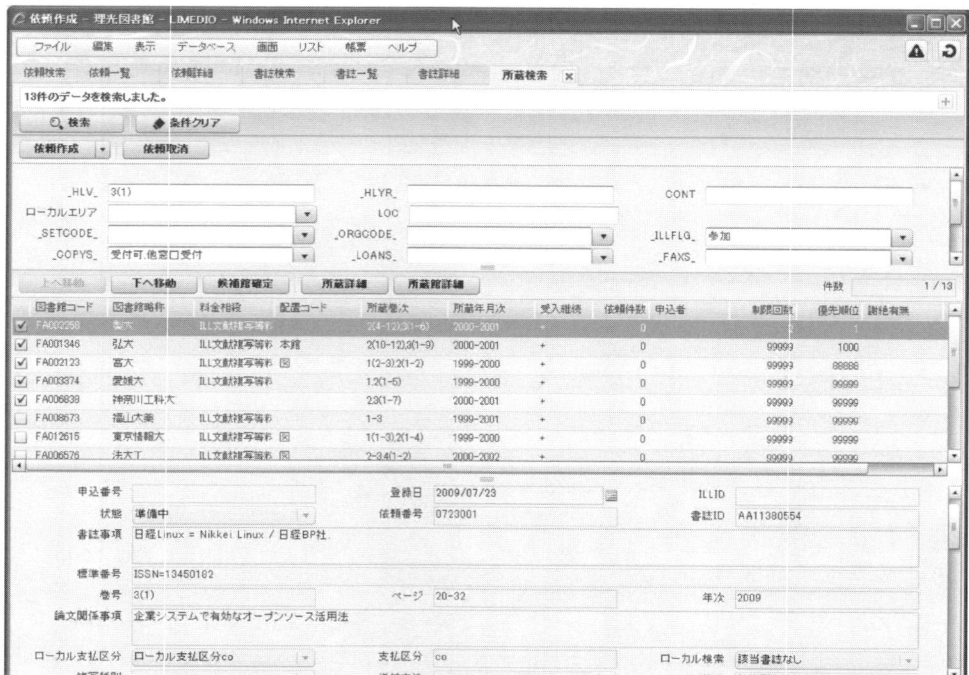

索　引

＜監　修＞

二村　　健　明星大学教育学部教授

＜著　者＞

榎本裕希子（えのもと・ゆきこ）　第1, 2, 3, 4, 5, 11, 12章
図書館情報大学大学院図書館情報学研究科（修士課程）修了。筑波大学大学院図書館情報メディア研究科（博士後期課程）単位取得満期退学。現在，明星大学ほか非常勤講師。
主な著書：『学校教育と図書館—司書教諭科目のねらい・内容とその解説—』（第一法規・共著），『三訂資料組織演習』（樹村房・共著）

石井　大輔（いしい・だいすけ）　第13, 14, 15章
筑波大学大学院図書館情報メディア研究科（博士前期課程）修了。同前（博士後期課程）単位取得満期退学。現在，聖徳大学文学部文学科准教授。
主な著書：『図書館情報技術論』（学文社・共著），『図書館サービス概論』（ミネルヴァ書房・共著）など

名城　邦孝（なしろ・くにたか）　第6, 7, 8, 9, 10章
筑波大学大学院図書館情報メディア研究科（博士前期課程）修了。同前（博士後期課程）単位取得満期退学。現在，沖縄国際大学総合文化学部日本文化学科准教授。
主な著書：『情報サービス演習』（ミネルヴァ書房・共著），『図書館サービス概論』（ミネルヴァ書房・共著）

［ベーシック司書講座・図書館の基礎と展望3］
情報資源組織論　第2版

2012年3月30日　第1版第1刷発行
2017年1月30日　第1版第6刷発行
2019年8月30日　第2版第1刷発行
2025年3月10日　第2版第3刷発行

監　修　二村　　健
著　者　榎本裕希子
　　　　石井　大輔
　　　　名城　邦孝

発行者　田中　千津子
発行所　株式会社　学文社
〒153-0064　東京都目黒区下目黒3-6-1
電話　03（3715）1501㈹
FAX　03（3715）2012
https://www.gakubunsha.com

印刷　倉敷印刷

乱丁・落丁の場合は本社でお取替えします。
定価は売上カード，カバーに表示。

ISBN-978-4-7620-2889-2